岁月如歌话人生

苏青 著

凉粉甜酒米豆腐
靖港小吃风味古
糍粑擂茶杠子面
人生滋味锤压煮

上海科技教育出版社

序

展现在读者面前的这本图书，内容以苏青所从事的科学普及工作为主，涵盖党的建设、科技扶贫、编辑出版、书评影评、人生感悟、旅游札记、时令节气、社会事务、生活记录等方方面面，彰显了作者令人赞叹的敬业精神，以及广阔的社会观察视野及写作涉猎范围。每篇文章中或是用一首或多首诗词进行述评，或是夹杂对联、谜语予以概括，青诗白话，携诗远行，风格独特，自成一体，可谓“科学文艺相融合，诗词白话济苍生”。

据苏青介绍，书中所有内容均源自他在《科普时报》所主持的“青诗白话”栏目已发表过的文章。这些文章以中国传统的诗词为媒介，用通俗易懂的语言弘扬科学精神、传播科学思想、普及科学知识、倡导科学方法，用优美生动的文字宣传国家发展成就、点赞社会进步、颂唱幸福生活、记录日常工作，用幽默老练的笔调分析新闻热点、抨击社会弊端、讽刺丑恶现象、揭露腐败问题，诚如作者自谓，写这些文章旨在“青诗白话道真言，真言诚道不自嫌。自嫌只因难心安，心安方可酣睡眠。”

我与苏青相识于2007年1月。那时，我与他及科技新闻界、科技期刊界的同仁一道，依托中国科技新闻学会和科技导报社，共同组织实施由时任中国科协党组成员、书记处书记冯长根教授倡导的

"中国科协科技期刊与新闻媒体见面会"项目。该项目把发表于国内学术期刊的原创学术论文中的最新科学发现、最新研究成果提炼成科技新闻,以召开媒体记者见面会的形式对外发布,通过大众媒体向公众广为宣传,第一时间向社会披露,让科技与公众更加亲近。

苏青为博士、研究员,本科和研究生先后毕业于北京理工大学、西北工业大学,又有在美国加州州立北岭大学从事访问学者工作的经历,属典型的学者型业务干部,其时正任科技导报社副社长、副主编,主持《科技导报》学术期刊日常编辑出版业务工作。因此,我们的合作真正做到了优势互补,他参与组织征集、遴选科技期刊发表的最新研究成果,我和时任中国科技新闻学会副理事长的徐九武同志负责主持媒体记者见面会,将遴选出来的科技成果用新闻语言对外发布。"见面会"每月举办一次,项目活动持续了3年多,受到社会广泛关注和好评,入选《大众科技报》组织评选的"2007年中国十大科普事件"。我们的合作非常愉快,我由此也领略了苏青审稿的慧眼、灼见,处事的认真、严谨,感受了他敬长的谦逊、低调,待人的真诚、随和,目睹了他写作的勤奋、高效,文字的平实、优雅。

苏青所学专业是工科及管理科学与工程,乃典型理工男,然而他酷爱文学,勤于创作,至今已发表诗歌、散文、杂文、通讯、随笔等文学作品150余万字。他干一行爱一行,钻一行精一行,先后获国务院政府特殊津贴,入选全国新闻出版行业领军人才,当选首届科学传播人奖"科学传播年度人物"等殊荣。最难能可贵的是,他把所从事的职业工作和日常的所见所闻所感,都用文字记录了下来并整理发表,本书汇集的87篇"青诗白话"栏目文章就是最好的见证。

文以载道，难得洞见。苏青的文章紧扣时代主题，弘扬主旋律，宣传正能量，如《一曲深情唱予谁》结合单位“七一”期间参观《没有共产党就没有新中国》纪念馆，通过讲述这首耳熟能详的红歌来历的故事，回顾中国共产党艰苦卓绝的发展历程，展望实现中华民族伟大复兴梦的美好未来，表达爱党爱国爱民的深厚情怀：“山河沦陷神州危，抗日救亡跃马催。铁血剧社宣民众，火星青年勇作为。霞云岭秀红旗舞，堂上村明歌声飞。镰锤辟出新中国，一曲深情唱予谁？”《伟人科普身垂范》则对小学《语文》课文《吃水不忘挖井人》进行了深度挖掘，独创性地提出了自己的新观点：“毛主席不光为沙洲坝人民挖了一口红井，而且革除了当地村民的一种生活陋习，倡导了一种全新的生活方式，开启了中国乡村饮食卫生科普的先河。”他同时发出感慨：“课说掘井事简单，深究细研不寻常。赣南雨丰少干旱，洲坝水乏多荒唐。随声附和从众易，独立思考自主难。伟人科普身垂范，吾辈创新当自强。”一个独立思考、情理结合、知行合一的文人学者形象，有血有肉地呈现在我们眼前。

诗以言志，贵在思想。苏青的文章善于紧跟时事，追踪当下公众关心的话题做评论，思考独立，见解独到。针对公众关注的前几年北京雾霾严重问题，他写下了《山清水秀民向往》一文，考证了北京风沙、雾霾历史，颂扬了党和政府治理雾霾的坚强决心，用一首仿《渔家傲》表达了雾霾治理初见成效的欣喜之情：“漂洗团云天碧湛，京城极目无遮挡。万树群楼相映彰，神飞扬，无霾生活品高尚。//美丽中国怎考量？发展不应埋隐患。山清水秀民向往，同心干，天人合一奔小康。”《莫轻自然微扰动》是一篇趣味性很强的科普文章，苏青通过普及“蝴蝶效应”科学知识，继而指出：“当今中国，全面深化改革进入攻坚阶段，各种社会矛盾错综复杂，某一个涉及社会敏感问题的偶发事件，如果处置不及时、应对不恰当，或民众情绪疏导不到位，都有可能引发蝴蝶效应，造成社会动荡。”忧患情怀，赤子之心，苍天可鉴。

见物成文，笔走蛇龙。苏青的文章取材广泛，信手拈来，可谓求真务实，潇洒自信，源于生活，贴近读者，深入浅出，收放自如。银杏是北方常见树种，人们所见已经习以为常，苏青却独具慧眼，发现同一片银杏树林，有的满树绿叶葱郁，有的枝叶衰残枯黄。他在《容颜衰失为果丰》一文中写道：“抵近细察，见枯黄衰残者皆为银杏雌树，但见果实满枝，金黄密实，方悟知乃雌树竭奉养分滋润满树果实劳累所致。”由此他联想到：“植物尚如此，为人母更伟大。时逢慈母八十有三寿辰之际，触景生情，观银杏思慈母，深感育儿不易、慈爱无疆，谨赋诗一首，以贺母寿，并谢母恩：‘雌雄连株叶不同，雌已枯黄雄郁葱。谁知育子竭养分，容颜衰失为果丰。’” 苏青察物之细，令人佩服，联想之情，让人感动。

爱憎分明，激情四溢。苏青的文章说实话，讲真话，紧抓当下热点事件谈观点表态度，感情充沛，立场鲜明，态度坚定。2018年下半年连续发生了两起轰动全国的社会热点事件，一起是江苏昆山一手臂刺青的追杀狂徒却被受害者“白衣哥”“反杀”，另一起是重庆万州一中年女乘客因无理取闹导致一公交车的乘员坠入江中全体溺亡。苏青针对这两起皆因冲动而引发的惨案写就《冲动常伴魔鬼影》一文，分别用一首七言诗和一首词表达自己的愤慨。诗曰：“怨女一愤智商零,安危害利拎不清。过站无端生谩骂,迁怒有意滋恶行。任性总映自私像,冲动常伴魔鬼影。事不关己高挂起,万劫不复聚江冥。”词曰:“大快人心事,正气得弘扬。青皮流氓滋事,气焰太嚣张。醉驾占道追杀,挥刀欲致人亡,忒丧心病狂。出来混世界,迟早都得还。//欺人甚,无躲藏,奋反抗。白衣哥真好汉,岂做待宰羊?拾刃勃然反刺,除暴又安良,防卫绝对正当。法律顺民意,万众赞昆山。”湖南人是非分明、爱憎鲜明、文字畅明、待事贤明的性格,跃然纸上。

苏青行文严谨,许多文章不仅讲述当下事情,还仔细研究、考证背后的数据或典故,让人受益良多。据《科普时报》先后负责“青诗白话”专栏的两位责任编辑陈启霞、于翔介绍,苏青是《科普时报》专栏作者中最勤奋的一位,每期按时交稿,从不拖延;他对每一篇文章都一丝不苟,有时会为文中一个词或一句话,反复推敲,几易其稿,力求准确无误、完美无憾。凡文章中涉及的人物,他都要请当事人过目确认;涉及不熟悉的科技专业问题,他都会请相关领域专家审核把关,以确保科学性、准确性,切实对读者负责。

苏青著文,自成风格,每篇文章都有一两首紧密结合内容原创的诗、词,或对联、谜语,谈天说地,娓娓道来,读起来轻松活泼,给向来比较严肃沉闷的报刊吹进了一缕清风。他不仅展示了自身丰富的内心情感和文学才华,给读者带来了与时俱进、清新秀丽的文字作品,呈现给读者一片沁人心脾的人文绿地,还与读者分享他的生活和人生感悟,更让我们领略了生活的乐趣和人生的意义。

最后,需要指出的是:白壁也有微瑕。提供给我的全书样稿中,有的文章题目尚欠准确，需再推敲；书稿尚有错别字，有些律诗和词按格律和词牌严格要求还不够规范，平仄、押韵还存在一些问题。我相信，这些硬伤在出版之前通过作者的校核和出版社的编辑都会改过来。当然，瑕不掩瑜，这确实是一本好书。好事就要办好，著书乃千秋大事，出书必出精品，这也是我和广大读者的共同期望。

以上乃抛砖引玉，勉为序。

——李新彦　2020年11月1日于北京

注　李新彦，著名新闻工作者，享受国务院特殊津贴专家，历任新华社辽宁分社副社长，新华社贵州分社社长、党组书记，人民日报社教科文部主任等职；曾兼任中国环境新闻工作者协会副主席、中国科技新闻学会副理事长、中国社会科学院研究生院教授、中国传媒大学博士生导师等职；曾荣获全国第二届百佳新闻工作者、全国科普宣传先进工作者、第六届韬奋新闻奖等荣誉称号。

目录

MULU

第一篇　大风·乾坤

003 ‖ 伟人科普身垂范
006 ‖ 执政根基力量源
010 ‖ 一曲深情唱予谁
013 ‖ 成败衡量唯实践
016 ‖ 不忘历史图雪耻
019 ‖ 白山黑水永安详
023 ‖ 天下无敌舍我谁
026 ‖ 光流彩溢盛眼屏
029 ‖ 历史潮流行浩荡
032 ‖ 阿拉套山唱大风
035 ‖ 揭露黑暗彰光明
038 ‖ 高考恢复路峰回
041 ‖ 热血青年立潮头
044 ‖ 清香白净满乾坤
048 ‖ 英雄一曲奇迹颂
051 ‖ 爱我中华国在心
054 ‖ 勇士闯行彰风流
057 ‖ 英雄史诗颂传扬
061 ‖ 和谐相处唯正道
064 ‖ 泉鸣战鼓风吹号

第二篇　宇宙·气象

069 ‖ 花甲喜作少年郎
072 ‖ 一树海棠羞煞梨
075 ‖ 给我支点撬地球
078 ‖ 立体攻防话布雷
082 ‖ 生机无限颂科技
085 ‖ 八方护卫安海疆
089 ‖ 北斗织网罩天庭
092 ‖ 史海钩沉溯本源
095 ‖ 科学普及魔奇漫
098 ‖ 把宇宙装进盒子
102 ‖ 登高望远抒情怀
105 ‖ 科技创新国运隆
110 ‖ 莫与自然较短长
113 ‖ 遥测未来托幻想
117 ‖ 百年器象灿若星
120 ‖ 科技出版硕果收
123 ‖ 思绪翱翔融宇空
126 ‖ 元素排序有规律
129 ‖ 天道从来酬辛勤
132 ‖ 容颜衰失为果丰
135 ‖ 火树银花竞相妍
138 ‖ 冰轮皎洁耀寰球
141 ‖ 满目琳琅皆惊异

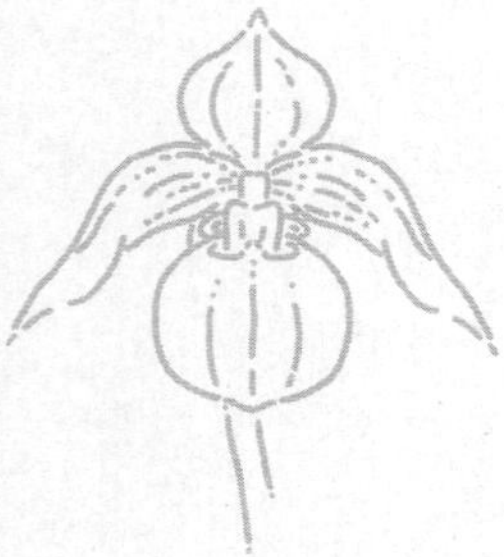

第三篇　友情·年华

147 ‖ 高峰论坛话人因
150 ‖ 笔走匕枪刺时弊
153 ‖ 淦星闪耀照寰球
156 ‖ 传奇学界后评说
160 ‖ 科乐王子露真颜
163 ‖ 林森树老更谦卑
166 ‖ 科解疑惑多启蒙
170 ‖ 节物殚心科普频
173 ‖ 新型流感现原形
176 ‖ 优美韵律好华年
179 ‖ 意气风发老顽童
182 ‖ 国士无双伍德隆
185 ‖ 山岳丰碑耸科技
188 ‖ 前人栽树后乘凉
191 ‖ 魂牵梦萦科普情
194 ‖ 丽书科技报国情
197 ‖ 卞玉开磨价无边
200 ‖ 面壁廿年得破壁
203 ‖ 良朋益友胜春风
206 ‖ 人生意义彰显清
210 ‖ 马骏行远贫困扶

第四篇　岁月·清泉

215 ‖ 叩谢高堂享欢颜
218 ‖ 莫轻自然微扰动
221 ‖ 既种白云又种田
225 ‖ 民生谨记食为天
228 ‖ 爱如清泉心中淌
232 ‖ 满饮开怀贺春酒
235 ‖ 金乌归巢会月去
238 ‖ 温酒信笔和友吟
241 ‖ 社会进步书为梯
245 ‖ 我以诗联话离别
249 ‖ 勃发英姿抒豪情
252 ‖ 贺语声声暖心扉
255 ‖ 好诗待对蓝天吟
258 ‖ 老树新花添春意
262 ‖ 岁月如歌话人生
266 ‖ 冲动常伴魔鬼影
269 ‖ 山清水秀民向往
273 ‖ 方言最能解乡愁
276 ‖ 未醉恍回卌年前
279 ‖ 节庆有余多祈福
285 ‖ 性命紧紧拴腰上
289 ‖ 樱花飞谢彩雨朦
292 ‖ 作为担当巾帼英
295 ‖ 文章个性乃成功

299 ‖ 后记

第一篇

大风·乾坤

随声附和从众易，独立思考自主难。

伟人科普身垂范，吾辈创新当自强。

伟人科普身垂范

瑞金城外有个小村子叫沙洲坝。毛主席在江西领导革命的时候，在那儿住过。村子里没有井，要到很远的地方去挑水。毛主席就带领战士和乡亲们挖了一口井。新中国成立后，乡亲们在井旁立了一块石碑，上面写着："吃水不忘挖井人，时刻想念毛主席。"

这是人民教育出版社编辑出版的一年级小学语文教材中的一篇课文，标题叫作"吃水不忘挖井人"，说的是当年毛泽东主席带领沙洲坝军民挖红井的故事，还非常简单地介绍了"红井"的来历。

2007年5月，我在中央党校中直分校学习时，曾随队参观了红井，除了实地瞻仰红色苏区，对革命先烈表示敬仰外，还想解开心中的一个谜团：南方的水源十分充足，水井也不少见，为什么当年毛主席带领军民挖了这么一口水井，就让当地的老百姓如此感动，继而要立碑纪念呢？

按课文的说法，毛主席当年之所以带人挖这口井，是因为"村子里没有井，要到很远的地方去挑水"。既然别的地方都有水井，难道沙洲坝的村民就不知道就地挖一口井，省去每天奔波在路上挑水的力气吗？可见，这种说法值得商榷。

"红井"的水确实很清甜。来这里的游人都会舀上一勺，品尝几口，体会一下当年这里的老百姓的心情。我也喝了满满一竹筒"红井"水，之后的行程也没带来闹肚子的麻烦。可见，"红井"的水质不错，很清澈，很卫生。

之后，我在中国广播网“红色旅游之江西行”里读到一篇文章《吃水不忘挖井人——红井》。它是这样解释毛主席为什么要带人挖井的：沙洲坝是个干旱缺水的村庄，当时村民们非常迷信，认为挖井会破坏当地的风水，因此没有哪家村民敢擅自开挖，群众平时要到几公里外的小河里挑水饮用。这篇文章说“沙洲坝是个干旱缺水的村庄”，就如同说“黄土高坡是水泽沼国”一样缺乏说服力。“红井”的旁边就有一个不大不小的水塘，目测其容量应足够沙洲坝村民饮用，类似的水塘在南方乡村四处可见，怎么能说“沙洲坝是个干旱缺水的村庄”呢？如果是因为怕在村子周围挖井破坏风水，完全可以在村子外几百米的地方开挖，也用不着到“几公里外的小河里挑水饮用”。

我是在南方长大的，小时候在长沙郊县的农村生活过。在我的印象中，家乡一点也不缺水——我的爷爷奶奶住的村庄不远处就是浏阳河，人们却习惯取用门前水塘里的水——挑塘里的水喝，在水塘里洗衣、洗菜，甚至刷马桶。今天看来，这绝对是陋习，非常不卫生。可在那个年代，人们却如此习以为常，并没有想到要去专门挖井喝水。挖井毕竟是需要一定的财力和物力的，更何况那是在20世纪二三十年代偏僻落后的赣南乡村。在我小时候，周围的人聊以自慰的还是“不干不净，吃了没病”，这也是那个时候农村为什么疾病特别流行，孩子们肚子里永远都有打不尽的蛔虫的重要原因。

我想，沙洲坝的村民恐怕也不例外，既然门前有现成的水塘可挑水喝，干吗还要劳神费钱卖力挖井找水喝呢？那个时代，村民们连填饱肚子都是一件非常困难的事情，谁还有闲钱为了喝水而去挖井呢？我想，那时的沙洲坝村民，一定也会因为常年喝不上洁净的井水而经常闹肚子生病。

毛主席是1934年4月随临时中央政府从叶坪迁到沙洲坝的，而带人挖“红井”则是在这一年的9月，两者相距近半年时间。这段时间，湖南第一师范学校毕业、曾在长沙和北京等大城市接受过现代文明教育的毛主席，一定亲眼看见了许多红军战士和村民因常年饮用不洁的塘水而拉肚子、闹蛔虫、发高烧的惨景——这可是损害红军战斗力和老百姓后勤保障力的大事啊！想必毛主席便萌发了带领红军和乡亲们挖井的念头。

正是因为有了这口红井，沙洲坝的村民们从此喝上了干净、卫生的井水，不再受痢疾等疾病的侵扰，由此对毛主席开始感激乃至膜拜。所以说，毛主席不光为沙洲坝人民挖了一口“红井”，而且革除了当地村民们的一种生活陋习，倡导了一种全新的生活方式，开启了中国乡村饮食卫生科普的先河。

这恐怕才是他老人家当年带人挖井的最真实原因。从这个意义上来说，沙洲坝的村民乃至今天的我们，确实应该“吃水不忘挖井人，时刻想念毛主席”。这正是：

课说掘井事简单，深究细研不寻常。
赣南雨丰少干旱，洲坝水乏多荒唐。
随声附和从众易，独立思考自主难。
伟人科普身垂范，吾辈创新当自强。

执政根基力量源

2017年10月18日，中国共产党第十九次全国代表大会在人民大会堂隆重召开，这是中国人民政治生活中的一件大事、喜事、盛事，理应热烈庆贺，放声讴歌、椽笔点赞。我因工作等方面的原因，曾赴全国多处红色革命基地瞻仰、学习，吸取精神营养，并留下了一些感怀自励的诗句。

“十月革命”一声炮响，给中国送来了马克思列宁主义。1921年7月1日，中国共产党诞生，位于上海市兴业路76号的一大会址，成为后辈党员的朝圣之地。这里是中国革命航船的驶出之地，是中华民族走向伟大复兴的出发点。2016年4月中旬，我陪同中国科协领导调研上海市科技社团党建工作，21日一大早，我就从上海科学会堂驻地沿黄陂南路步行，专程拜谒了一大会址。站在还在修缮的会址纪念馆门前，不禁心潮澎湃，即兴赋诗一首，以表达激动、敬仰之情。

黄陂南路瞻圣址，“一大”晴空响霹雳。

执政根基力量源，民族复兴起始地。

2015年5月，结合“三严三实”专题教育活动，我在中国井冈山干部学院参加了为期10天的任职培训。井冈山是土地革命战争时期中国共产党创建的第一个农村革命根据地，是“农村包围城市，武装夺取政权”的发祥地和试验区，是中国革命的摇篮。通过课堂学习和现场教学，我对井冈山革命斗争史和井冈山精神有了更深入的了解，结业时写下了《井冈山抒怀》一诗，以表达对毛泽东、朱德等老一辈无产阶级革命家的敬仰之情，以及对中国革命斗争史的理解和思考。

井冈林木翠，罗霄杜鹃红。
湘赣燃星火，神州烈焰浓。

武装夺政权，镰锤聚工农。
割据求生存，斗争壮队伍。

支部建连上，枪杆握手中。
民主建新军，制度做保证。

纪律是生命，规矩必养成。
行动听指挥，不容各西东。

军民同敌忾，“会剿”梦成空。
官兵共甘苦，世界求大同。

峥嵘岁月时，理想美如虹。
艰苦卓绝日，信念坚如松。

红米育红军，红军播火种。
长夜应有涯，东方岂无彤？

农村围城市，真理实践通。
星火燎原日，中华醒巨龙。

革命摇篮地，思想警示钟。

征途加油站，精神钙补充。

重走红军路，再立事业功。

继承先烈志，昂首唱大风。

党的历史是由中国共产党领导的中国革命、建设和改革的伟大历史实践所铸就，凝结着中国共产党人的理想信念和革命精神，浸透着无数共产党人的汗水、鲜血甚至生命。2017年7月，中国科技馆党委组织开展“七一”党日活动，赴徐州瞻仰淮海战役烈士纪念塔，参观淮海战役纪念馆，拜谒粟裕将军骨灰撒放处，接受革命传统教育。淮海战役是我人民解放军对国民党军进行的战略性进攻战役，是解放战争三大战役中解放军伤亡最重、歼敌数量最多、政治影响最大、战争样式最为复杂的战役。我军先后在碾庄、双堆集、陈官庄等地，聚歼参战的国民党军各部，生俘黄维、杜聿明，击毙邱清泉，迫黄伯韬自尽，驱李弥、孙元良溃逃。站在淮海战役烈士纪念塔下，重温入党誓词，举拳宣誓，不禁感慨万分，随即赋诗一首，以敬我军统帅站位之高远，以歌人民战争胜利之伟业，以颂先烈英勇献身之精神。

西柏坡高布战棋，淮海胜役定千里。

围歼伯韬碾庄镇，生擒黄维双堆集。

攻心夺帅陈官庄，捣营毙邱驱李弥。

小车推出凯歌还，大江渡过神州喜。

党的十九大将选举产生新的一届中央委员会和中央纪律检查委员会，中国共产党将带领全国人民在新形势下继续进行具有许多新的历史特点的伟大斗争，建设党的建设新的伟大工程，推进中国特色社会主义伟大事业,实现中华民族伟大复兴的伟大梦想。作为一名具有35年党龄的党务工作者,我倍感任务艰巨、使命光荣,借十九大召开之际,谨创作《初心永不忘》五言一首,与中国科技馆广大党员一道,自勉、自警、自励,同时表达对这次盛会的祝贺和期待。

你从何处来,初心是否改?
时常问自己,方向不偏歪。

你是谁家孩,初心可还在?
不忘人民恩,舟行万里海。

你靠谁在台,初心可曾改?
权为民所用,人民把你爱。

初心永记怀,安身立不败。
复兴图大业,江山固万载。

一曲深情唱予谁

有关歌唱中国共产党的歌曲，恐怕没有哪首比《没有共产党就没有新中国》更令人耳熟能详了。

1943年，抗日战争进入相持阶段。当年的3月10日，蒋介石的著作《中国之命运》出版，书中提出了“没有国民党，就没有中国”的口号。同年8月25日，《解放日报》发表社论，对此论予以批判，专门强调：“如果今日的中国，没有中国共产党，那就是没有了中国。”

为宣传党的抗日主张，晋察冀边区抗联遂委派铁血剧社（后改为群众剧社）组成若干小分队巡讲，著名音乐家曹火星就是小分队中的一员。这一年的9月，这位1938年参军，曾在华北联大文艺学院音乐系学习作曲和指挥，年仅19岁的群众剧社队员，与另外3人组成小分队，从晋察冀边区总部出发，跋山涉水来到霞云岭堂上村，带领当地民众开展民主建政和减租减息工作。

被火热的抗战生活所感染，目睹在中华民族生死存亡关键时刻，中国共产党及其领导的八路军、新四军挺身而出，为了人民的幸福、民族的解放，不惜抛头颅、洒热血，挽救苦难的中国……一个鲜明的音乐主题，在曹火星脑海中升起。于是，他把自己对党的热爱和对抗战生活的亲身感受，化作一个个动听的音符、一段段明快的旋律，采用民歌曲调和霸王鞭表演形式，创作出了一首反映人民心声和时代真理的最强音——《没有共产党就没有中国》。

据说，1950年的某一天，当听到女儿李讷唱这首歌时，毛泽东主席立即纠正道："中华民族有5000多年的文明史。没有共产党的时候，中国早就有了，应当把它改为'没有共产党就没有新中国'"。从此，伴随着人民军队前进的步伐、民族解放的进军号角、社会主义建设和改革开放的鼓点，《没有共产党就没有新中国》唱彻中国，唱红全国，经久不衰。

2018年6月28日，中国科技馆党委组织新老党员及入党积极分子60余人，来到这首红色经典歌曲的诞生地——北京市房山区霞云岭乡堂上村，举办"新党员宣誓，老党员重温誓词，入党积极分子接受理想信念教育"活动。

到达堂上村，前来参观的人员络绎不绝，借排队进馆参观的空隙，我读完了《没有共产党就没有新中国》纪念馆游览说明书，受环境感染，不禁心潮澎湃，遂填《临江仙·谒〈没有共产党就没有新中国〉纪念馆》词一首，以表情怀。

追峰伴溪沐日行，访客肃穆登临。当年倭蹄叩心惊。铁血青年聚，宣讲霞云岭。

万千民众铸枪林，镰刀锤头引领。堂上村里谱强音。唱红神州地，岂能忘初心？

参观《没有共产党就没有新中国》纪念馆，回顾中国共产党艰苦卓绝的发展历程，展望实现中华民族伟大复兴梦的美好未来，不禁感慨万分，遂即兴作诗一首《一曲深情唱予谁》，以表情怀。

山河沦陷神州危，抗日救亡跃马催。
铁血剧社宣民众，火星青年勇作为。
霞云岭秀红旗舞，堂上村明歌声飞。
镰锤辟出新中国，一曲深情唱予谁？

北京周边有很多类似于堂上村这样的红色景区，怀柔区九渡河镇庙上村就是其中的一个。

2017年6月29日，我与中国科技馆离退休党员代表一道，瞻仰了位于该村的第一党支部纪念馆。庙上村地处军都山山脉，属怀柔、昌平、延庆三区县交界之地。1940年初，中共昌（平）延（庆）联合县二区区委书记高万章来到庙上村，走家串户宣传抗日救亡，遂发展王起田、齐利田、韩存好等村民加入共产党，并成立了党支部，组织村民对敌抗战。该村党支部成为怀柔辖区我党建立的第一个党支部，享有“怀柔西柏坡”之美誉。

当时，距离庙上村2.5公里范围内，就有9个日伪据点，日伪军时常上山扫荡，曾4次来到庙上村，每次都将村庄烧毁。在这种严峻形势下，庙上村党支部加强了对群众抗日工作的领导，积极配合部队打击敌人，带领广大群众进行了艰苦卓绝的斗争，谱写了怀柔辖区抗击倭寇的光辉篇章。

全体党员观看了《庙上党史》教育片，参观了第一党支部纪念馆和村史陈列馆，举行了重温入党誓词宣誓仪式，向高万章塑像敬献花篮，接受了一次生动的革命传统教育。

在重温入党誓词宣誓仪式上，我即兴赋诗一首《不忘历史铭初心》，以表达中国科技馆广大党员对革命先辈英勇抗击日寇、争取民族独立自由解放献身精神的景仰与崇敬之情。

军都山巍林木葱，九渡河涌旌旗红。

庙上村里建支部，长城脚下聚刀丛。

齐心协力抗倭寇，同仇敌忾破劓封。

不忘历史铭初心，复兴征程唱大风。

中国共产党只有不忘初心、牢记使命，始终秉持“立党为公，执政为民”的理念，才能真正赢得人民的信任、拥戴和颂唱。今天是2018年6月29日，再过两天就是中国共产党97周年诞辰的日子，谨以此文纪念党的生日。

成败衡量唯实践

1935年1月15日至17日，中央红军摆脱了敌人的围追堵截，攻克黔北重镇遵义，在此召开了名垂史册的遵义会议，中国革命迎来了伟大的历史转折点。从此，结束了“左”倾教条主义错误在中央的统治，确立了毛泽东在中共中央和红军的领导地位。红军重新施展机动灵活的战略战术，四渡赤水，巧渡金沙江，强渡大渡河，飞夺泸定桥……从接二连三的失败开始不断走向胜利。要知道，在此之前，红军因“左”倾教条主义而损失惨重——从长征出发时的8.6万多人锐减到3万余人。这正是：

遵规依矩反剿洗，
义勇红军陷危机。
会师北上路坎坷，
议定西进旗飘疾。
伟绩神来赖领袖，
大捷鬼驱笑顽敌。
转战回旋循天道，
折返四渡奠胜基。

2018年10月16日至18日，我有幸参加在遵义干部学院举办的全国爱国主义教育示范基地工作培训班，其间，不仅参观了遵义会议会址和纪念馆，还第一次听说并实地考察了苟坝会议，重新认识了“遵义会议确立了毛泽东在中共中央和红军的领导地位”的深刻含义。

1935年2月底，红军在5天之内再得桐梓，勇夺娄山关，又占遵义，取得了中央红军长征以来最大的胜利。3月4日，毛泽东被任命为前敌政治委员，重新恢复在红军中的领导职务。3月10日，红一军团军团长林彪、政治委员聂荣臻给前敌司令员朱德发来急电，请缨进攻打鼓新场（今金沙县城），欲消灭驻扎在那里的黔军，争取在云贵川三省交界地建立新的根据地。当时，红军总部驻扎在苟坝（今遵义市播州区枫香镇苟坝村），张闻天总书记连夜主持召开政治局扩大会议，除毛泽东外，与会人员一致同意攻打。毛泽东则认为，尽管打鼓新场只有战斗力不强的黔军，但该地城墙坚固，易守难攻，且四周有中央军8个师、滇军4个旅，以及随时可赶来支援的川军；一旦不能迅速攻克，势必陷入援军重围，难逃灭顶之灾。但是，毛泽东的意见并没有被大家接受，主战意见呈一边倒局势。事关红军生死存亡，毛泽东急了，愤而说道："如果大家坚持攻打，我这个前敌司令部政委就不干了。"说罢，摔门拂袖而去。会议通过举手表决，以少数服从多数的形式最后作出攻打决定，同时罢免了毛泽东刚上任一周的前敌政委职务。

散会后，毛泽东回到住所，事关重大，无法入眠；时已深夜，遂拎起一盏马灯，沿着田间小道步行3里开外，先后赶到周恩来、朱德住地，反复商议、劝说，终于说服两人赞同了自己的意见。次日凌晨，红军截获敌电，确认滇、川敌军正秘密向打鼓新场集结，已聚100个团，验证了毛泽东头天的分析。会议一大早遂继续进行，因有周恩来、朱德的支持，加上新截获的情报，与会人员均改变看法，同意毛泽东的意见，决定取消进攻打鼓新场决议，并恢复毛泽东前敌司令部政委的职务。

3月12日，苟坝会议决定，组建周恩来、毛泽东、王稼祥参加的三人军事指挥小组，以中共中央、中央军委名义指挥红军行动。遵义会议提出的“改组党中央领导特别是军事领导”的任务自此圆满完成。真可谓：

遵义一会定乾坤，红军掌舵又泽东。
打鼓新场商战事，苟坝群雄合意同。
胸怀全局勇谏言，力排众议敢担承。
真理光芒照暗夜，长征路上燃马灯。

人们通常把毛泽东领袖地位的确立，说成是在遵义会议上。有党史学家认为，长征期间，红军经常开会议事，遵义会议可视为那一时期由一系列的重要会议组成，前有通道会议、黎平会议、猴场会议，后有扎西会议、苟坝会议、会理会议，而在遵义召开的政治局扩大会议则是整个系列会议的高峰和总代表。苟坝会议无疑是遵义会议的重要组成部分，它开创了集体领导、分工负责制度，使党内生活走上正规化，是我们党政治上走向成熟的重要标志。

拨开历史的迷雾，我们看到，真理有时候并不一定掌握在多数人手里，掌握真理的人常常会受到孤立、排挤。为此，我们敬仰毛泽东在苟坝会议上胸怀全局、把握战况的远见卓识、准确判断，以及排除万难、百折不挠坚持真理、捍卫真理的勇气。与此同时，在认识到毛泽东的正确后，在遵义会议上曾受到毛泽东严厉批评的博古、凯丰以及其他与会者转而全体赞成毛泽东的意见。在这里，我们敬佩这些共产党人的光明磊落和大公无私，他们不计较个人的恩怨得失、荣辱面子，勇于承认错误、及时改正错误，与党和红军的命运休戚与共。有感于斯，赋诗一首，以表情怀。

战事纷繁乱万千，正确决断解命悬。
群雄主战求近利，独冠避敌彰高远。
拨雾开云寻真相，抽丝剥茧探本源。
坚持真理勇担当，成败衡量唯实践。

不忘历史图雪耻

1945年8月15日，日本天皇裕仁向全日本广播，接受《波茨坦公告》，宣布无条件投降。当年9月9日9时，第二次世界大战中国战区受降仪式在南京中央陆军军官学校大礼堂举行，中国陆军总司令何应钦代表中国战区最高统帅接受日本侵华派遣军总司令冈村宁次递交的日本投降书。自此，由国共两党合作领导的中华民族艰苦卓绝的抗日战争取得完全胜利。这正是：

八年抗战时维艰，共御倭寇统一线。

大敌当前泯恩仇，微躯舍后保国全。

羸弱从来遭欺凌，强盛方能获高眼。

不忘历史图雪耻，复兴中华奋向前。

说“八年抗战”，是把抗战起始日从1937年7月7日“卢沟桥事变”(又称“七七事变”)爆发算起。对此，史学界和民间一直存有争议。2015年9月3日，在纪念中国人民抗日战争暨世界反法西斯战争胜利70周年大会上，习近平总书记发表讲话指出:“70年前的今天，中国人民经过长达14年艰苦卓绝的斗争，取得了中国人民抗日战争的伟大胜利，宣告了世界反法西斯战争的完全胜利，和平的阳光再次普照大地。”由此把抗日战争的起始日向前推到了“九一八事变”发生时的1931年9月18日，使“抗战8年”成为“抗战14年”，既还历史本来面目，也利于国人更加全面了解抗战历史。

1931年9月18日晚，日本关东军铁路守备队一行以巡视铁路为名，在奉天（今沈阳）北面约7.5公里离东北军驻地北大营800米处的柳条湖附件引爆小型炸药，自行炸毁日本人修筑的“南满铁路”的一段路轨，并将3具身穿东北军士兵服装的中国人尸体拖至现场，借此栽赃嫁祸，诬称中国军队破坏铁路并袭击日军守备队，然后突然袭击北大营。此事件即为震惊中外的“九一八事变”。

“九一八事变”是日本在中国东北蓄意制造并发动的一场侵华战争，是日本帝国主义全面侵略中国的肇始。至1932年2月，整个东北三省全境沦陷。日本利用卖身求荣的前清废帝溥仪在东北建立了伪“满洲国”傀儡政权，开始了对东北人民长达14年之久的奴役和殖民统治，东北同胞从此饱受亡国奴的痛苦。9月18日，由此被定为国耻日。

20世纪30年代，中国国力衰落，民智不开，内战纷争，军阀割据，整体实力已远远落后于经明治维新后迅速崛起的日本。但在“九一八事变”发生之时，驻沈阳的中国军队却有1.2万人，并装备有各型飞机265架、坦克装甲车26辆、各型火炮3000多门、各式机关枪近6000挺。即使是驻扎在北大营的中国军人，也有8000多人之众。而发动事变的日军呢？据载，当日进攻北大营的日军独立守备队第二大队只有600余人，且普遍仅装备有步枪、机枪等轻武器。然而，事变发生6个小时后，北大营即被攻破；8个小时后，整个沈阳城陷落。兵力如此悬殊，结果却如此不堪，令人痛心、愤慨。

在局部具有巨大优势的情况下却不战而溃，开战后却不断涌现卖国的汉奸和投敌的伪军，岂不是国耻？一个三军统帅都怯战的东三省，一支未战心先败的军队，一群刀架脖子也不敢反抗的国民，唯一的结局就是当亡国奴。正因如此，杨靖宇、赵一曼、赵尚志、投江八女等东北抗联志士们的宁死不降、殊死抵抗、舍生取义、保家卫国的英雄气概，更加显得惊天地、泣鬼神。他们都是真正的民族英雄，值得后人万世敬仰。

与“九一八事变”同为国耻的还有南京大屠杀。1937年12月13日，中国军队在南京保卫战中失利，国民政府首都南京沦陷。为报复中国军民的顽强抵抗，在日军华中派遣军司令松井石根和第6师团长谷寿夫的指挥下，侵华日军在南京城及附近地区进行了长达6周的有组织、有计划、有预谋的大屠杀，实施奸淫、放火、抢劫等血腥、残酷暴行，大量中国平民及战俘被杀害，无数家庭破碎，遇难人数超过30万。

2014年2月27日，第十二届全国人大常委会第七次会议通过决定，将每年的12月13日设立为南京大屠杀死难者国家公祭日。每逢公祭，都感慨万分，吾辈再也不能空唱高调，唯有真抓实干、发愤图强，方能国盛民强，不再遭人欺辱。这正是：

国弱何能慰亡灵，从来落后遭欺凌。

图强奋发全民愿，假大空虚忧横行。

不忘国耻，振兴中华，是每一个中国人的责任和使命。经过40年的改革开放，中国已经取得巨大的进步和伟大的成就，但是，仍处并将长期处于社会主义初级阶段的基本国情没有变，是世界最大发展中国家的国际地位没有变；因此，仍需练好内功，强大自我，绝不能自认为已经是天下老大，动不动就喊打喊杀，视战争如儿戏。有感于此，赋诗一首，以表情怀。

又近一年“九一八”，勿忘国耻疗伤疤。

民无信仰多汉奸，军具智勇少爪牙。

积贫积弱必挨打，离心离德定散沙。

病体愈后体方健，切忌逞强争老大。

白山黑水永安详

白桦林，
比朴树的歌声，
更静谧；
黑龙江，
比契诃夫的赞美，
更深情；
边城的四季，
让你邂逅不同心情的自己；
黑河的味道，
让喜悦从舌尖狂奔到心头。

至纯、至臻、至美，
一城两国，
一次罗曼蒂克的约会；
风景就在这儿，
而你，
在哪里？

一踏上黑河的土地，马上就会想起这样一首描写黑河的诗歌《静谧的黑河　遇见美好》。

2018年7月23日至24日，我带队赴黑龙江调研中国特色现代科技馆体系建设情况，得以对黑河这个边陲城市有了走马观花的了解。

黑河市位于黑龙江省西北部，小兴安岭北麓，与俄罗斯远东第三大城市、阿穆尔州首府布拉戈维申斯克隔江相望，是中国首批沿边开放城市，素有“中俄之窗”“欧亚之门”之美誉。全市总面积68 726平方公里，人口160.5万，有汉、满、回、蒙古、鄂伦春、达斡尔、赫哲、俄罗斯、鄂温克等39个民族。

历史上，因读音不同等原因，黑河曾叫瑷珲、爱辉、艾浑、爱呼等。1858年5月28日（咸丰八年四月十六日），俄罗斯帝国东西伯利亚总督尼古拉·尼古拉耶维奇·穆拉维约夫与清政府黑龙江将军奕山在瑷珲签订了不平等条约《瑷珲条约》，要求将中国黑龙江以北、外兴安岭以南60多万平方公里的领土割让给沙俄，把乌苏里江以东的中国领土划为中俄共管。1860年，清政府被迫与沙俄订立《中俄北京条约》时，始予认可《瑷珲条约》，除外兴安岭以南、黑龙江以北60多万平方公里的领土外，乌苏里江以东包括库页岛在内的40多万平方公里中国领土，一并划归沙俄。从此，100多万平方公里的中国领土自清政府手中全部丧失。

瑷珲城在清代最繁华时，“居民四方，商贾三千”，江东六十四屯则是黑龙江沿岸最富庶的地区。1900年7月，沙皇俄国以保护中东铁路为名，出兵中国东北，先后制造了惨绝人寰的“海兰泡惨案”和“江东六十四屯大屠杀”，导致7000多名中国居民丧生。沙俄军队继而攻占瑷珲，并烧毁了这座已有200多年建城史的古城。

考察爱辉历史陈列馆，回顾惨痛历史，怒火中烧，感慨万分，观今日黑河翻天覆地变化，倍感欣慰，赋诗一首，以表情怀。

龙江水涨起波澜，瑷珲条约揭创伤。

国弱有如待割肉，民怂无异被驱羊。

百万痛失膏脂地，六四伤别江屯乡。

勿忘耻辱当奋进，白山黑水永安详。

在黑河，我们还参观考察了爱辉知青博物馆。博物馆位于黑河市爱辉镇，黑河市是当年黑龙江省知识青年最多的地区之一，数万名来自京、津、沪、哈、浙等各大省市的知青分别在兵团、农场、林场、农村劳动，他们中涌现出了金训华、陈健等知青楷模，梁晓声、肖复兴、聂卫平、姜昆等文化名人，以及王勇、王毅、姜大明等政要人物。在此建知青博物馆具有很强的代表性。

爱辉知青博物馆2005年开始筹建，2009年8月11日正式对外开放。展览包括“共赴北大荒”“闪光的青春”“浴火凤凰”“苦涩的记忆”“大潮落去”“两地情”6大部分，馆藏文物33 000多件、史料2700余册、油画300余幅。博物馆以中国知青史为主题，全面反映了2100多万知识青年上山下乡，为祖国农村边疆开发建设、艰苦创业做出的伟大贡献，在文化、教育、科技等方面做出的不朽业绩，以及在改革开放中争当中坚的精神风貌，对弘扬知青精神、研究知青历史起到了重要的作用。

1968年12月22日，《人民日报》发表了题为《我们也有两只手，不在城里吃闲饭》的文章，文中引用了毛泽东主席“知识青年到农村去，接受贫下中农的再教育，很有必要”的指示，一代年轻人的命运从此改变。随后，全国各地城市中的初、高中毕业生纷纷响应党和国家号召，上山下乡，敲锣打鼓到农村去定居或劳动，“广阔天地，大有作为”。知识青年上山下乡运动直至“文革”结束方终止，自1980年知青开始陆续回城，随后逐渐归于平静。这种命令式的人口大迁徙、大流放运动，功也，过也，有待历史评判。

我1977年高中毕业，曾作为知青下放至江西省清江县(今江西省樟树市)店下公社知青点劳动，后因年龄不足，遂回家待业，知青生活也曾感受、体验。参观爱辉知青博物馆，触景生情，无限感慨，赋诗一首，以作存念。

领袖从容只一言，知青从此命运旋。
战天斗地图新貌，洗面革心破旧颜。
青春无悔悔何诉？岁月有壑壑谁填？
千秋功过后评说，但留鸿爪写雪原。

天下无敌舍我谁

1948年10月10日至15日，当东北野战军第2兵团司令员程子华、政委黄克成率领的第4、第11纵队等部8个师在辽宁锦西一个叫塔山堡的小村庄，拼死阻击国民党第17兵团司令官侯镜如指挥的“东进兵团”11个精锐师援军时，或许还没有人意识到，这场功彪军史的塔山阻击战，竟然会对辽沈战役乃至全国解放产生如此深远的影响。

2019年6月中旬，中国科技馆组织山西岚县社科乡下马铺村的干部村民赴中国农函大兴城食用菌研究院开展为期4天的党建农技培训，于18日参观了附近的“塔山阻击战纪念馆”。瞻仰陵园，聆听讲解，烈士纪念碑前重温入党誓词，不禁感慨万分，遂作诗一首，以表情怀。

辽沈战役帷幄筹，关门打狗巧施谋。
围长破锦乃关键，拦敌阻援是要首。
血战塔山军威震，魂丧白台顽敌羞。
铭记烈士承遗志，纪念塔前举拳头。

1948年9月8日至13日，中共中央在西柏坡召开政治局会议，作出了对国民党军进行战略决战的重大决策，辽沈战役随即拉开序幕。当时，在东北战场，我军已控制97%的土地和86%的人口，55万国民党军被分割、压缩在长春、沈阳、锦州3个孤立的城域，我军形成了包围长春、监视沈阳、围攻锦州、关门打狗的决战态势。此时，攻克锦州成为整个东北战局关键，而在锦西至锦州必经之地——塔山——阻击国民党的强大援军，又是关键中的关键。

塔山，属平原地貌，名为山，实际上并不是山，东边濒海是打渔山岛，西面的白台山为该地区制高点，可谓无险可守。10月10日凌晨，塔山阻击战打响，国民党军在飞机、舰炮和炮兵火力掩护下，向打渔山岛发起多路进攻，并一度攻占该岛。我东北野战军4纵司令员吴克华遂急令12师组织反击，战至黄昏借助海水退潮，才一举夺回失地。这一天，白台山阵地也经历了一场恶战，敌军按连、营、团建制轮番攻击。我军36团警卫连一排三班在打退敌人的5次冲锋后，只剩下副班长朱贵一人。此时，敌人一个整排在督战队的胁迫下正向阵地冲来，危急关头，朱贵急中生智，迅速投出最后一颗手榴弹，然后大声喊道："一、二、三班都隐蔽好，不要打枪，等敌人上来再抓活的！"听到喊声，敌人信以为真，慌忙逃跑。就这样，朱贵只身击退了敌人的进攻，为部队增援赢得了时间。

据塔山烈士陵园刘勇主任介绍，阻击战的最后一天，敌军两个连被我军炮火切断退路，压缩在阵地前沿一片开阔地内，我4纵34团一连副班长卜凤刚腰缠8颗手榴弹，手持一颗拉紧导火索的手榴弹，只身冲到敌兵跟前，高声喊道："锦州已被我们打下，赶快投降吧！不缴枪的话，我这铁馒头就要开花了！"丧失斗志的敌人纷纷放下武器，卜凤刚一人抓获124名俘虏，创造了我军战争史上奇迹，由此荣立特等功，被授予"孤胆英雄"称号，并获"毛泽东奖章"。

塔山阻击战最惨烈时，号称"赵子龙师"的敌军精锐组成"敢死队"，赤裸上身，手持机关枪、背后插着大刀凶猛冲锋，我军阵地险象环生。程子华电话向野战军司令部报告伤亡数字，林彪司令员大声吼道："告诉程子华，我不要他的伤亡数字，我只要塔山！只要塔山！"曾任国民党军秦葫运输指挥部指挥官、后在北平起义的惠德安少将之后如此描述这场阻击战:“从葫芦岛北山上向塔山遥望,但见海空火力集中轰击,真是地动山摇,霎时间塔山成了一片火海,硝烟直冲云霄,凝结成一团巨大的乌云。在这样的疯狂攻势下,解放军塔山英雄团,竟创造了战史上伟大的奇迹,打得国民党看着塔山的红旗失魂丧胆败下阵去。”

6个昼夜的鏖战,我军始终像钉子一样牢牢钉在塔山,没让援敌迈进一步,最终以伤亡3571人代价歼敌6889人取得胜利。10月15日,我军打下锦州;10月21日,长春和平解放;11月2日,沈阳解放;11月9日,锦西、葫芦岛敌军从海上逃走,东北全境解放,辽沈战役结束。塔山阻击战粉碎了国民党军驰援锦州、保全东北兵力的战略企图,为我军主力攻克锦州、夺取辽西会战胜利创造了条件,进而加速了全国解放和中国革命胜利的进程。

1949年3月25日,北平西苑机场举行人民解放军阅兵仪式,受阅部队正是参加过塔山阻击战的原东北野战军第4纵队的“塔山英雄团”“守备英雄团”和“白台山英雄团”的全体指战员以及纵队连以上干部。当汽车从“塔山英雄团”这面闻名全军的战旗下经过时,最高统帅毛泽东轻声对司机说“慢一点开”,并向军旗挥手,表达对这支英雄部队的敬意。后人读这段军史,曾感叹:“塔山,无塔也无山;英勇的守备战士,就是塔,就是山。”这正是:

遥忆当年炮火飞,塔山阻击局势危。
陆海空袭弹雨密,连营团突枪林摧。
事关全局生死仗,功成一域胜败碑。
人民军队豪气盛,天下无敌舍我谁?

光流彩溢盛眼屏

威武雄姿豪气，弹准车疾鹰利。

铁流齐向前，国安疆固民逸。

霹雳，霹雳，长城巍峨耸屹。

10月的北京，花团锦簇，旌旗飘扬。2019年10月1日，作为全国优秀基层党组织代表，我有幸就座天安门城楼西观礼台，出席庆祝中华人民共和国成立70周年大会，现场感受大会盛况，观看盛大阅兵仪式，即兴写下了上面这首《如梦令·国庆阅兵》。

受阅部队由徒步方队、装备方队和空中梯队3部分组成。徒步方队编设陆军、海军、空军、火箭军、战略支援部队、联勤保障部队、武警部队、预备役部队、维和部队、民兵、女兵、院校科研、文职人员、指挥领导等15个方队，集中体现了我军规模结构和力量编制。装备方队按作战体系编组，分陆上作战、海上作战、防空反导、信息作战、无人作战、后勤装备保障、战略打击7大模块，重点体现了我国国防科技工业自主创新能力和武器装备研发水平。空中梯队由12个飞行编队组成，从陆、海、空三军航空兵单位精选出34型160架飞机参阅，凸显了各军种、各机型间联合作战和协同作战能力，集中展示了我军空中作战强大的实力。

据阅兵装备方队指挥部办公室副主任王瑞成大校介绍，这次所有受阅装备均为国产现役主战装备，其中15式主战坦克、轰-6N新型战略轰炸机、直-20直升机、东风-17常规导弹、长剑-100巡航导弹、东风-41弹道导弹等武器装备，均为首次亮相，是我军新时代科技兴军最新研制、装列成果的集中展示。

在32个装备方队中，压轴出场的东风-41弹道导弹方队最为引人瞩目。它是中国自行研制的第四代战略核导弹，也是我国最新的一代战略导弹，与发达国家的第六代战略导弹，如美国的“民兵-3洲际导弹”、俄罗斯的“白杨-M洲际弹道导弹”性能相当，部分技术甚至已经超越这两款导弹。

东风-41弹道导弹具有作战准备时间短、反应速度快、命中精度高、有效射程远、机动性能优、气候适应条件广、生存能力强、操作人员少等特点，从技术上已经突破了携带多个战斗部的难题，可根据需要携带不同数量的核弹头，同时多点打击全世界任何一个地方的战略目标。阅兵直播时，无怪乎主持人这样介绍这一款“大国重器”:“战略制衡、战略慑控、战略决胜，东风-41洲际战略核导弹是我国战略核力量的重要支撑。”

我曾在国防科技工业教育领域学习、工作20余年，目睹威武雄壮的国庆阅兵和先进精良的武器装备，回顾人民军队和人民军工的创建、发展历程，倍感自豪，不禁填《江城子·国庆70周年阅兵有感》词一首，以表情怀。

三军齐聚金水河，壮威仪，亮干戈。习演阅兵，豪气贯山河。为护神州精练武，齐颂唱，大风歌。

南昌起义武装夺，建新军，火星播。路漫长征，挥帜灭敌倭。雄义之师巍泰岳，枪指处，固城郭。

当天晚上，国庆联欢活动在天安门广场举行，我有幸在观礼台同一位置继续观看文艺演出和焰火表演。3290名联欢群众手持光影屏和表演道具，按“红旗颂”“我们走在大路上”“在希望的田野上”“领航新时代”4个章节表演精彩节目。焰火表演根据联欢活动的章节内容、旋律节奏，按高空、中空、低空分层次、分波次对应施放，既有大场面、大效果视觉渲染，又有特定情境、局部特写情感表达，与联欢活动共同形成了相得益彰的整体效果。

焰火，又称烟花、烟火，是伴随着古代中国黑火药的发明而诞生。早期的焰火效果主要表现在燃烧的火花和爆炸的声音，以及排放出的明亮气体和发光粒子上，颜色多限于暗红与黄色。焰火弹之所以能发放五彩缤纷、绚丽夺目的颜色，主要在于其中装有发光剂和发色剂。发光剂中的铝粉或镁粉燃烧时会发放耀眼的白光。发色剂通常由普通的金属盐类组成，如燃烧时发黄光的硝酸钠、发红光的硝酸锶、发绿光的硝酸钡、发蓝光的硝酸铜等。焰火弹由发射火药爆燃推送到云端，在夜空中爆炸后宛如天女散花，制造出声、光、色、烟、雾、影等视听效果。通过计算机编程控制，就能设计出想要的焰火图案，形成光与音完美结合的晚会观礼艺术品。当“人民万岁”的焰火图案在天安门广场夜空升腾，我不禁心潮澎湃，目睹国庆联欢盛况，感怀社会安宁、国家强盛、人民幸福，遂即兴填《临江仙·亲历国庆联欢晚会》词一首，以表情怀。

阅兵观礼心难静，华灯又漾激情。光流彩溢盛眼屏。焰花红劲舞，欢唱涌潮频。

七十载艰辛历尽，而今步履稳轻。好风凭借上瑶琼。新程从始越，华夏正复兴。

历史潮流行浩荡

关于火车，每一个远行的人，一定都有过一段难以忘怀的记忆。

1978年，高中毕业的第二年，我从江西樟树考到北京上大学，开始频繁和火车打交道。那时，樟树到北京只有145次直快列车，起点南昌，途经江西、湖南、湖北、河南、河北5省，行程1800多公里，要乘36个小时。樟树是过路站，硬座票没座位，上车后最要紧的就是找座。运气好的话，站4个多小时到萍乡，就能有座位；运气差一点，要乘约7个小时到长沙，才能找到座位。有一次，我苦苦站了15个小时，一直到武汉才坐了下来，回到北京后，两条腿全都肿了。

现在的年轻人已经无法想象20世纪七八十年代绿皮火车厢内的拥挤程度，座位上、过道里、行李架上、座位底下，甚至厕所里，到处都是人。那时坐火车，就是一种煎熬，一种名副其实的花钱买罪受。

2014年9月，我应邀赴浙江省永康市参加中国五金产业创新发展战略联盟设计专家工作委员会成立大会，会后从杭州坐高铁回北京，行程一千三四百公里。短短6个多小时里，就经历了浙江境内的细雨霏霏、江苏地区的黑云低垂、山东一带的云雾缭绕，到达北京已是晴空万里、落霞满天。不同地域气候各异，方言多变，恍若时空穿越。真可谓：

细雨霏霏穿浙中，黑云低垂吴语浓。

薄雾方绕齐鲁地，即迎燕山夕阳红。

改革开放40年，中国的铁路运输发生了翻天覆地的变化。过去的绿皮车厢客运，平均时速仅五六十公里，还经常晚点。现在，舒适、便捷的动车、高铁已成为客运主力，最高时速可达350公里。弹指一挥间，跨省一线牵。截至2018年12月，我国高铁营业里程已达2.9万公里，超过世界上高铁总里程的三分之二，成为世界上高铁里程最长、运输密度最高、成网运营场景最复杂的国家。如今，乘坐"和谐号""复兴号"高铁，已成为一种惬意的旅行、愉快的享受。

1978年12月18日，党的十一届三中全会召开，开启了改革开放和社会主义现代化的伟大征程。回首40年来华夏大地的沧桑巨变，不禁感慨万千，激动不已。

40年前，全国各地物资极度匮乏，即使到了80年代初期，也还没有根本好转。前几天，网民都在转发一张名为"历史上的好消息"图片：某直辖市日报1982年春节前夕发布通告，全市居民可凭票定量供应主、副食品欢度春节，包括每人1斤鱼、1斤油、1两麻酱、2两粉丝、半斤葵花籽、6两花生，每户1只鸡、1瓶酒、2斤大葱、3斤鸡蛋、25盒香烟。现在读来，如看笑话。

1978年我到北京上大学，每月粮食定量34斤，换成食堂饭票为：面20斤、米8斤、粗粮6斤。读大二时，父亲的一位朋友带儿子来北京看病，在我这吃住一星期，把我一个月的定量吃掉了近一半。我四处打游击找地方睡觉不说，还得向不少同学讨要饭票，以补后半个月吃饭的亏空。今日忆来，仿若隔世。

2018年12月18日，收看庆祝改革开放40周年大会直播，当听到习近平总书记讲道："粮票、布票、肉票、鱼票、油票、豆腐票、副食本、工业券等百姓生活曾经离不开的票证已经进入了历史博物馆，忍饥挨饿、缺吃少穿、生活困顿这些几千年来困扰我国人民的问题总体上一去不复返了！"不禁发出了会心的微笑。

改革开放是中国共产党和中国人民的一次伟大觉醒。它让执政党意识到,“贫穷不是社会主义”,“宁要社会主义的草,不要资本主义的苗”是多么的荒唐。它使人们认识到,极“左”路线的那一套理论,是多么违背常识、违反人性、不得人心。改革开放是中国人民和中华民族发展史上一次伟大革命。改革开放总设计师邓小平说:“我们要赶上时代,这是改革要达到的目的”。于是,小岗村农民冒着巨大的政治风险,分田到户,联产承包,拉开了中国农村改革的序幕。于是,“傻子瓜子”闻名全国,乡镇企业异军突起,特区建设朝气蓬勃,人民的创造力喷发四射。

由于种种原因,今天,我们前进的道路上仍然存在着诸如贫富差距过大、环境遭受破坏、空气受到污染等问题,但是,历史潮流势不可挡,改革开放不可逆转。诚如习近平总书记所言:“40年的实践充分证明,改革开放是党和人民大踏步赶上时代的重要法宝,是坚持和发展中国特色社会主义的必由之路,是决定当代中国命运的关键一招,也是决定实现‘两个一百年’奋斗目标、实现中华民族伟大复兴的关键一招。”这正是:

极左守旧如夜郎,心高自大易轻狂。
改革除弊新动力,开放获利富国强。
幸得泉通奔活水,岂因蝇入堵门窗。
历史潮流行浩荡,倒车形同螳臂挡。

阿拉套山唱大风

拿到老朋友刘克俭主编的《铸剑阿拉套山》文稿，阅读滚烫的文字，心情格外激动，拍案喝彩的同时，禁不住提笔撰文抒怀。

刘克俭1970年底参军，历任905部队炮连排长、副指导员、作训参谋、指导员等职，是从这支部队走出来的一位优秀中国军人。他1978年8月被905部队选送到石家庄高级步兵学校深造，毕业后留校，因业绩突出1994年被调入军事科学院任师职研究员，成为我军知名军事理论研究专家。他主编的《铸剑阿拉套山》是一部由原疆字905部队下至当年炊事兵上至军分区副司令员在内的70多位老兵撰写的多体裁综合性文集，作者以深厚的感情、饱满的激情抒发了对人民军队的礼赞，对中国军人的礼赞，对边防将士的礼赞，对老兵情怀的礼赞。

20世纪70年代初，中苏关系紧张对峙，在新疆阿拉套山南麓博尔塔拉河畔诞生了一支极为特殊的部队——中国人民解放军疆字905部队。该部首长和机关人员均从第54军抽调。54军是一支有着光荣历史传统的优秀部队，最早可追溯到北伐战争时著名的“叶挺独立团”；土地革命战争、抗日战争、解放战争时期，以及新中国成立后，该部屡建功勋，是名副其实的铁军。905部队继承了这支铁军的优良传统，先后涌现出了“为烧窑而献身的李青义、林维纪，不顾个人安危勇拦惊马在铁轮马车下救出少年儿童的二连战士王权力，舍身救战士自己头部被手榴弹炸伤的一连连长胡云成”等张思德、欧阳海、王杰式的优秀官兵。从905部队还先后走出了获颁“改革开放先锋”称号的张飚、全国防沙治沙先进个人王世祥、全国模范军转干部袁东华等全国英模人物，以及山西省特级劳动模范温守政、著名矿冶设计专家刘启生、优秀山村教师任卓领等国之栋梁。他们不仅是疆字905部队的骄傲，也是中国军人的骄傲，赢得了人们对优秀中国军人的礼赞。刘长文、吴东胜合写的《从中原厉兵到西北铸剑》，刘克俭撰写的《阿拉套山步兵第五团》，以及王爱玲、吴东胜分别撰写的《人生何处不青山》《我的父亲吴志学》等回忆文章，都从不同角度回顾了905部队的组建过程，揭秘了这支部队许多鲜为人知的史料和故事，无不倾注了对人民军队的热情讴歌和礼赞。

博尔塔拉位于新疆西北边缘，有“中国西部第一门户”之称，疆字905部队是当时配置在该地区唯一的一支现役作战机动部队，以应对中苏边境随时可能发生的突发事件。“三冬历得寒威烈，六夏常遇暴风雪。露营山坳哨冷漠，战马相伴消永夜。”即使是在这样恶劣的环境下，部队官兵仍充满了革命的乐观主义精神。钢才写的另一首《边塞》诗，更是展现了边防将士的豪迈情怀和英雄气概：“群峰众壑汇冰川，万里封疆至此还。数点寒星映河界，一轮孤月照征鞍。驭风驾雪穿林海，吐雾腾云越岭巅。自古戍边皆猛士，书生安敢镇雄关。”王如明在《激情岁月——军装在身的日子》一文中，描述了1970年冬天他奉命冒死蹚过湍急的冰河架设铁丝网，打捞疑似落水失事通讯员的经过。文章读后，边防战士忠于职守、勇于奉献、不怕牺牲的精神跃然纸上，令人感动，让人敬佩。这样感人的事迹和故事在《铸剑阿拉套山》中随处可见，无不洋溢着对边防将士的礼赞。

在当过兵的人看来，战友情尤为珍贵，它是一种人间至情，是生与死的托付，是鲜血与生命凝成的友谊，是血浓于水的亲情。当年，疆字905部队是“冒着蒙古庙的尘土，沐着塔斯海的清风，撩着赛里木的碧波，浸着艾比湖的涩苦，顶着阿拉山口的飞沙，伴着米尔其克的松涛成长发展壮大”。在这样极端艰苦的条件下，战友们互相关心，互相照顾，结下了深厚的友谊。黄宪写的《新兵日记》，记述了战友们给他这个新兵腾出中间最暖和的铺位，而班长却睡在通铺离大门最近、温度最低的地方这一暖人情景。曹秋贵写的《青春血染黑山头》一文，更是描述了战友之间的生死情谊，执行拉水任务因公牺牲的吕少炎副班长令人难以忘怀。战友情就像酒，相处时间越长，情谊就越醇厚、越珍贵；分别的时间越久，思念就越强烈、越缠绵。《铸剑阿拉套山》中的诗文抒发了老兵们相互间的思念和祝福，表达了对老兵情怀的由衷礼赞。

《铸剑阿拉套山》充分展现了905部队及其官兵的精神风貌和现实风采，不仅可作为戍边卫国的参考史料，也可作为革命传统教育的学习读物。全书读罢，感慨万分，谨作诗一首，以表对全体官兵的敬佩之情、祝贺之意。

博尔塔拉驻扎根，阿拉套山唱大风。
烈士英灵滋肝胆，铁军雄风奠军魂。
冷战年代守边关，激情岁月燃青春。
而今喜作黄昏颂，金戈铁马铸诗文。

揭露黑暗彰光明

前段时间，根据著名财经作家阿耐所著小说《大江东去》改编的电视连续剧《大江大河》在中央电视台播出。这部纪念改革开放40周年的献礼剧，讲述了在自1978年至1992年间改革开放的大背景下，以雷东宝、宋运辉、杨巡为代表的改革先行者在农村、企业、商场等领域的个人奋斗史，展现出改革开放的宏大历史进程，受到观众热捧。在朋友的“怂恿”下，我利用三个周末将这部电视剧全部追看完了，甚为感动。作为雷东宝、宋运辉、杨巡的同龄人，我和他们同样经历了那个波澜壮阔、跌宕起伏、激动人心的时代，可谓感同身受，多有共鸣。

在极“左”路线主导的那个年代，剧中小雷家村民吃不饱穿不暖，青壮男人连媳妇都娶不上。是改革开放彻底改变了村民们的命运。作为小雷家村党支部书记，复员军人雷东宝敢想敢干、雷厉风行、百折不挠，在农村改革浪潮中不断勇闯“禁区”，带领村民从责任田承包到户始，先后办起了砖厂、养猪场、电线厂等集体企业，使村民走上了脱贫致富的道路，赢得了全体村民的敬重。另一主角宋运辉出生“黑五类”，自幼低人一等，但天资聪慧、专注执着、刻苦勤奋，通过不懈抗争终于上了大学。毕业分到工厂后，他一方面扎根车间，深入一线埋头苦干，同时放眼世界，紧盯国际最新技术发展动态，勇于攻关，解决了国营大企业一个又一个技术难题，事业开始不断走向成功。剧中小人物杨巡为家庭生活所迫，从东躲西藏走街串巷挑担卖馒头做起，当倒爷、摆地摊、闯江湖，忍饥挨饿，艰苦创业。他肯于吃苦、能屈能伸、意志坚强，每次被命运打趴下，都能很快站起来，东山再起，终于开创出了一片属于自己的商业天地。

《大江大河》给我们以启示：改革开放是中国人民活力和智慧的一次伟大迸发，它极大地调动了广大民众的积极性，最大限度地激发了人民群众的创造性。雷东宝、宋运辉、杨巡等改革开放的弄潮儿，以他们超凡的勇气和智慧，不仅改变了自身的命运、家庭的命运，同时还推动了社会各个领域翻天覆地的变化。正是这样一次伟大的活力和智力迸发，从而也彻底改变了整个国家的命运。这正是：

大江大河齐向东，一往直前波浪隆。

联产承包图活命，引技创业求飞腾。

休虑泥沙随裹挟，但歌竹松伴郁葱。

改革开放丰碑立，重整出发待后生。

《大江大河》展现了人民在推动历史前进中的巨大作用，以人民的名义对改革开放的伟大意义予以了热情讴歌，对改革开放的先驱者予以了由衷礼赞。而2017年热播的另一部电视连续剧《人民的名义》，则向我们展示了伟大的改革开放浪潮背后的一面。这部由著名作家周梅森执笔、最高人民检察院影视中心组织创作的反腐大剧，揭露的腐败"尺度"之大，令人瞠目。剧中腐败分子从部委巨贪处长赵德汉、省会城市副市长丁义珍、大型国企总经理刘新建，到现任省公安厅厅长祁同伟、省委副书记兼政法委书记高育良，再到这些贪腐分子的总后台——前任省委书记、现官至副国级的赵立春。这从一个侧面昭示我们，既要充分肯定改革开放的伟大功绩，坚定不移地继续走改革开放的道路，又要高度重视改革开放中出现的新情况，抓紧解决腐败严重、贫富悬殊、道德滑坡、环境污染等问题。

《人民的名义》还用相当篇幅反映了官商勾结巧取豪夺民营企业资本,欺压下岗工人等弱势群体;描写了公、检、法系统里的败类相互勾结,贪赃枉法,徇私牟利;同时讴歌了坚持真理、永葆初心的陈岩石、易学习、侯亮平、李达康等一批优秀党员干部。剧中腐化堕落官员高育良道貌岸然、虚伪无耻的丑恶嘴脸,勤政实干官员李达康正直无私、干练担当、果敢自负的鲜明个性,更是给观众留下了深刻的印象。

可以说,《人民的名义》充分展示了党的十八大以来全面从严治党的伟大功绩,彰显了中国共产党刮骨疗毒、惩治腐败、激浊扬清的决心和自信。这正是:

人民名义满荧屏,反腐大剧吸万民。

达康玉瑕真实干,育良瓦艳假正经。

官商勾结欺百姓,警法串通徇私情。

从严治党除腐恶,揭露黑暗彰光明。

高考恢复路峰回

1977年8月4日至8日，时任国务院副总理的邓小平在人民大会堂主持召开了科学和教育工作座谈会，就打倒“四人帮”、拨乱反正后的教育改革问题，听取来自中国科学院系统和高等院校的与会33位专家学者的意见。会上，邓小平作出了一个影响成千上万青年人前途和命运的重大决策：恢复中断了10年的高考制度，并确定了“自愿报考，统一考试，择优录取”的招生原则。

那一年9月的一天，我高中班主任杨晓宁老师刚一得知即将恢复高考的小道消息，立刻从县城骑自行车奔波近5公里，专门跑到矿区我们家里报信，嘱咐我和哥哥抓紧复习，准备迎接高考。我和哥哥为1977年高中毕业同班同学，都是杨晓宁老师的学生。哥哥是班上的学习委员，我是宣传委员，在杨老师看来，我们兄弟俩应是班里最有希望考上大学的学生。其时，我属下放知识青年，因年龄太小，当年8月被敲锣打鼓送到偏远的农村知青点后，第二天又乘坐送我们下放的汽车回到了家里，与留城的哥哥一同在矿上待业。好在父母都是知识分子，颇有远见，平时就给我们树立了读书学习的榜样；杨老师报信后，父母更是不让我们尽早踏入社会做工挣钱、招工顶替，而是四处帮我们寻找学习资料，督促我们备考复习。杨老师专程赶赴我家，令我父母万分感动，以至于三四十年后，只要说到考大学的事情，父母就要念叨起他，告诫我们兄弟俩千万不能忘记老师的知遇之恩。

我们兄弟俩没有辜负老师和父母的期望，第一年因为准备仓促，名落孙山；第二年，双双都如愿考取，一理工一文科、一北方一南国进大学学习深造。1979年，年仅15岁的妹妹不甘示弱，步我俩后尘，也考上了大学。我们兄妹3人两年之内都考上大学，为矿区子弟树立了好榜样，成为当时轰动矿上的一大新闻。在这之后，矿上子弟纷纷比学赶超，每年都有多人考上大学，矿区也一直成为所在县考上大学人数最多的单位。这正是：

高考恢复路峰回，兄弟命运殊同归。

铭记老师知遇恩，勤学苦读报春晖。

77级、78级、79级是恢复高考后的前三届大学生，与“文革”前66届、67届和68届初、高中学生被称为“老三届”相对应，这三届大学生被称为“新三届”。“新三届”和“老三届”之间，隔着的是整整十年的人才断层。而77级大学生因与78级大学生同一年入学，加上这两届学生都极为自律，尤其向上，非常好学，特别刻苦，因而更受世人瞩目。这两届大学生是一个多数人都经历过社会激烈动荡、底层生活磨炼，颇显英雄本色的群体；是一个见证了最惨烈的社会淘汰、最激烈的高考竞争，颇具拼搏精神的群体；是一个大多感受过命运跌宕起伏、人生时来运转，颇显传奇色彩的群体；是一个参与拨乱反正继往开来、投身改革开放时代大潮，颇有鲜明特色的群体。

77级和78级大学生在1978年同一年的春季和秋季分别入学，1982年同年毕业；这不仅在中国教育历史上空前绝后，而且在世界高等教育史上也绝无仅有。两届学生一改以往的工农兵推荐上大学的选拔方式，而是通过严格的考试步入高等学府殿堂，实际上是为即将开创的中国改革开放大业谱写了前奏曲。当年，我考入的是兵器工业部所属国防科技院校北京工业学院，所在的特种装备与控制工程系共有4个专业，77级只有一个班，78级有3个班，两届共4

个班但所学专业都不相同，每个班都是本专业恢复高考后的首届学生。其时，受“文革”影响，各行各业人才奇缺，断层明显，兵器科技水平更是远远落后于美、苏两个超级大国，77级、78级两届大学毕业生遂成为各部门各单位的“抢手货”。我们系两届4个班150多名学生毕业后，除了应届考上研究生的外，其他大多被分到三线兵工厂了。在之后波澜壮阔的改革开放大潮中，77级、78级两届大学生发挥了中坚和栋梁作用，成为各行各业的骨干力量和领军人物，为祖国建设尤其是科教事业发展做出了突出贡献。有诗为证。

小平一会定乾坤，高考恢复教兴隆。
万千青年改命运，两届学子成新宠。
科技差距追缩短，人才断层扑填充。
拨乱反正幸运儿，改革开放急先锋。

2018年是77级、78级两届大学生入学40周年。那段时间，母校北京理工大学77级、78级微信群异常活跃，两届系友大都年届花甲，时常相聚，回忆往事，共叙友谊。我不禁感慨万分，遂作对联一副，以表情怀。

幸遇拨乱反正恢复高考进大学读书深造两届学子同结深情厚谊；
喜逢改革开放深化改革为中华振兴拼搏一生年华共增祖国荣光。

热血青年立潮头

2019年12月9日，又逢“一二·九运动”纪念日。84年前的这一天，北平（北京）大中学生数千人走上街头，举行抗日救国示威游行，向政府当局请愿，要求停止内战，反对华北自治，反抗日本帝国主义。这真是：

民族危难多事秋，热血青年立潮头。

救亡图存生死弃，岂因祸福苟且偷。

1931年“九一八”事变后，国民党政府实行不抵抗政策，放任日军占领了东北三省；之后，日军对华侵略步步紧逼，在东北地区推行殖民地化统治的同时，又把侵略魔爪伸向华北，民族危机日益严重。1935年上半年，日本侵略者通过密谋策划，在天津、河北等地制造事端，以武力相威胁，迫使南京国民政府先后接受并与其达成“何梅协定”和“秦土协定”，攫取了包括平津在内的河北、察哈尔两省的大部分主权。同年下半年，又策动所谓华北五省“防共自治”运动，逼迫国民党河北省党部、北平市党部、中央军和宪兵第三团从华北撤走，策划成立由其直接控制的傀儡政权，妄图在华北全面进行政治、经济、文化侵略。

1935年11月，在中共北平地下党彭涛、周小舟、谷景生、姚依林等人的领导下，“北平市学生联合会”（简称“学联”）成立；12月6日，学联召开代表会，通过并发表《北平市学生联合会成立宣言》，平津15所大中学校联合通电，反对“防共自治”，要求国民政府讨伐汉奸，动员全国人民抵抗日本的侵略。这一天，传来由日本侵略者扶植的“冀察政务委员会”将于12月9日成立的消息，“华北之大，已安放不下一张平静的书桌”，北平广大学生和各界进步人士极为震惊、甚为愤慨。

12月9日，在中共北平临时工委的领导下，北平学联组织大中学生数千人举行救亡图存大游行、大示威、大请愿，热血青年不甘做亡国奴，奋起反对日本侵略，要求保全中国领土的完整。震惊中外、影响深远的“一二·九运动”遂爆发。北平学生的爱国行动，揭露了日本帝国主义侵略中国、并吞华北的阴谋，迅即得到各地学生的响应和全国人民的支持，打击了国民党政府的绥靖政策，促进了中国人民的觉醒，形成了全国人民抗日民主运动的新高潮，推动了抗日民族统一战线的建立。

按照“不忘初心、牢记使命”主题教育安排，2019年6月27日，中国科技馆党委组织新老党员及入党积极分子代表50余人，瞻仰位于北京植物园樱桃沟的“一二·九运动”纪念亭，举办“新党员宣誓，老党员重温入党誓词，入党积极分子接受理想信念教育”活动，共同接受革命传统和爱国主义教育。

樱桃沟是北平学联在“一二·九运动”时期举办军事夏令营、利用多种形式团结教育青年的地方，当年在这里曾举办三期夏令营，参训青年学生达五六百人次。“一二·九运动”纪念亭由北京工业大学学生宋晓松等人设计，于1985年12月9日“一二·九运动”50周年纪念日举行落成典礼。纪念亭对面安放着植物园工人1980年6月在清除樱桃沟沟底杂草时发现的刻有“保卫华北”字样的大青石，不远处还有一组名为“青春力量”的现代雕塑，从泥土中伸出的5只紧握的拳头，喻示北平热血青年团结一致、抵御外敌的坚强决心。

“一二·九运动”纪念亭的碑名由时任全国人大常委会委员长彭

真题写。纪念亭由三座三角形小亭组成，三角形代表北平学生在“一二·九运动”时期举办军事夏令营的露营帐篷；每个小亭都有4个尖(三个足尖，一个顶尖)，三个小亭共有12个尖，其中9个足尖着地，寓意“一二·九”；三个小亭组成一个立体的“众”字，意蕴广大民众的觉醒和全国人民众志成城抵抗外侵的决心；大小不等的三组三角形小亭表示革命传统代代相传，革命事业后继有人。

在纪念亭广场中央，全体新老党员举起右手，面向党旗庄严宣誓，新老党员和入党积极分子代表纷纷发言表达心声、重温初心，大家共同高唱《歌唱祖国》歌曲，庆祝建党98周年和新中国70华诞。瞻仰先辈爱国运动遗址，抚今忆昔，无限感慨：每当中华民族生死存亡之际，总有仁人志士视天下兴亡为己任，挺身而出，舍生忘死，救亡图存。他们是中华民族的脊梁，“一二·九运动”中的爱国青年学生就是他们中的杰出代表。今天，我们正处于民族复兴的伟大历史机遇期，广大青年更应继承、弘扬“一二·九运动”精神，勇于奋斗，敢于牺牲，甘于奉献，把初心付诸实践，知行合一，践行使命担当，争做时代先锋。这正是：

东北沦陷冀察危，敌寇猖狂施淫威。
武力逼迫蚕华北，自治利诱设傀儡。
爱国青年齐奋起，救亡图存起风雷。
民族复兴开伟业，继往开来勇存追。

清香白净满乾坤

秤，作为一种衡器，其最早的实物证据（石块砝码）发现于今巴基斯坦境内的印度河文明遗址，距今已有三四千年的历史。古埃及人在同时代的记载中也有提及，但至今没有发现实物。在中国，秤的出现大约在春秋末期，传说是由被后人誉为商圣的范蠡受农人井旁竖桩吊桶汲水启发而发明。1670年，法国著名数学家、物理学家和机械设计师吉尔·佩尔索纳·德罗贝瓦尔发明了摆动托盘天平。这是一种等臂双盘案秤（又名磅秤），也是目前世界上使用最为普遍的商业秤的雏形。

在中国，杆秤制作技术是由匠人口口相传、代代相授而流传下来的。做秤是一门精细的手艺，从选材、切料、刨圆，到泡碱、打磨、抛光、刷漆，再到钉秤花、固提绳、定秤砣，每道程序都必须严丝合缝，各个环节都容不得半点马虎，稍有不慎，秤就会有偏差，称重就会失准性、缺公平。优秀的杆秤匠对职业极为神圣虔诚，从不会因操作失误而使自己制作的秤短斤少两、遭人唾骂。

天地之间有杆秤，那秤砣就是老百姓；世间有公道，公道在人心。随着衡器的不断发展，人们不断赋予秤和天平以文化内涵：秤，买卖称心，童叟无欺，成为天地良心的标尺；天平，左右平衡，不偏不倚，成为公平公正的象征。

妻子的爷爷在世时开了一家诊所，一辈子行医，悬壶济世，普度众生。前段时间整理家务时，找出了爷爷当年使用过的一架售药的小天平。端详老人家的遗物，我不禁浮想联翩，思绪万千，遂作《观天平有感》诗一首，以抒发心中感慨。

公平不公平，称秤要小心。
良心若有病，秤杆永不平。

公平不公平，老天自有心。
人心是杆秤，好坏分得清。

公平不公平，公婆理难评。
世间不平事，依法来判定。

公平不公平，特等大事情。
朝代兴亡史，两字判输赢。

作为唐代伟大的现实主义诗人，白居易（字乐天，号香山居士）的诗可谓题材广泛，形式多样，语言平实，通俗易懂。我上中学时，课文里就读过他写的《卖炭翁》一诗。这首诗通过描写一位烧炭老人冒雪卖炭、遭遇欺凌艰难谋生的故事，揭露了阶级的不平等、官吏的腐败、社会的黑暗，表达了作者对劳动人民的深切同情和对不公平的冷静鞭挞。每每读到"可怜身上衣正单，心忧炭贱愿天寒"句子，心里就会感到无比的沉重和难受。这种强烈的反差让人欲哭无泪，令人不寒而栗。

新中国成立后，尤其是经过改革开放，我国经济持续高速发展，人民生活得到极大改善，应该再也没有了"卖炭翁"这样悲惨的遭遇。但是，贫富差距依然存在，一度还拉得较大。2013年1月18

日，在2012年国民经济运行情况新闻发布会上，时任国家统计局局长马建堂在回答记者提问时，一口气公布了我国从2003年到2012年各年的基尼系数。这10年间，反映居民收入差距的基尼系数每年均超过国际公认的警戒线0.4，其中2008年更是达到峰值0.491。

2018年1月18日，国家统计局按惯例公布了2017年度我国经济和社会数据：全年全国居民人均可支配收入25 974元；其中，城镇居民人均可支配收入36 396元，农村居民人均可支配收入13 432元，城乡居民人均收入倍差为2.71。尽管近10年来，我国的基尼系数总体呈下降趋势，且随着在五大发展新理念指引下"十三五"规划的大力实施和精准脱贫攻坚战的持续展开，到2020年我国将彻底消灭贫困，基尼系数有望降至国际警戒线以下；但是，城乡之间的收入差距以及对应的民众之间的贫富差距过大，依然需要我们高度警惕、极端重视。逐步缩小贫富差距、不断实现社会公平，可谓任重道远。

一部人类社会发展史，就是一部不断追求平等、公平，不断追求发展、富裕的历史。中国共产党更是把"消灭剥削，实现共产主义"作为最终奋斗目标，把"为中国人民谋幸福，为中华民族谋复兴"作为初心和使命。每一个真正的共产党人，都应该为此不懈努力，拼搏奋斗。

2017年冬天，北京几乎没有下过一场像样的雨，降雪更是罕见。2018年1月11日，终于盼来了期待已久的一场瑞雪。当日，想到寒冬里因疏解首都人口而匆匆离开京城的外地民工，想到风雪中还四处奔波、忙于生计的基层百姓，想到精准脱贫目标即将实现，不禁吟《咏雪》诗一首，以表牵挂和期盼。

乐天一咏卖炭翁，降雪常忧无饱温。
初衷不改勤奋斗，穷根未拔倍事功。
协调发展圆宏梦，共同富裕求大同。
漫天飞舞梅怒放，清香白净满乾坤。

英雄一曲奇迹颂

七十庆华诞，献礼满银屏。

齐声颂祖国，共表爱国情。

2019年时逢中华人民共和国70华诞，献礼片无疑成为这一年电影放映的主题。这期间，第二批“不忘初心、牢记使命”主题教育强调加强爱国主义教育，为此，中国科技馆党委组织全体党员干部先后观看了《中国机长》《攀登者》《我和我的祖国》3部献礼片，通过喜闻乐见的艺术形式陶冶情操，净化灵魂，接受教育。

惊悚片是将恐惧与悬疑成功融合而生的一种电影类型，它通过悬案难解、错综复杂、变化莫测的剧情叙述，辅之令人恐怖的感官冲击，让观众同时获得恐怖和悬疑的双重体验，在惊吓平静和悬疑解惑后获得审美的愉悦。惊悚片的剧情通常为虚构，而《中国机长》则是根据一起真实的意外险情事件改编而成，艺术地重现了2018年5月14日发生在四川航空公司3U8633航班上的一次惊心动魄意外事故的成功排解过程。

3U8633机组在执行成都飞往拉萨的航班任务时，不料在万米高空突遇驾驶舱风挡玻璃爆裂脱落、导致机舱释压的极端罕见险情。千钧一发的生死关头，以机长刘长健为代表的全体乘务组临危不惧、沉着应对、正确处置，驾驶飞机安全返航，确保了全部机乘人员生命安全，创造了世界民航史奇迹，谱写了一曲意志坚定、忠于职守、技能卓越、不惧牺牲、团结拼搏的英雄主义颂歌。观看《中国机长》,我激动不已,夜不能寐,遂填《渔家傲·奇迹》词一首,以表对全体机组英雄的敬佩之情。

横祸万米飞行遇,窗破压释缺氧气,失控失联欲撞地。危情逼,长空上演惊悚戏。

机长勇谋志刚毅,排难去险施神技,巾帼须眉齐给力。同心聚,乾坤扭转彰奇迹。

珠穆朗玛峰是世界最高峰,登顶珠峰既是每位职业登山队员梦寐以求的夙愿,也是人类征服自然、挑战极限、超越自我的重要体现。1960年,中国登山队员方五洲、曲松林和杰布向珠峰发起冲刺,完成了世界上首次北坡登顶这一被认为是不可能的任务;但由于没有留下登顶影像资料,这次登顶一直受到质疑。15年后,方五洲和曲松林在气象学家徐缨的帮助下,带领李国梁、杨光等年轻一代队员战胜各种严酷的挑战,经过生与死的考验,终于再次成功登顶,并精确测定珠峰高度,绘出珠峰地区详细地图,写下了人类勇攀世界最高峰的英雄壮举。《攀登者》通过电影艺术手法,重新讲述了王富洲、贡布、屈银华、潘多、索南罗布、罗则、侯生福、桑珠、大平措、贡嘎巴桑、次仁多吉、阿布钦等两代中国登山队员两次北坡成功登顶的真实故事,彰显了中国人民不畏艰险、永攀高峰、无私奉献、为国争光的英雄气概。观看影片,我热泪盈眶,感慨万分,即兴赋诗一首,向为国争光的登山英雄致敬。

珠峰登顶意欲何?征服极限耀中国。
雪崩冰裂危情厉,严寒飓风险道多。
数经磨难岂改志?几历生死怎退缩?
英雄一曲奇迹颂,气壮山河后传说。

“我和我的祖国,一刻也不能分割,无论我走到哪里,都流出一首赞歌。”这是一首1985年由张藜作词、秦咏诚作曲、李谷一原唱,一直被广为传唱的爱国主义歌曲。它道出了我们每个人和祖国之间的关系，唱出了人民对祖国的无比热爱。与歌曲名相同的《我和我的祖国》影片由7个短剧组成，都是从普通民众的视角切入，浓缩70年里的7个重大历史事件，以小人物见证大时代，讲述普通百姓与共和国息息相关的感人故事。

无论是《前夜》记述的为保证开国大典顺利升旗而争分夺秒攻关克难的众多普通民众，《相遇》歌颂的为我国第一颗原子弹爆炸而隐姓埋名、甘愿牺牲的一线科技英雄，或是20世纪80年代中国女排首次奥运夺冠、喜获世界大赛三连冠，激励全国人民为“振兴中华”而拼搏的《夺冠》感人故事，《回归》揭秘1997年7月1日香港回归交接仪式背后不为人知的捍卫中国主权尊严的故事，又或是《北京你好》中的北京出租车司机成全一个为奥运工程做出过贡献、在汶川地震中不幸遇难农民工的孩子心愿的义举，《护航》展现出的和平年代中国军人不惧牺牲、无私奉献、顾全大局的精神风貌，以及《白昼流星》通过身患绝症的知青扶贫老干部挽救两个失足贫困少年兄弟，讲述“神舟十一号”飞船返回舱成功着陆的故事，无不散发着浓郁的生活气息，蕴涵着爱国的真情实感，传递着强大的精神力量。观影受教，有感而发，赋诗一首，以表情怀。

细节精描故事多，主题聚焦爱祖国。
旗升荣耀责任重，核爆威扬英雄默。
排球乒球助振兴，飞船飞机织天罗。
回归主权争一秒，的哥义举湿眼窝。

爱我中华国在心

旭日靓影同出营，旗杆雄姿共拔挺。

正步劲踢神精气，队列秀排齐整英。

旗升注目涌豪迈，乐奏肃容溢深情。

万众唱响进行曲，爱我中华国在心。

2019年9月26日上午，“中国科学技术馆新馆开馆10周年主题升旗仪式”在中国科技馆西广场隆重举行。由24名优秀青年职工组成的中国科技馆国旗队朝气蓬勃、精神抖擞，在雄壮的《义勇军进行曲》伴乐和嘹亮的国歌声中，将一面鲜艳的五星红旗冉冉升起。

10年前的9月16日，中国科技馆新馆在北京奥林匹克公园建成并开放，成为“科技奥运，绿色奥运，人文奥运”的一道靓丽风景。截至2019年8月底，中国科技馆新馆服务观众共计3513万多人次，在全球科技博物馆中名列前茅。升旗仪式上，馆党委颁发了“新馆十年·最美有你”奖项，对近十年来在党建、创新、服务、合作、担当、安全、奉献、传承、管理、竞技等10个方面做出突出贡献的优秀员工进行了表彰。

“作为国旗队的一员，参加今天的主题升旗活动，我感到非常荣幸、无比自豪。”29岁的优秀展教辅导员李一2015年在入职的当年就加入了国旗队，升旗仪式结束后，她激动地发出了这样的感慨。

当天的主题升旗仪式还发布了中国科技馆文化体系建设成果。一是重新确立了中国科技馆办馆理念：体验科学，启迪创新。

期望通过营造从互动学习、实践中认知、探索科学技术的情境，引导公众体验科技呈现的美妙与神奇，感受科技带来的福祉与乐趣，从而激发对科技的好奇、想象与追求，继而达到提高科学素养、培养创新思维、提升创造能力的目的。二是明确了中国科技馆发展愿景：以“深化改革、提升能力”为突破，激发自身发展的内生动力，增强新时代事业发展的自豪感，致力于成为科技教育的先导者；以“标准化引领、信息化建设”为抓手，推动中国特色现代科技馆体系创新升级，增强广大公众对科普服务的获得感，致力于成为科技馆事业的引领者；以“中国方案、世界舞台”为路径，不断提高软实力、用好巧实力，增强世界人民对中国科技文化的认同感，致力于成为科学文化的国际传播者。三是提炼出中国科技馆建设发展精神内核：至臻至谨，同创同心。至臻，既是中国科技馆人引领行业发展的必然选择，也是推进实现“先导者”“引领者”“传播者”发展愿景的客观需要；至谨，既是中国科技馆人履职尽责的基本要求，也是完成发展使命的重要前提。同创，既是中国科技馆人书写辉煌历史的真实写照，也是开创美好未来、推进事业发展的根本保证；同心，既是中国科技馆人追求卓越目标的力量源泉，也是实现美好愿景的制胜法宝。

为庆祝新中国70华诞，2019年9月26日这一天，“礼赞共和国——庆祝新中国成立70周年科技成就科普展”在中国科技馆揭幕。展览以新中国成立70年来我国在航天、海洋、核能、制造、信息、健康6大领域的标志性科技成果为切入点，设置了逐梦星空、瀚海扬波、核能伟业、制造强国、智慧互联、健康生活6个主题展区，通过互动体验等方式，展示每项科技成就背后的科学原理、发展历程、实际应用以及所彰显的科学家精神，由此激发观众的民族自豪感、爱国情怀和奉献热情，为实现建设创新型国家和世界科技强国的宏伟目标汇聚磅礴力量。

1970年4月24日，我国第一枚运载火箭“长征一号”成功发射，将“东方红一号”人造卫星送入预定轨道，奠定了我国运载火箭发展基础。截至2019年3月10日，长征系列火箭已研制出17型基础级火箭和5型上面级火箭并均投入使用，成功将506个航天器送入预定轨道。据悉，未来的“长征九号”综合性能指标将达到国际运载火箭先进水平，可满足未来较长时期我国深空探测、载人月球探测等重大科技活动的任务需求。

在“逐梦星空”展区，策展负责人、中国科技馆高级工程师唐罡专门给观众讲解了中国的运载火箭为什么要用“长征”命名：“设计人员在给运载火箭起名时，想到了毛主席写的《七律·长征》诗，于是建议将火箭命名为‘长征’，寓意中国的运载火箭事业就像红军长征一样，不怕牺牲、勇往直前，一定能够战胜各种艰难险阻，最终到达胜利的彼岸。”

回眸新中国70年的科技奋斗历程，可谓“雄关漫道真如铁”，“芙蓉国里尽朝晖”；走在迈向世界科技强国的奋进路上，可谓“人间正道是沧桑”，“而今迈步从头越”。前途光明，道路艰辛，使命伟大，任重道远。这正是：

砥砺前行七十秋，花繁果茂雀枝头。
一张白纸绘锦卷，两个翻番耀金瓯。
科技创新增活力，知识普及助加油。
复兴中华再出发，世界之林笑昂首。

勇士闯行彰风流

预警限流成效优，黄牛猖獗票难求。

岂因惧噎废食饮，莫以虑责退激流。

舆情应对赢果断，举措完善赖筹谋。

勠力同心斩荆棘，千难万苦谈笑休。

2019年8月14日，开完中国科技馆“不忘初心、牢记使命”主题教育调研成果交流会后，我写下了上面这首诗，向为暑期预警限流工作做出重大贡献的全馆干部职工表示敬意和谢意。

“暑假曾把科馆顾，摩肩接踵难移步。馆内观众密度大，安全运行太重要。”这是我的一位朋友2018年暑假带孩子参观中国科技馆后给我的警示留言。自2009年9月16日新馆建成开放以来，中国科技馆年接待观众量逐年攀升，近三年年观展量分别高达386万、398万和440万人次。随着奥林匹克园区日益成为广大民众游园热点区域，中国科技馆参观人数呈急剧增长趋势，2018年单日服务公众更是达到了57 382人次的恐怖峰值，场馆安全运行面临前所未有的压力和挑战，任何一点闪失都有可能造成重大的安全事故，带来严重的负面社会影响。诚如我的那位朋友所言，实施预警限流措施，刻不容缓。

为此，馆党委将实施预警限流措施作为“不忘初心、牢记使命”主题教育重点调研项目和重大破解难题，通过统计、分析历年观众参观量数据，研究相关政策规定，赴故宫博物院、国家博物馆、上海科技馆等场馆实地考察学习，结合本馆实际，制订了科学、周密、细致的预警限流方案，力求真正取得实效。

按照《景区最大承载量核定导则》，结合自身建筑布局、展览空间等，中国科技馆综合确定单日最大观众承载量为36 000人次、单日瞬时极限承载量为15 000人，并据此实施分级预警管控措施。当瞬时在馆人数达到12 000人时，启动二级预警措施，有序控制安检和验票速度；达到15 000人时，启动一级预警措施，立即停止售票和进馆。

与此同时，将售票窗口和安检区域全部外移出馆，释放近2000平方米馆内空间，规避了入口处人流拥挤所带来的安全风险。旅游团队和儿童科学乐园严格实行上、下午分场购票参观制，引导普通散客分时段参观，以免游客集中时段扎堆入馆参观，造成某一时段人流暴增。

为了减少观众现场购票排队等候时间，限流方案还逐步提高网络售票比例。出乎意料的是，限流后，科技馆门票竟成为紧俏商品，让票贩子有机可乘，“黄牛”倒票、“黑车”载客随之而来。8月14日，《北京晚报》以“中国科技馆门口票贩子‘狮子大张口’，门票翻跟头涨价，欺负外来人”为题，报道了票贩子高价倒卖中国科技馆门票、扰乱观展秩序的恶劣行径。这也是中国科技馆自实施限流措施后高度关注的问题，之前已通过采取降低单一订单可购门票数量、筛查高频购票证件、抽查团队票实名入馆情况等措施，予以防范、打击。就在那篇报道发表的当天，中国科技馆安保部门还配合朝阳区公安分局治安支队和奥林匹克园区城管大队，经过前期蹲点摸排，开展了抓捕“黄牛”、打击“黑车”行动，之后又多次重拳出击，先后抓捕数十名票贩子。自8月22日始，又果断实施全网络实名制购票，从源头上压缩了票贩子倒卖门票的空间。

预警限流措施施行后，中国科技馆往年场馆内人潮汹涌、只见脑袋不见地面的可怕情景再也没有出现过。整个暑期，各展厅观众数量趋于平衡，各区域客流分布更为合理，单日接待观众数量大都在4万人次上下平稳波动，限流还起到了"削峰填谷"作用。据安全保卫部王雨副主任和观众服务部刘静副主任介绍，观众争执、纠纷、伤害事件比往年同期大幅减少，工作人员精神压力和劳动强度得到缓解，各种安全隐患得以有效消除。

随机询问来自北京海淀的初中生张天昊，这位同学告诉笔者，他经常来科技馆参观、学习，限流后观展环境明显改善，观众可以从容操作展品，不用再担心游客们挤来挤去、不停地催促，学习、互动效果明显提升。

在实施限流的同时，中国科技馆还推出了一系列惠民服务措施，将老人免票参观的年龄从65岁降至60岁，将原来只对1.3米以下儿童免票调整为同时对8周岁和1.3米以下儿童免票，大大扩大了免费参观人群；同时还大力促进馆校合作提质升级，对建有合作关系的中小学错峰组织学生来馆参观，予以免费支持；与属地奥管委合作，参观淡季对周边居民定期免费开放。

"守初心、担使命，找差距、抓落实"，是"不忘初心、牢记使命"主题教育的总要求。有感于中国科技馆广大干部职工勠力同心破难题、担当作为求发展，确保预警限流措施顺利实施，达到预期效果，不禁感慨万分，赋诗一首，以示褒赞。

从来难题令人愁，如虎挡道刺在喉。
破解方能求发展，搁置终将酿祸忧。
懦夫退避缘自保，勇士闯行彰风流。
赞我中坚敢担当，开拓创新争上游。

英雄史诗颂传扬

今天是2018年7月27日，再过5天，就是中国人民解放军建军91周年纪念日。

1927年8月1日，由周恩来、贺龙、叶挺、朱德、刘伯承、谭平山等人领导，在江西南昌发起了针对国民党“反共”政策的武装起义。南昌起义是土地革命战争时期，中国共产党联合国民党左派，打响武装反抗国民党反动派的第一枪，揭开了中国共产党独立领导武装斗争和创建人民军队的序幕。

1933年7月11日，中华苏维埃共和国临时中央政府根据中央革命军事委员会的建议，决定8月1日为中国工农红军成立纪念日。从此，8月1日成为中国工农红军和后来的中国人民解放军的建军节，人民解放军在新民主主义革命战争中历经血与火的锤炼，茁壮成长，不断从胜利走向胜利。这正是：

新军举义聚南昌，打响暴动第一枪。

土地革命添力量，镰刀锤头建武装。

血洗征程战旗艳，火铸精兵士气昂。

攻无不克频捷报，英雄史诗颂传扬。

革命战争年代，人民解放军涌现出了无数英雄，他们为中国人民解放事业和社会主义建设发展做出了重要贡献，堪称民族英雄、时代楷模。我的同事、中国科协国际联络部副部长王庆林的父亲王永生老先生，就是这无数英雄中的一员。

王永生1928年5月出生于河南林县，1945年2月参加革命，先后参加了抗日战争、解放战争和抗美援朝，可谓功勋卓著。解放战争期间，王老曾在中野6纵46团担任卫生员，后在中国人民解放军第12军34师100团先后担任军医、卫生队长、师部医院院长。1948年7月，在著名的解放襄樊战役中，他积极救护解放军伤兵，并只身俘虏国民党军一个整排，被记大功一次，授予人民功臣称号。据王老介绍，那次战斗结束后，连长让他一个人把全连俘虏的七八十个俘虏送到后方营部去。到了营部，营长和教导员都吓坏了，说你们连长胆子也太大了，怎么敢让你一个人把这么多俘虏押送过来，路上这些俘虏要是反抗怎么办？

1948年12月，身为医务兵的王永生参加了淮海战役围歼黄维兵团最激烈的大王庄之战，在全连干部和骨干全部倒下的情况下，他挺身而出，组织阵地上仅剩的八九名战士，向敌展开反击，英勇战斗，将突入阵地之敌全部歼灭，最终守住了阵地。战后，王永生被记特等功一次，并被授予特等战斗英雄称号。

1949年1月，由旅长尤太忠、政委郜子言签发，寄往王老伯家乡的立功喜报称："王永生同志在淮海战役全歼(国民党)十二兵团战斗中，不顾一切，除完成本连救护任务外，并积极帮助其他连队彩号换药10名。战后因干部负伤，即挺身而出，负责整顿各种组织，恢复连队工作，鼓动士气。且平时工作积极主动努力，立下了特等功。特向贵府报功，表示庆贺。"

大王庄之战，号称淮海战役最惨烈的一仗，战斗从1948年12月9日晚开始，至12月11日凌晨结束。在不到一天半的战斗中，敌我双方在这个只有40余户人家的小村庄竟然投入了7个团的作战兵力。战后，整个村庄除了几堵断墙，几乎被夷为平地。王老所在的中野6纵46团是老红军团，战斗力特别强，他们团是在华野7纵59

团和60团经过9日晚一整夜战斗伤亡过大的情况下，于10日清晨投入战斗的。据王老介绍，那天的战斗异常激烈，敌人轮番攻击，双方反复争夺阵地，敌人的坦克多次攻击到了我军侧后，但最终还是被我军步兵死死地堵住了。

王老所在的连队有100多人，战斗中，他把40多名伤员救出了战场，其余同志都牺牲在战场上了。王老说，他和战友将攻入阵地的敌人全部消灭后，此时已是黄昏时刻，阵地上特别安静，没有一丝动静，让人感觉瘆得慌。天快黑的时候，走过来一个人，近了一看，原来是团长。到了跟前，团长问王永生阵地上还剩多少人，回答说就剩我一个人了。团长一阵沉默，然后说道，你的任务完成了，跟我走吧！王老就这样撤出了阵地。

据王老介绍，淮海战役前，他们部队没有一名特等战斗英雄，淮海战役结束后，一下子就产生了包括王老在内的11名特等战斗英雄。战斗之激烈、之残酷、之惨烈，由此可见一斑。

2016年12月，由美国著名导演梅尔·吉布森执导、反映第二次世界大战中冲绳岛战役的故事片《血战钢锯岭》在中国公映，我第一时间观看了影片。影片讲述了美军上等医务兵、虔诚的基督教徒德斯蒙特·道斯拒绝拿武器上战场杀敌，一度被同伴视为胆小鬼，但是，当部队在炼狱般的钢锯岭战场上溃败时，他却只身留下，舍生忘死救助伤员，成为军中偶像。

我认为，同为医务兵，相比德斯蒙特·道斯，王永生老伯的英雄事迹更值得颂扬。他不仅在战场上救助了大量伤员，而且还在关键时刻勇敢地拿起武器，带领阵地上剩余的战士英勇杀敌，牢牢地守住了阵地，最终夺取了胜利。

新中国成立后，王老历任郑州市第二人民医院院长、郑州市卫生防疫站党总支书记等职，继续为医疗卫生事业做贡献。2017年

春节，为了表达对年届90岁老英雄的敬意，我特作藏头诗一首，敬祈王老幸福、康寿。

王者谦逊不大言，
永守初衷本色鲜。
生擒群敌立殊功，
真情救伤励前线。
英华青春献朝鲜，
雄才医术谱新篇。
万众敬仰军典范，
福如东海寿无边。

和谐相处唯正道

5月，英文名为May，据说是由古罗马神话中专门司管春天和生命的女神玛雅（拉丁文名Maius）的名字演变而来，因而也是一年中最美的月份，同时也是与科技关系最为密切的月份。

5月18日是一年一度的国际博物馆日。这一天，世界各地博物馆都要举办各种宣传、纪念活动，庆祝自己的节日，让更多的公众了解博物馆，更好地发挥博物馆的社会教化功能。作为科技博物馆，中国科学技术馆也不例外，这天上午，科普作家、中国古动物馆策划与发展部主管邢路达在馆内做“恐龙在中国”科普讲座。普及精彩知识，推介精美图书，表演惊奇恐龙，孩子们兴奋不已、笑声不断。这正是：

芬芳红艳五月鲜，孩童喧笑欲揭天。

科学教育提素质，栽桃植李润心田。

每年5月的第三周还是全国科技活动周。这是由科技部会同中国科协等19个部门和单位在全国范围内组织实施的大规模群众性科技活动周，2019年全国科技活动周的主题是“科技强国、科普惠民”。5月19日，全国科技活动周暨北京科技周在中国人民革命军事博物馆启动。活动周期间，全国各地集中举办丰富多彩、形式多样的科技活动，国家重点实验室等高校、科研院所重大科技资源向社会开放，以突出展示科技创新成果、体验科技美好生活、服务乡村振兴战略、促进科技成果惠民。中国科学技术馆先后举办“名可名也——化学命名中的人文八卦”和“植物趣谈”等科普讲座，以及百门主题科学实践课等活动，为少年儿童呈上丰盛的科普大餐。

5月30日，将迎来第三个全国科技工作者日，中国科学技术馆将举办“朱光亚诞辰95周年生平事迹展”，并联合全国的科技馆一同举办丰富多彩的科普宣教活动和志愿者服务活动。5月还有“中国科学院公众科学日”，这是中国科学院举办的大型公益性科普活动日，自2004年起已连续举办15届，成为公众了解科技进展、探索科学奥秘的重要渠道，传播科学知识、弘扬科学精神的重要平台。

2019年5月18日，作为中国科学院第15届公众科学日活动内容之一，“国家动物博物馆展示馆开馆十周年纪念大会”在中国科学院动物研究所举办，我有幸应邀出席。中国科学院动物研究所所长周琪院士致辞，动物研究所研究员魏辅文院士做“大熊猫科学探秘与保护”科普报告；活动还开设青年科普工作者专场，分别讲授“马赛马拉的秘密”“如何观察身边的鸟类”“北京城里的小动物”等科普讲座。出席活动的民众热情似火，魏院士的讲座更是备受欢迎，孩子和家长们兴奋异常。

魏辅文院士长期从事濒危动物保护生物学研究，围绕物种濒危和适应性演化机制科学难题，以大熊猫为研究模型，重建了大熊猫的种群历史，阐明了其濒危过程和原因以及孤立小种群崩溃的生态与遗传机制，从形态、行为、生理、遗传和肠道微生物等方面系统揭示了大熊猫的食性转换和适应性演化机制，推动了国家大熊猫放归和栖息地廊道建设工程的实施，为我国生态文明建设和濒危动物保护做出了突出贡献，有“熊猫院士”之美誉。

国家动物博物馆是世界公认的、亚洲最大、研究水平最高、综合实力最强的动物系统分类与进化研究中心。该馆集动物标本收藏与展示、科普知识宣传与教育、生物多样性描述与编目为一体，由动物标本馆和标本展示馆两部分组成，现有各类动物标本822万号，约占中国科学院生物标本收藏总量的1/3。该馆的“濒危动物展厅”和“动物多样性与进化展厅”分别展有大熊猫和白鱀豚等珍稀动物标本。

大熊猫被誉为“活化石”“中国国宝”，属于国家一级保护动物。它是中国特有物种，四川、陕西和甘肃的特定山区为其现存主要栖息地。据统计，全世界野生大熊猫尚不足2000只，是名副其实的濒危动物。濒危动物是一项珍贵的、不可替代、有灭绝危险的自然资源，在维护生态平衡、促进经济发展、满足人民日益增长的物质和文化需求、发展对外关系、提高社会主义精神文明等方面发挥着重要作用。大熊猫更是受到全世界人民的喜爱，常常作为友好使者出访、赠送、借展到国外。

每个物种都是生态系统中的重要一员，通过食物链的关系，物种之间相互牵制、互为依存、共同生长，一个物种的灭绝将会使整个生态系统的平衡受到严重影响。因此，爱护动物、保护动物、杜绝猎杀，人与万物和谐相处，乃是生态系统保持平衡、人类社会永续发展的重要保障。有感于斯，纪念大会后，我即兴赋诗一首，以表情怀。

生灵相聚鲜自然，物种丰富类齐全。
灭绝当谴多猎杀，濒危应责少爱怜。
曲终人散意味深，唇亡齿寒道理浅。
和谐相处唯正道，怡乐生态得绵延。

泉鸣战鼓风吹号

俗话说，仁者爱山，智者乐水。休闲远足，登山涉水，假日旅游，不仅能饱览祖国秀美山峦、壮丽江河、辽阔草原，体味各地美食佳肴、民俗风情、人文历史，还能强壮体魄、增长见识、陶冶情操，可谓一举数得；如果还能觅得诗联，寻得佳句，更是额外收获、意外惊喜。

1980年仲春，是我考到北京上大学的第二年，我们全班同学进行了一次秋游——登八达岭长城。八达岭地处的军都山为燕山余脉，这里曾是明代重要的军事关隘和首都北京的重要屏障。爬上最高处的敌楼，我四周眺望，但见雄伟的长城如巨龙翻滚、奔腾欲飞，詹天佑设计修建的京张铁路如丝带缠绕、蜿蜒山间，远方的官厅水库如杯水一汪、晶莹透亮，不禁诗兴大发，即兴赋诗，以抒情怀。

回首方惊燕山渺，官厅水库一勺舀。
詹君抖丝群峰缚，腾蛇伏岭白云搅。
烽火狼烟何处觅，花香日艳闻啼鸟。
莫道登天无门路，苍穹赖汝诚不倒。

张家界国家森林公园位于湖南省西北部的大庸县（今湖南省张家界市），改革开放前，这里曾是国营林场。据说，著名画家吴冠中1979年应邀到湖南作画时，曾有人介绍他到张家界林场写生，由于从来没有听过张家界这个名字，吴冠中当时并没在意，只是姑妄听之，后经不住多位同志再三推荐，他遂下决心专程观览。到张家界林场后，展现在眼前的奇峰怪石、幽洞深壑、飞瀑流泉、迷云古树……令吴冠中大为惊讶，深感震撼。回京后，吴冠中的心情久久不能平静，对张家界这颗尚不为人知的“明珠”感慨颇多，遂即写就《养在深闺人未识——张家界是一颗风景明珠》短文，刊登在《湖南日报》上。张家界从此名扬天下。

1991年8月，我第一次来到张家界。那时的景区还很少有人工设施，全程都得靠步行游览，一路可尽览天门二将、八仙台、罗汉石、白龙洞、南天一柱、活钟馗、金鞭溪、黄狮寨等著名景点。站在黄狮寨观景台，但见云雾缭绕，奇峰若隐若现，如万千兵马云集；但听劲风呼啸，怪树似行似跃，如林立剑戟劈刺，仿佛大战在即，一触即发，将士们摩拳擦掌，跃跃欲试。触景生情，写意张家界的诗作不禁脱口而出。

一从朝雾升山巅，疑是兵犯燃狼烟。
黄狮点起二门将，白龙驱动八家仙。
醉醒罗汉擎天柱，怒惊钟馗挥金鞭。
泉鸣战鼓风吹号，群峰汹涌争向前。

我是湖南人，儿时是在湘江边的长沙城度过的，但年过半百时，却从来没有造访过城郊周围的各处景点。2014年“五一”期间，妹夫专门开车带我游览了望城区内的靖港古镇、铜官窑遗址、郭亮故居、书堂山、雷锋纪念馆等风景名胜。书堂山紧邻湘江，乃唐代大书法家欧阳询生长、读书之地。据说，在这里，欧阳询日以临池为课，以流泉洗笔，夜以读书为伴，以习字为乐，终练就了于平正中见险绝、独树一帜的欧体。登书堂山观湘江秀色，谒书堂寺探先贤情怀，大好河山抖展眼前，锦绣文字激荡胸间，短诗一首，草就而成。

蓝天铺宣纸，湘江作砚池。
峰舞如椽笔，丽书欧体字。

美丽的草原一直是我的神往。2014年国庆长假期间，我和家人沿延庆、丰宁、坝上北上，自驾游览内蒙古的多伦、锡林浩特、克什克腾、太仆寺等地，分别在元上都遗址、巴彦呼热湖、桑根达来草原、锡林九曲、达里诺尔湖等风景名胜留下诗作。回京后，这次旅行的“副产品”——《本以为》长诗、《日落西山彩云随》组诗、《草原怀古》五言，先后在《科学时报》《科技日报》和《中国纪检监察报》上发表。

党的十九大刚刚结束，习近平总书记在大会报告中强调，“加快生态文明体制改革，建设美丽中国”。我相信，未来中国的山河将更加秀丽、更加壮美，我也将饱蘸更加浓烈的情感，继续用诗作歌唱伟大祖国的大好山河。谨以《本以为》的最后一段诗句，作为本文的结尾。

本以为，
延庆百里画廊的五彩斑斓千娇百媚，
家门前的秋景竟也如天然油画般点缀，
是本次旅行收官的最美；
没想到，竟发现——
祖国大好河山的辽阔和壮美，
我根本无法用语言和文字来描绘。

第二篇

宇宙·气象

献身科技欲何求，民富国强争一流。

追梦时代凭智慧，创新创造炳千秋。

花甲喜作少年郎

2018年12月底，中国科协会史陈列馆揭幕仪式、《爱国奋斗精神学习读本》首发、“礼赞科学家精神”专题演出等系列活动在中国科技会堂接连举办，以庆祝中国科学技术协会成立60周年。我于2003年10月底调入中国科协工作，至今已有15年会龄，参加科协60华诞纪念活动，不禁感慨万千，一件件往事浮现眼前。

2003年11月21日，进科协不到一个月，作为中国科协学术会刊《科技导报》副主编，我出席了中国科协青年科学家论坛第80次活动。本次论坛主题为“后基因组时代的基因功能研究”，贺福初、杨焕明、周琪等40多位国内优秀青年学者围绕基因组学、蛋白质组学、发育遗传学等领域的新技术、新方法及最新研究进展交流、研讨。时任全国人大常委会副委员长、中国科协主席周光召院士应邀出席。他刚走进会场，与会代表就纷纷起立，以“副委员长好”“主席好”打招呼致敬。光召主席示意大家坐下后，遂严肃强调：“我们今天召开的是学术会议，这里没有副委员长，也没有主席，只有教授、研究员、博士，每个人都是平等的，大家尽可自由、平等地研讨问题。”

这就是科协给我的最初印象：平等、自由。无论你的官职多么高大，无论你的学术地位多么显赫，在学术会议上，每个参会者都是平等的，都可以自由发言。而率先垂范的，正是中国科协的主席。

“任何一个单连通的、闭的三维流形，一定同胚于一个三维的球面。”这就是庞加莱猜想，它由法国数学家亨利·庞加莱1904年提出，也是国际数学界悬赏的7个千禧年数学难题之一。2006年6月3日，国际知名数学家丘成桐院士宣称，曹怀东、朱熹平两位华人数学家给出了庞加莱猜想的完全证明，研究成果发表在美国出版的《亚洲数学期刊》上。欣闻“喜讯”，国内媒体纷纷报道；《科技导报》以“对证明庞加莱猜想做出贡献”为条目，也将这两位学者对证明庞加莱猜想所做出的“贡献”，遴选为2006年度中国重大科学进展。

其时，数学界已有人认为，俄罗斯数学家格里戈里·佩雷尔曼才是真正证明了庞加莱猜想的学者，朱、曹二人并没有做出任何新的贡献，丘成桐院士是在误导同行和公众。而我当时对这些“内幕”竟全然不知。由我执笔的《2006年中国重大科学进展》一文在《科技导报》2007年第一期刊载后，13位数学家院士遂致函时任中国科协主席韩启德院士，要求严肃处理《科技导报》对重大科学事件收录不当的严重错误。作为重大工作失误的第一责任人，我自然难辞其咎。

韩启德主席对院士来函予以批复：“望科技导报社高度重视，妥善处理。”时任中国科协党组成员、书记处书记冯长根教授要求我们认真落实韩主席批示，吸取教训，完善制度，不断提高《科技导报》学术公信力。他还安慰我不要有思想负担，鼓励我继续大胆工作。整个事件处理过程中，韩主席和冯书记都没有给我施加任何行政压力。信任、宽容，成为我对科协行事风格的进一步认识。

2011年12月8日，我跟随时任中国科协常务副主席、党组书记、书记处第一书记陈希出席湖南省科协第九次全省代表大会。途中，陈书记问我：“小苏，你到出版社已一年多了，有什么困难吗？”我赶紧回答：“陈书记，有困难。出版社有两块牌子，科学普及出版社名气大，发展问题不大。但是，中国科学技术出版社由于学术出版盈利难,发展困难较多。希望科协设立一个学术出版基金,支持我们创立学术出版品牌。"陈希书记当即应允:"好啊!我刚筹集到一笔资金,原准备支持地方科协举办科协年会,那就先支持你们出版社吧!"

这一年的12月28日,中国科协与中国长江三峡集团公司举行战略合作协议签约仪式,同时还签署了"中国科协三峡科技出版资助计划"合作协议。按照这个协议,三峡集团将每年出资420万元,连续5年资助中国科学技术出版社出版科技类学术专著。陈希书记的许诺20天后就兑了现。务实、高效,科协亲和贴心的工作作风,令我感动不已。

科协是科技工作者的群众组织,是党和政府联系科技工作者的桥梁、纽带。我以为,营造平等、自由的学术氛围,创建信任、宽容的科研环境,培育务实、高效的工作作风,当是科协团结、凝聚广大科技工作者听党话、跟党走的重要法宝。建会60年来,中国科协为推动我国科技事业发展、提升公民科学素质、促进领导科学决策做出了重大贡献。我相信,中国科协定将在下一个甲子里更加青春焕发,取得新的更大的成就。这正是:

协会发展历艰难,齐心协力谱华章。
科普秋果滋华夏,学术春风沐关山。
接长手臂勤服务,夯实基础畅桥梁。
智库竭虑强国运,花甲喜作少年郎。

一树海棠羞煞梨

2019年4月8日深夜，干旱了好几个月的北京，终于下了一场淅淅沥沥的小雨。第二天一早，我乘地铁到中国科技馆上班，走出奥林匹克公园站新奥中心出口，迎面是6株树冠硕大的海棠树。经过细雨的浸润，满树粉红的海棠花显得格外清新、艳丽，人从树下走过，清风吹拂，落英缤纷，芳苾沾衣，令人心旷神怡，遂作《如梦令·春雨》，以表情怀。

昨夜天庭屋漏，喜雨贵如美酒。

试看海棠花，浸润格外清秀。

可有？可有？芳苾沾衣染袖。

海棠隶属蔷薇科苹果属，植物学界通常将果实直径小于2英寸(5.08厘米)的苹果属植物称为海棠，大于2英寸的称为苹果；民间则把苹果属中果实较小的种类，以及蔷薇科木瓜属的贴梗海棠、木瓜海棠通称为海棠；在某些情况下，秋海棠科的秋海棠属、野牡丹科的野海棠树、卫矛科的昆明山海棠植物，也被泛称为海棠。

海棠是中国著名观赏树种，随着人们对这类植物认识的不断深化，历史上海棠类植物的称谓也在不断演变，大致经历了由“杜”“甘棠”“亭”“柰”到“野棠”“海红”“海棠”的演变过程。有人考证，“海棠”一词，最早出现在唐代地理学家、政治家贾耽(730—805)于唐德宗贞元年间编著的《百花谱》一书。

写诗作词，以及其中的内容和格调，是和作者的心境紧密相关的。海棠有“花中神仙”之美誉，其昳丽娇娆和典雅高贵，颇得容颜、个性相似的“千古第一才女”李清照所喜爱。在她的《如梦令·昨夜雨疏风骤》一词里，闻海棠被一夜疏风骤雨侵袭，岂有不怜不惜不心疼之理？听丫鬟漫不经心、淡然麻木的一声“海棠依旧”回答，又怎能不急不恼不焦躁?“知否？知否？应是绿肥红瘦。”就是女词人对丫鬟敷衍搪塞的恼怒和责怪，对海棠落英无数的痛惜和感叹。

宋人对海棠似乎情有独钟，历代流传下来的海棠诗词，以宋代为最盛，而其中又以陆游为最多——他写的海棠诗多达20多首。晚年，陆游追忆在蜀地南充观赏海棠而写下的长诗《海棠歌》，可谓穷尽了对海棠的赞美之词：“我初入蜀鬓未霜，南充樊亭看海棠；当时已谓目未睹，岂知更有碧鸡坊。碧鸡海棠天下绝，枝枝似染猩猩血；蜀姬艳妆肯让人，花前顿觉无颜色。扁舟东下八千里，桃李真成仆奴尔。若使海棠根可移，扬州芍药应羞死。风雨春残杜鹃哭，夜夜寒衾梦还蜀。何从乞得不死方，更看千年未为足。”在陆游眼里，碧鸡海棠能让风华绝代的蜀姬花容失色，可使娇艳绝美的芍药无地自容，老天再让自己活1000年仍然看不够。

苏轼对海棠的喜爱则是到了痴迷的地步。“东风袅袅泛崇光，香雾空蒙月转廊。只恐夜深花睡去，故烧高烛照红妆。”他这首《海棠》短诗，把自己爱海棠、痴海棠、护海棠、妆海棠之可掬憨态，可谓描写得淋漓尽致。

不过，苏轼流传最广的海棠诗恐怕还是写给好朋友张先的那一首。相传，张先80岁时，纳了一位年仅18岁的小妾，还得意地写诗炫耀：“我年八十卿十八，卿是红颜我白发。与卿颠倒本同庚，只隔中间一花甲。”苏轼闻讯，颇为朋友的小妾打抱不平，遂写诗回应：“十八新娘八十郎，苍苍白发对红妆。鸳鸯被里成双夜，一树梨花压海棠。”梨花为白色，借指耄耋张先的白发，海棠花红艳，用以形容青春小妾的红颜；“一树梨花压海棠”，含蓄地批评了老朋友“老牛吃嫩草”，不太合人伦。

不过，也有学者认为，以苏轼的涵养和诗性，是不太可能写出内容这么“黄”的诗来的。一位叫祝淳翔的学者2013年曾专门撰文，详细考证了“一树梨花压海棠”的来龙去脉，得出的结论是：苏轼与张先关于老少配的诗词唱和之逸事，固然发生过，然而时过近千年，用词已由雅驯转为俚俗。这似乎印证了经济学里的“劣币驱逐良币”法则，即低俗往往比高雅更容易流行。

我赞同祝淳翔的观点。这正是：

铁事真伪需辨析，一树海棠羞煞梨。

阳春白雪人和寡，流行通常媚俗俚。

文化建设，任重道远。我们大家共同努力。

给我支点撬地球

“希腊政府十分重视中希两国关系，希望通过这次在塞萨洛尼基科学中心暨技术博物馆(以下简称塞馆)举办‘中国古代科技展’，进一步促进、扩大两国人民的友好交往，尤其是科技文化方面的交往。”2018年9月29日，在“中国古代科技展”揭幕仪式上，希腊总理驻塞萨洛尼基办公室主任阿基洛普洛斯教授在致辞中表达了上述愿望。由中国科技馆举办的“中国古代科技展”，在结束了希腊首都雅典的赫拉克莱冬博物馆为期11个月的展览之后，又在位于希腊北部的塞馆正式启动展览。

塞萨洛尼基是希腊第二大城市，地处爱琴海北部塞尔迈湾，已有2330多年建城历史，曾为古代马其顿王国京城，为欧洲文化城市。中国科技馆访问团到达希腊的当天傍晚，就受到塞馆理事会主席米查理斯·希格拉斯教授，以及一周前刚在北京参加了中国科协举办的“2018世界公众科学素质促进大会”后回国的该馆馆长塔纳西奥斯·康托尼古拉奥博士，在塞尔迈湾海滨音乐餐厅的热情款待。新朋老友把酒言欢，共同欣赏爱琴海美丽的落日。灿烂的晚霞如同古希腊文明般绚丽辉煌，遥望对岸的奥林匹斯神山，引人无限遐想，令人万分感慨，我遂作《如梦令》词一首，以表情怀。

云聚光晕山错，五彩斑斓圆阔。

碧海漾风情，古乐干红鬓朵。

归落，归落，老友新朋迎握。

“中国古代科技展”是中国科技馆的传统品牌展览，曾在北美、欧洲、东南亚十几个国家和地区的20多个城市展出，成为中国科技馆对外交流的名片。这次在希腊的巡展精选了中国古代天文计时、航海导航、造纸、印刷、纺织机械、古代机械及传统手工艺等6个领域共88件展品，通过实物、模型、图片陈列和视频播放，以及现场传统手工艺演示等方式，向希腊人民展示中国古代科技成就，讲述中国古代先哲的发明创造故事。

中国、希腊同为文明古国，历史上都产生了许多伟大的哲学家和科学家，如中国的孔子、孟子、老子、张衡、张仲景、祖冲之，希腊的柏拉图、苏格拉底、亚里士多德、阿基米德、毕达哥拉斯，都为人类科技文化发展做出过巨大的贡献。以数学和几何为例，早在公元前1000多年的中国商朝，商高就提出了“勾三股四弦五”的勾股定理特例。在公元前6世纪的古希腊，毕达哥拉斯用演绎法证明了直角三角形斜边平方等于两直角边平方之和，得到了著名的毕达哥拉斯定理。公元前200多年，古希腊伟大的哲学家、科学家阿基米德开创了人类历史上通过理论计算圆周率近似值的先河，求出了圆周率的下界和上界分别为223/71和22/7，并取其平均值3.141 851为圆周率的近似值。同时期中国的《周髀算经》中，就有“径一而周三”的记载，意即圆周率的值为3。东汉时期，著名科学家张衡得出了$\pi^2/16\approx5/8$，即$\pi\approx\sqrt{10}$（约为3.162）。公元263年，数学家刘徽用“割圆术”计算圆周率，给出了π=3.141 024的圆周率近似值，遂后得到了更令人满意的圆周率3927/1250≈3.141 6值。公元480年左右，数学家祖冲之给出了不足近似值3.141 592 6和过剩近似值3.141 592 7的圆周率值，使圆周率值精确到小数点后7位。由此可见，中国和希腊的古代贤哲，在相距遥远的不同地域为人类的科技发展和文明进步共同贡献了自己的智慧。

塞馆既是希腊最大的科普场馆，也是东南欧最大的科技馆，拥有3个常设馆和2个临展厅。常设馆包括反映古希腊科技成就的“古希腊技术展”，围绕基础科学知识进行展教体验的“创意中心”，以及展示各个发展时期汽车藏品的“交通技术展”。“中国古代科技展”被安排在该馆二层最大的临展厅展出，开幕式也被特意安排在周末当地参观民众最多的时间段举行。

塞馆还拥有一个150座的数字天文馆、一个200座的球幕影院、一个300座的巨幕影院，以及一个16座的动感影院。中国科技馆和塞馆的展厅结构与布局十分相似，各自的古代科技展均为品牌展览，具有很强的相似性和互补性。赫拉克莱冬博物馆的“古希腊科技与艺术展”曾在中国科技馆展出4个月，参观观众愈13万人次，大受欢迎，广获好评。查理斯·希格拉斯主席表示，希望塞馆与中国科技馆长久合作，该馆的“古希腊技术展”也能在中国科技馆展出。

塞馆由法国著名建筑师邓尼斯·岚明设计，外形犹如一根巨大的杠杆在撬动一大圆球，意蕴阿基米德的名言“给我一个支点，我就能撬动整个地球。”我希望，“中国古代科技展”如同阿基米德所言支点，两馆成为促进中希科技文化交流的杠杆，共同为增进两国人民友谊和推动“一带一路”实施做出更大的贡献。这正是：

给我支点撬地球，阿基米德话耳犹。

四两巧拨千斤重，一轮偏航百里纠。

古今科技相承脉，中西合作互助谋。

开放纳新乘风浪，改革祛瘀立潮头。

立体攻防话布雷

20世纪六七十年代，电影《地雷战》风靡全国。这部军事教学片讲述了胶东海阳县民兵利用黑火药自制地雷狠狠打击日本侵略者的故事，地雷成为当时人们最熟悉的抗日兵器。“不见鬼子不挂弦”，这句经典台词也不胫而走、妇孺皆知。真可谓：

一硝二磺三木炭，土法制雷摆战场。

上天入地皆挨炸，定叫日寇心胆寒。

地雷，是一种埋入地下或布设于地面的防御性爆炸武器，主要用于杀伤敌人有生力量，或炸毁敌人军车、坦克、装甲车，破坏道路、桥梁和建筑，以阻碍敌军通行。据考证，地雷发源于中国。南宋高宗建炎四年（1130年），金军攻打陕州（今河南省三门峡市），宋军就使用埋设于地面的“火药炮”（即铁壳地雷），给金军以重大杀伤。到了公元14世纪中叶，明军中出现了采用机械发火装置、真正意义上的地雷。而欧洲，直到15世纪的要塞防御战中，才开始出现地雷兵器。

现代地雷通常由外壳、装药、引信和目标传感器组成。目标传感器一经触发，即通过引信引爆装药，爆炸瞬间释放巨大能量，高温、高压冲击波通过裹挟破碎的预制外壳，高速散射毁伤目标。据统计，“二战”期间，盟军战损的坦克中，超过20%是被反坦克地雷炸毁的；苏军使用各种地雷2.2亿枚，炸毁德军坦克近万辆，伤毙德军十余万人。

地雷种类繁多，威力差异巨大。一颗装进导管、朝向地面的步枪子弹，安上压发装置，就是一枚最简单的压发地雷。美军在越南战争中，为此吃尽了苦头：一旦踩上这种微型地雷，脚板即被射穿，丧失战斗力不说，还给同伴造成巨大的心理恐慌。地雷的装药如果被换成核原料，就可改装成埋在地下的小型原子弹，毁伤威力立刻剧增。

地雷铺设于水中，就成了水雷。水雷是一种威胁持久、攻防兼备、主要用于对付舰艇和潜艇的水中兵器；进攻时可封锁港口或航道，限制敌方舰艇行动；防御时可保护己方航道和舰艇，开辟安全水域。水雷最早也是由中国人发明。据传，明世宗嘉靖二十八年(1549年)，一位叫伍仕富的明军水兵制造出了堪称世界上第一枚水雷的"水底雷"，并给来犯的倭寇战舰以重创。这种水雷用木箱装黑火药，用油灰粘缝防水，通过调整锚索长度来控制布设水雷的水深位置，并由人工操纵击发。

水雷在历次海上封锁作战中都发挥了巨大的作用。"二战"期间，各交战国共布设了110多万枚水雷，炸沉艇船3700余艘。1952年，朝鲜人民军在元山港外布设3000多枚水雷，迫使美军因扫雷推迟登陆计划达8天之久。海湾战争中，伊拉克海军可谓毫无建树，唯有布设的1200余枚水雷损伤了多国部队9艘舰艇，其中还包括4艘美国战舰，总算挽回了一点颜面。

传统水雷存在一个致命的缺点——不能辨别敌友。"二战"时，英、德海军展开了激烈的封锁与反封锁海战。在一个港口，德国海军每逢单日就去布雷，英国海军逢双日就派舰扫雷。敌我双方就这样来回布雷、扫雷，重复作业，一度相安无事。一天，德军按惯例又派布雷舰到港口布雷，谁知却被水雷炸沉，这水雷还是自己前天布设的。原来，是英国人一时偷懒，头一天没有按惯例派舰扫雷，让德国人摆了“乌龙”。被俘的德国军官非常生气，指责英国军人不认真，没有尽到扫雷的职责。绅士的英国军人很过意不去，只好每天都给被俘的德军好吃好喝，以作补偿。

现代战争使地雷跳出地面，加入空地一体的作战行列，天雷由此应运而生。防空气球是最早的“空中飘雷”，苏军“二战”时曾将它应用于莫斯科保卫战。这种气球通常由许多用橡胶或尼龙膜制成的囊状气球组成，即使被炮火击中也只是部分受损，仍可保持必要的升力。苏军布下的这种“空中飘雷”有效地封锁了德国轰炸机编队前进的空中航道，粉碎了纳粹狂轰滥炸首都，迫使苏联人民放弃抵抗的图谋。

冷战后研制成的一种天雷是由空防炸弹、氦气球和操纵系统组成。使用时，只需启动开关，天雷上的压缩气体弹就会自动快速充气，随后被自导机构送入指定作战空域，形成纵横交错的空中雷场；飞机一旦触雷，就会被炸毁。据资料介绍，外军已研制出一种主动式天雷系统，一旦有飞行器从空中雷场附近飞过，天雷系统的自导机构就会自动跟踪、追击，直至将飞行器炸毁。

如今，外太空的激烈争夺使得相关国家加快了反卫星武器研制步伐，太空雷必将脱颖而出。借助最新科技成果，地雷也不断朝着隐身化、自动化、智能化、网络化、信息化方向发展，古老兵器焕发青春，必将大显身手。与此同时，鉴于地雷所造成的人道主义灾难，国际上“禁雷”“限雷”呼声也日益高涨，《禁止地雷公约》《地雷议定书》等国际公约相继问世。祈愿未来地球再无杀伤性武器，世界各地充满和平。这正是：

地埋水设天宇飞，立体攻防话布雷。
身残体缺惊敌寇，魂飞胆丧泣神魁。
出奇制胜兵诡道，先声夺人计谋为。
古老军械青春焕，和平声浪彰新威。

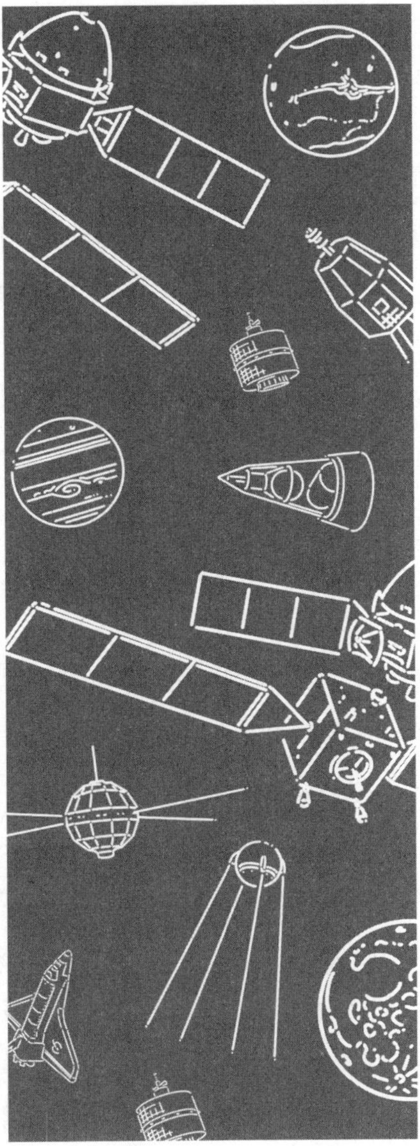

生机无限颂科技

2018年5月30日，是党的十九大胜利召开后的首个“全国科技工作者日”，中国科技馆专门举办“‘两弹一星’功勋人物肖像画展”，庆贺8100万科技工作者自己的节日。展出的所有画作均由中国科学院美术家协会副秘书长杨华女士创作，作品形式创新，人物逼真，性格突出，制作精美，是弘扬中国科学家精神与文化自信的精品力作。

开幕式上，我不禁赋诗一首，以表情怀。

群贤跃马号角催，自主攻关勇作为。
三老四严作风硬，两弹一星丰碑巍。
重才尊知强科技，兴军卫疆耀国威。
敬绘元勋彰典范，创新争先后学追。

“两弹一星”是核弹（包括原子弹、氢弹）、导弹和人造卫星的简称，它是20世纪下半叶中华民族在科技领域创建的辉煌伟业。1999年9月18日，在庆祝中华人民共和国成立50周年之际，中共中央、国务院、中央军委决定，表彰当年为研制“两弹一星”做出突出贡献的23位科技专家，授予钱学森、朱光亚、周光召等16人、追授邓稼先、郭永怀、王淦昌等7人“两弹一星”功勋奖章。这些奖章获得者既是“两弹一星”全体研制工作者的杰出代表，更是广大科技工作者的光辉典范，堪称时代楷模、国家脊梁、民族英雄。

举办画展旨在展示“两弹一星”功勋人物风采，弘扬中国科学家精神，营造尊重劳动、尊重知识、尊重人才、尊重创造的良好氛围，激励广大科技工作者投身创新争先行动，为建设世界科技强国奋力拼搏。画展首次尝试多媒体展示方式，每幅作品均可通过扫描二维码延伸阅读、拓展宣传；其中，中国科学院文联主席郭曰方先生配写的诗歌以及部分诗歌配乐朗诵，与画作可谓珠联璧合、相得益彰。

我与郭曰方老师乃忘年之交，当年接替他兼任中国科普作家协会科学文艺委员会主任，也是在他的力荐下当选的。郭老师1981年身患胃癌手术后，以顽强的毅力坚持文学创作、科普写作，著述颇丰，影响颇大。他的科学诗独树一帜，深受读者喜爱。我在科学普及出版社任职时，多得他的相助，有幸出版了他的《科学的星空——郭曰方朗诵诗选》和《科学之恋——郭曰方散文随笔选》，打造了“科学·文化与人经典文丛”图书品牌。

2017年1月23日，有感于郭曰方老师的厚爱和提携，我专门作藏头诗一首，以表敬仰思念之情、春节慰问之意。

郭城逢春满挂红，
曰安道福喜庆浓。
方辞旧岁祛疾痛，
先登新楼阅著丰。
生机无限颂科技，
过雁两行写诗文。
年关已近思良师，
好酒遥祝体健葱。

2018年5月26日，中国科技馆嘉宾云集、气氛热烈，“中国古代科学家及著作”纪念邮票在此举行首发式。纪念邮票共1套4枚，分别为李时珍、《本草纲目》、宋应星和《天工开物》，旨在纪念明代著名医药学家李时珍诞辰500周年，以及其编撰的中医典籍《本草纲目》

对中国药物学发展做出的重大贡献，对世界医药学、植物学、动物学、矿物学、化学等发展产生的深远影响；彰显明末清初著名科学家宋应星一生致力于农业和手工业生产的科学考察及研究成就，以及他的被誉为“中国17世纪的工艺百科全书”著作《天工开物》对促进中国科技发展的重大作用。邮票设计者为鲁迅美术学院李晨教授，辽宁省沈阳邮电印刷厂胶印工艺印制。

2018年时逢改革开放和全国科学大会召开40周年、中国科技馆开馆30周年，5月又值全国科技活动周、全国科技工作者日之际，中国科技馆与中国邮政集团公司北京分公司共同举办中国古代科学家及其著作纪念邮票首发式，对于普及科学知识、弘扬科学精神、传播科学思想、倡导科学方法，激励广大民众学科学、爱科学、讲科学、用科学，可谓意义重大。

首发式后，出席嘉宾参观中国科技馆“华夏之光——中国古代科学技术展”，感受中国古代科技魅力，把活动引向高潮。有感于斯，我谨赋诗一首，以表欣慰之情、祝贺之意。

人物著作相辉映，邮品首发聚嘉宾。
编撰医籍勘典误，时珍本草纲目新。
天工开物揽百科，农艺传承颂应星。
方寸无言弘伟绩，科技发展图复兴。

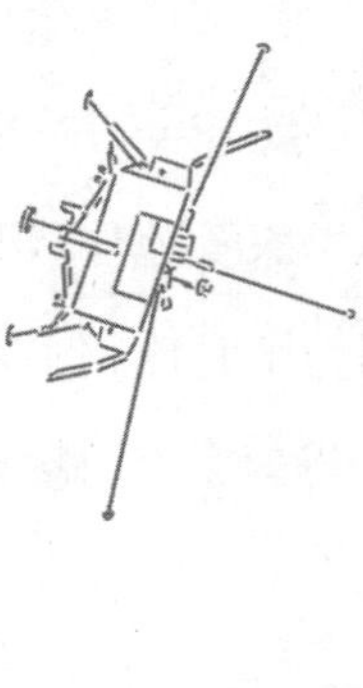

八方护卫安海疆

航空母舰是一种以舰载机为作战武器的大型水面舰艇，它是世界上最庞大、最复杂、威力最强的武器作战平台之一，又被称作“海上霸王”。建造航空母舰是一个复杂的系统工程，涉及大量高新技术，需要严密复杂的管理，是一个国家综合国力的象征。

1910年11月14日，当美国飞行员尤金·伊利驾驶一架双翼飞机从停泊在港口的“伯明翰号”巡洋舰上起飞并安全降落在附近的海滩上，航空母舰的创意就萌发了。这是人类历史上第一次驾驶飞机从军舰上起飞。1912年，英国海军把一艘老旧巡洋舰改装成可容纳飞机的船只，造就了航空母舰的雏形。1917年6月，英国皇家海军改变“暴怒号”巡洋舰原有设计，除去舰首部分的全部上层建筑，改铺69.5米长的甲板供飞机起飞，使其成为世界上第一艘可以起降固定翼飞机的船只。不过，起飞后的飞机却无法返回母舰，它还不能算作真正意义上的航母。不久，英国人对“暴怒号”又进行了大改装，拆除了后主炮和后桅，在舰艇后部加装了86.6米长的飞行甲板。这样，以中部上层建筑为界，“暴怒号”前后部分都铺了甲板，分别供飞机起飞和降落。至此，世界上第一艘航空母舰终于诞生了，尽管它还很不完善——不具备全通飞行甲板，飞机降落仍然十分困难。这正是：

总有勇士敢为先，舰面起降创新研。

海空三维立体战，航母作战开新篇。

我国建造航空母舰的设想始于20世纪70年代。1970年,时任海军副参谋长的刘华清组织过航母专题论证,并上报了工程方案。1980年5月,刘华清率军事代表团访问美国,中国军人第一次登上航空母舰,参观了“小鹰号”航母。1982年就任海军司令后,刘华清越来越挂念航母;1987年1月,在海军装备技术工作会议上,他提出,我国的航空母舰要适应未来战争需要,要很好地研究和论证。1987年3月31日,刘华清向总部机关汇报了关于海军装备规划中的两大问题:一是航母、一是核潜艇。按照刘华清的设想,中国航母的发展,“七五”开始论证,“八五”搞研究,对平台和飞机的关键课题进行预研,2000年视情况上型号。

被誉为“中国航母之父”的刘华清将军尽管在世时未能亲眼看见我国的航空母舰面世,但是,在他去世后的第二年,即2012年9月23日,中国第一艘航空母舰——“辽宁号”航母在大连造船厂正式交付海军。从此,我国结束了无航空母舰的历史。2018年5月31日,国防部新闻发言人任国强大校答记者问时表示,“辽宁号”航空母舰入列以来,按照计划有序组织了包括远海作战运用演练在内的一系列综合演练,有效检验了航母编队综合攻防体系的建立和保持,航母编队训练向远海作战运用深化拓展,已经初步形成了体系作战能力。

2017年4月26日,我国第二艘航空母舰下水,它是在对苏联库兹涅佐夫级航空母舰、中国“辽宁号”航母深入研究的基础上,由中国科技人员自行改进研发而成的。有感于第一艘真正意义上的国产航空母舰诞生,我喜不自禁,即兴赋诗一首,贺首艘国产航母竣工下水。

航母喜竣工,入水送蛟龙。

军民共点赞,浪涛齐欢腾。

战斗成序列，辽舰添新朋。
踏浪巡海疆，乘风御领空。

南海平争端，东海扼倭虫。
海军实力壮，军事伟业隆。

扬我国防威，彰我科技功。
四海俱安宁，环宇求大同。

随着我国两艘航空母舰相继建成下水，国人对航母关心的热度陡增，有关中国航母发展的诸多悬念，成为公众热议话题。如，第一艘国产航母何时才能组成舰队，形成战斗力，投入实战？第一艘国产航母将如何命名？"台湾号""山东号""郑成功号"，哪一个更合适？第2艘国产航母何时完工，吨位多大，是核动力吗？中国需要建造多少艘航空母舰才能满足未来作战的需求？我国大陆海岸线约1.8万千米，岛屿岸线约1.4万千米，为了对付来自东海、南海、北海三个方面的海上安全威胁，按照航母作战编队至少应是双航母战斗群，再考虑战备、检修等因素，如此算来，我国至少需要6—9艘航母才能满足未来作战的需求。中国航空母舰未来发展的方向是什么？是大型化，还是中型化？是核动力，还是常规动力？是滑跃式起飞，还是弹射起飞？第一艘国产航母的总体水平究竟如何？虽然与美国的"福特号"差距较大，但与俄罗斯的"库兹涅佐夫号"和印度的"维克兰特号"相比呢？

不管怎样，"辽宁号"航空母舰的列装与国产航母的下水，迈出了中国航空母舰建设发展坚实的步伐，未来的中国航母战斗群一定会在保卫祖国海疆、维护国家安全、巩固军事国防上发挥越来越重要的作用。有感于此，谨以《八方护卫安海疆》一诗，作为本文结束语。

作战平台海上王，进退自如攻与防。
列舰破浪排浪阵，编队冲天布天网。
国弱自古遭欺辱，军威从今镇跳梁。
在望辽舰多后继，八方护卫安海疆。

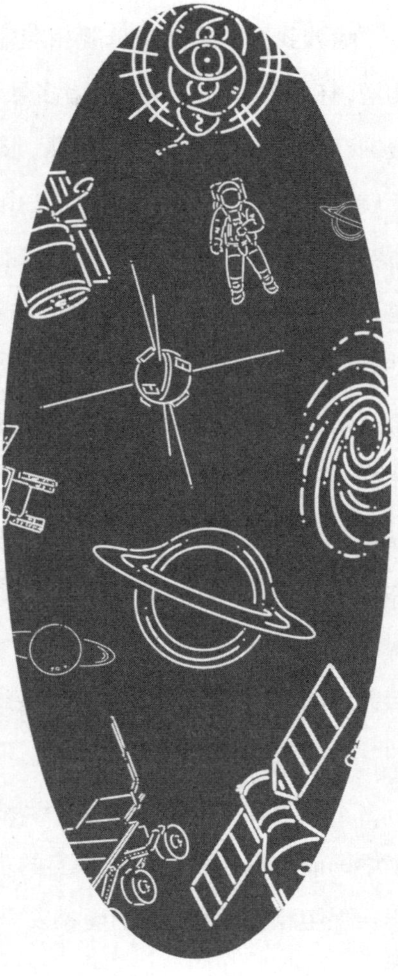

北斗织网罩天庭

2018年8月25日7时52分，我国用长征三号乙运载火箭以“一箭双星”方式，成功发射第35、第36颗北斗导航卫星。这使得我国北斗三号全球系统组网卫星数量增至12颗，朝着年底建成北斗三号基本系统，为“一带一路”沿线国家提供服务又迈出了坚实的一步。

北斗卫星导航系统（BeiDou Navigation Satellite System，简称BDS）是中国自行研制的全球卫星导航系统，与美国的全球定位系统（Global Positioning System，简称GPS）、俄罗斯的格洛纳斯卫星导航系统（Global Navigation Satellite System，简称GLONASS）和欧盟的伽利略卫星导航系统（Galileo Satellite Navigation System）并称世界四大卫星导航系统。北斗系统可在全球范围内全天候、全天时为各类用户提供高精度、高可靠的定位、导航、授时服务，并具备短报文通信能力。

卫星导航系统是重要的空间信息基础设施，对于保障国家安全尤其是信息安全具有极其重要的作用。还在20世纪90年代，我国就已经开始了北斗系统工程的建设工作，以期尽快、彻底摆脱对GPS依赖的窘境，并先后于2000年、2012年分别建成北斗一号和北斗二号卫星导航系统，分别实现了面向中国和亚太地区服务的阶段性建设目标。2020年，将建成世界一流的北斗三号系统，为全球用户提供服务；2035年，将建成以北斗为核心的综合定位导航授时体系。

用卫星对任意观察点进行精准定位，除了要准确测定观测点的经纬度和高程外，还得考虑卫星的时钟与接收机时钟之间的误差。因此，实现北斗系统对任意时刻在地面上的任意一观测点的精准定位，除了要保证至少有4颗卫星同时能捕捉到被观测点外，还必须解决星载原子钟的精准定时问题。我们知道，米是国际单位制中长度的单位，被定义为“光在真空中历时1/299 792 458秒所经过的距离。”所以说，卫星导航的实质就是精确测量时间，定位一米的距离，需要计量十亿分之三秒的时间，可谓差之毫厘，谬之千里。

导航卫星是用原子钟来计时的，北斗系统工程启动时，我国这一领域的技术还是空白，高精度星载原子钟技术被少数西方国家所垄断。而打破这一技术垄断和封锁的正是中科院武汉物理数学所原子频标重点实验室梅刚华研究员所领导的原子钟工程研制团队，他们用了长达20年的时间，终于在2008年研制成功具有完整自主知识产权、满足航天工程要求的星载铷原子钟正样产品，并批量用于北斗二号卫星。随后，梅刚华团队又用5年时间，研制出应用于北斗三号的新一代星载铷原子钟产品，使计时精度与GPS卫星最新一代星载铷钟并列，跻身国际先进水平。这正是：

定位实质是定时，时间本是长度尺。

四星标定观测点，一钟影响精准值。

超俄赶美殚心血，布星织网吐春丝。

关键技术已拥有，何惧对手恐吓滋。

在北斗系统未建成之前，北京航空航天大学信息工程学院的施闯教授曾问深圳市国土局的领导，如果GPS停用了会怎么样？对方回答道，没有了精准定位，全市的建设任务和工程项目都将停工。为了不受制于他人，施闯带领团队科研人员历时13年重点突破了稳、准、快的北斗位置服务核心关键技术，建立了中国高精度位置网系统,制定了相关成套技术标准和规范,研制了系列核心装备,开拓了北斗系统在公路、水路、基础设施建设等领域的创新应用,实现了北斗系统在交通领域体系化、规模化应用从无到有的跨越式发展,取得了重大的社会效应和经济效益。

目前,利用中国高精度位置网系统,我国已建立起全球最大的营运车辆动态监管平台,实现了遍布全国的530多万辆重点营运车辆的跨地区精细化监管,有效地减少了重特大交通事故的发生。在维护我国领海主权,以及海事救援活动中,该系统同样起到了保驾护航的作用,全国5万余艘渔船安装北斗终端,累计救助渔民超过1万人,被渔民誉为"海上保护神"。

有感于施闯教授团队自主创新成果的重大意义,2018年7月20日,我在参与现场考察"中国高精度位置网及其在交通领域的重大应用"科研项目时,即兴赋诗一首,以抒情怀,以表赞意。

北斗织网罩天庭,目标锁定无遁形。
车辆监管促业进,交通疏导畅路行。
岛礁夺建卫疆域,海事搜救解危情。
核心技术自研发,创新发展国安宁。

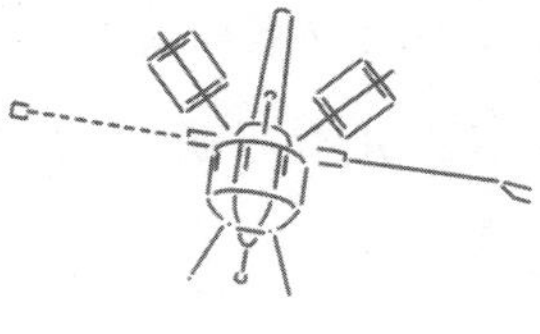

史海钩沉溯本源

2018年8月29日，家住通州的邢先生没有想到，一大早和妻子带着儿子等一行6人来到中国科技馆，自己竟然会成为中国科技馆开馆以来接待的第5000万名观众。这一天，“馆长带你走进科技馆——中国科技馆第5000万名观众参观体验活动”正式拉开帷幕，馆领导全程陪同邢先生一行参观、讲解，并向这位幸运观众赠送了中国科技馆终身免费门票。通过网络直播，超过6000万名观众见证了这一盛大庆典。

2018年是中国科技馆开馆30周年，这期间同时开展的纪念活动还有“寻找曾经的你”：将馆藏的一批游客老照片公布出来，希望通过强大的网联网找到照片中当年的青少年观众，请这些长大后的老朋友和我们一同分享自己与中国科技馆的故事。这正是：

卅载开馆晒回忆，寻找曾经幸运你。

科普体验存靓影，展教启迪留足迹。

惊喜相认老照片，欣然互叙新成绩。

酬谢观众当奋发，精彩无限展魅力。

中国科技馆是我国唯一的国家级综合性科技馆，被定位为实施科教兴国战略和人才强国战略、提高全民科学素质的大型科普基础设施。溯本寻源，中国科技馆的创建可谓一波三折，充满了传奇色彩。

1958年，周恩来总理、聂荣臻副总理批准筹建中央科学馆，建筑选址在今北京火车站对面的方巾巷，采用著名建筑师梁思成教授主持的设计方案，并将其确定为庆祝建国十周年建设的首都十大建筑之一。开工不久，因建筑材料紧张，为确保人民大会堂的建设，遂停工缓建。此后，受“三年自然灾害”及“文革”等历史原因影响，恢复建设一拖就是20年。

1978年3月18日，全国科学大会召开，著名桥梁专家茅以升等83位著名科学家联名在会上提出恢复建设中国科技馆的建议，得到了党和国家领导人的重视。同年11月16日，中国科协向国务院提出了恢复中国科技馆建设的请示；3天后，邓小平圈定同意。1979年2月23日，在中国科协的组织下，中国科技馆筹建委员会正式成立，茅以升任主任。之后，中国科协组成了以茅以升为团长，包括十几位相关人士组成的考察团赴美国、瑞士、日本考察科技博物馆。考察团经深入讨论和反复论证，将中国科技馆的建设方向由50年代确立的展示我国科技成就的科技展览馆，调整为科学中心模式的现代科技馆，为我国科技馆今后的发展确定了正确方向。

中国科技馆创建于1988年，经历了由小到大三个建设时期。1984年11月21日，中国科技馆一期工程在北京市朝阳区北三环中路1号奠基，邓小平同志为奠基题词。1988年9月22日，一期工程建成并面向公众开放，中国从此有了第一座真正意义上的“科学中心”模式的科技馆。一期工程建筑面积2万平方米，展厅6400平方米，常设展览内容包括现代科技展览和中国古代传统技术展览。

为满足不断增长的科普需要，1995年底，中国科协决定启动建设中国科技馆二期工程，并得到全社会广泛支持。1996年11月，68名全国人大代表联名提案，随后，109名政协委员再次联名提案，要求在“九五”期间建成中国科技馆；中国科协书记处前书记高镇宁还发起成立了中国科技馆发展基金，专门用于支持二期工程建设。

1998年2月10日，国家计委正式批复二期工程列入建设计划。2000年4月29日，中国科技馆二期工程建成开放，增加建筑面积2.3万平方米，展览内容更加丰富，参观环境更加舒适优美。

中国科技馆三期工程被确定为在奥林匹克园区建设新馆，以作为2008年北京奥运会的配套设施，彰显这届奥运会的"科技奥运"特色。新馆2009年9月16日建成并对公众开放，整个建筑呈现出一个巨大的鲁班锁，又像一个魔方，蕴含着科学研究和科技传播过程中的"解锁""探秘"之寓意。

中国科技馆新馆占地4.8万平方米，建筑面积10.2万平方米，设有"科学乐园""华夏之光""探索与发现""科技与生活""挑战与未来"5大主题展厅，以及球幕影院、巨幕影院、动感影院、4D影院等4个特效影院，另有开展科普活动的实验室、教室、报告厅、多功能厅、临时展览展厅等设施。

开馆30年来，几代中国科技馆人诠释科技，启迪创新，匠心制锁，竭智施教，通力协作，倾情奉献，向广大公众普及科学知识，弘扬科学精神，传播科学思想，讲授科学方法，为提高全民科学素质做出了重大贡献。

值此中国科技馆开馆30周年纪念之日，特作小诗一首，以表庆贺。

开馆转瞬已卅年，史海钩沉溯本源。
三期建设凝厚望，数代普及动欢喧。
匠心制锁精设计，竭智施教重探研。
诠释科技默奉献，启迪创新谱新篇。

科学普及魔奇漫

当3个太空人拨开中国科技馆屋顶的天花板，眨巴着好奇的大眼往下探望时，站立在恐龙广场的观众立刻发出了一阵阵尖锐的惊叫声。这是2018年9月17日晚中国科技馆举办的首场“科学之夜”大型科普活动中精彩的一幕。

作为2018年全国科普日北京主场的夜场活动，为期一周的中国科技馆“科学之夜”打破了传统的参观模式，以科幻、奇魔、动漫为主题，精心编排视听享受、展品体验、动手制作、科学表演、精彩实验等活动，用科幻故事将活动内容串联，在5个主展厅上演了一场精彩的科普活剧。

整个“科学之夜”分为“3DMapping视觉秀”“科幻探秘寻宝”“孙悟空大战钢铁侠Cosplay巡游”“密室逃脱挑战神探柯南”“科学嘉年华”“真人VR绝地求生”等观赏、游玩版块，面向不同观众群体展现不同科幻角色，邀请科学界与传播界的神秘嘉宾出场助阵，让观众感受高科技带来的无穷魅力和科学与艺术结合的奇妙体验。

开场表演的“3DMapping视觉秀”是“科学之夜”的最大亮点。32台31K流明的投影机在近3000平方米超大室内投影墙上，投射出一幅幅气势磅礴、大气恢宏、变幻莫测的画面，使观众沉浸在回望科学历史、探索科技未来的绚烂氛围之中。这是中国科技馆开馆30年来首次打造夜场活动，超级震撼的动感画面，配上精心设计的音响效果，观众的视听获得了无与伦比的享受。有感于斯，特作《渔家傲·赞中国科技馆“科学之夜”》,以抒感慨。

3DMapping 光绚烂,科学之夜魔奇漫,视觉盛宴享快畅。齐点赞,趣味展教创新办。

悟空大战钢铁汉,绝地求生真亦幻,孩童狂喜情高亢。悄声唤,密室逃脱皆侦探。

全国科普日由中国科协发起,定在每年9月的第三个双休日,由全国各级科协组织同时举办各类科普活动,宣传贯彻《科普法》,提升全民科学素质。2018年全国科普日的主题是“创新引领未来,智慧点亮生活”,中国科技馆为此举办了一系列科普活动,为广大公众奉献精彩的科普盛宴。

9月17日,中共中央政治局常委王沪宁一行来到中国科技馆,参加全国科普日北京主场活动。他首先参观了“中国国际科普作品大赛获奖作品”展区,饶有兴趣地观看了获一等奖的德国阿基米德展览工程公司参展的“氢燃料火箭”展品。该展品通过让观众转动手轮发电,使水电离产生氢气和氧气,氢气和氧气作为燃料爆燃后把火箭发射升空。展品将多学科基础理论知识有机融合,形象展示了火箭发射的基本原理,深受观众喜爱。

在“创新决胜未来”展厅,王沪宁专门在一幅囊括了获国家最高科技奖所有科学家的巨幅海报面前驻足,以表达对科技工作者的敬意。陪同讲解的廖红副馆长指着这幅画介绍道:“令我最感动的是,我曾听到一位父亲对他的孩子说,赶紧过来和这些科学家合个影吧!这可是中国最牛的一群人!”

在“放飞科学梦想”展区,王沪宁观看了小学生做的“爱迪生留声机”展品,并与孩子们互动。爱迪生当年根据电话传话筒里的膜板随着说话声会引起振动的现象,通过用短针做试验发现,说话的快慢和声音的高低能使短针相应产生不同的颤动,用短针在锡箔上记录声音的轨迹后，则可反过来还原原先的说话声音。1877年8月15日，爱迪生设计制造了一台由金属大圆筒、曲柄、受话机和膜板组成的机器，他把一张锡箔卷在刻有螺旋槽纹的金属圆筒上，然后摇动曲柄，让接有受话机的短针的一头轻擦着锡箔转动，大声对着受话机唱起了“玛丽有只小羊羔……”唱完后，他把针又退回原处，再次摇动曲柄，随着圆筒一圈又一圈地转动，受话机放出了“玛丽有只小羊羔……”的歌声。自此，世界上第一台留声机诞生了。认真看完孩子们重复爱迪生的录音留声实验，王沪宁表示：科普工作要面向青少年，激发他们的科学热情和创新意识；科协组织要发挥作用，运用好“科普中国”等平台载体，推动全社会科普工作。

全国科普日活动迄今已举办15届，党和国家领导人每届都参加北京主场活动，同时参观中国科技馆。2018年，国家主席习近平还专门给9月17日召开的世界公众科学素质促进大会发来贺信，希望与会嘉宾就普及科学知识、弘扬科学精神、传播科学思想、倡导科学方法积极交流互鉴，为增强公众科学素质、促进科学成果共享、推动构建人类命运共同体做出贡献。这正是：

科普活动惠民生，素质提升久久功。
党和国家极重视，我与大家迅行动。
展品大赛萃精品，实验小品启科蒙。
国际交流搭平台，人类命运济共同。

把宇宙装进盒子

每年的5月18日是国际博物馆日，2018年的主题是“超级链接的博物馆：新方法，新公众”。这意味着，在互联网时代，作为重要的公益教育机构，博物馆应充分利用现代信息技术传播新手段，将不同时间、不同地域、不同文明的展教资源连接在一起，不断拓展其服务功能，发挥更重要的教化作用，以满足公众日益增长的文化需要。

从某种意义上说，科技馆也是博物馆的一种类型——尽管中国的科技馆在征集、典藏、陈列和研究代表自然和人类科技文化遗产的实物，以及借助这些实物提升科技馆的展品价值、教化功能、服务质量，营造科技馆的文化氛围、艺术气质、历史纵深等方面，还存有很大的努力空间。

我涉足科技馆工作领域刚满一年，考察过的科技馆十分有限，见识也非常短，西班牙的宇宙盒科技馆却给我留下了深刻的印象。宇宙盒科技馆位于巴塞罗那近郊的提比达波山下，其前身为1981年利用盲人救济院旧址改造的巴塞罗那科学博物馆，后经改造扩建，比原馆面积扩大了四倍。由于在展教设计方面表现出的智慧与创造性，该馆2006年荣获“欧洲博物馆年度奖”。

这个科技馆的名称就让你充满遐想，“乐趣是纯粹的科学”(Fun is pure science)成为它的办馆理念。整馆共9层，其中6层在地下，参观路线为一条盘绕在“生命之树”周围的螺旋坡道，其上方有一条象征着生物进化时间尺度的塑料长管导引。常设展区没有考虑现代科学通行的学科划分，而是直接从地球的起源、生命的诞生、文明的发端开始，赋予了“宇宙盒”独特的吸引力。

当然，不写一首诗是无法表达自己参观时的激动心情。《巴塞罗那宇宙盒科技馆》就是这样诞生的。

把宇宙装进盒子里
这会激起访客多少好奇
我迫不及待要把它打开
钻进里面去看它个究竟

把宇宙装进盒子里
里面到底藏有多少秘密
我沿着盘旋的历史探索
就是要满足膨胀的好奇

把宇宙装进盒子里
它会给你带来多少惊喜
从现代走进远古的幽静
我是否一直游弋在梦里

把宇宙装进盒子里
这个想法实在有点调皮
乐趣本就是纯粹的科学
科技教育更应鼓励创新

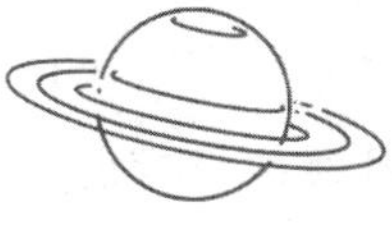

把宇宙装进盒子里

让我带走这美好的记忆

提比达波山明媚的阳光

还有西班牙醉人的风情

作为我国唯一的国家级综合性科技馆，开馆30年来，中国科技馆发挥行业引领作用，在创新科技教育等方面进行了有益探索，为实施科教兴国战略和人才强国战略、提高全民科学素质做出了重要贡献。2017年9月1日，在北京市各中小学开学的这一天，第25中学把开学典礼放在了中国科技馆，让800多名师生体会到了别开生面的开学第一课，同时也拉开了中国科技馆"馆校结合基地校"项目实施的序幕。当天，中国科技馆与北京市的201所中小学签订协议并授牌，在科技场馆活动、创新人才培养、校本课程开发、科技教师培训、科技馆活动进校园5个方面进行合作。

作为签约、授牌及开学典礼仪式主持人，有感于这一科普教育创新举措，我即兴赋诗一首，以表祝贺。

馆校合作开新篇，人才培养注活泉。

研究辅导进课堂，科普教育共资源。

特色活动强基地，服务计划益校园。

授牌示范助推广，提升素质青少年。

2018年"五一"劳动节当天，适逢我在中国科技馆工作带班。清晨，巡视中国科技馆周边，未及8点，已有二三十游人聚集大门外专心等候参观。试问之，乃一江西家庭游客团组，离京前欲参观中国科技馆，了却随行孩子们的心愿。得知9点方开馆，所有人都不肯先去别处游览，仍静心守候。孩子们的殷殷目光，令人不忍直视，我等唯有尽心服务，使成人参观获益、孩童启迪开蒙、游人无憾而归。遂作诗一首，自勉自励。

小别课堂得轻松，五一科馆喧孩童。
书解定理兴终淡，手操实物趣始浓。
求真无涯学研伴，创新有道思探朋。
晚霞喜作朝阳照，满目青山别样红。

登高望远抒情怀

结绳拨珠挥笔砚，电脑推算启新篇。

进位制多优点异，零一数少操控简。

提花上下织经纬，打孔虚实传密笺。

法古中西集智慧，创新科技常溯源。

我写这首短诗，旨在概述信息技术的发展历程，试图诠释当今的科技创新与中外古代科技成果传承之间的关系。

人类自诞生之日起，就离不开计数。最初用两个手掌掰着手指头数数，之后是摆石块计数，并能做简单加减运算。公元前约1500年，南美洲秘鲁印加族人每收进一捆庄稼，就在绳子上打一个结，用绳结的多少来记录收成的多寡。结绳计数由此应用众多。相传，古波斯王派军队远征斯基福人，命卫队必须坚守耶兹德河桥60天。但是，如何才能保证命令执行的准确天数呢？聪明的波斯王在皮条上打了60个结，嘱咐守军每天解开一个，待所有的结全部解完，任务就算完成，守军即可撤退。

随着社会不断发展，与人们打交道的数字越来越复杂，进位制由此应运而生。据考证，古美洲玛雅人已发明20进位制，古巴比伦人也知道进位制，但用的是60进位。中国古人发明的十进位制算筹记数法，使得计数和运算更加便捷；北宋期间发明算盘后，运算就变得更加灵便、准确了。有了各类书写笔的发明，人们得以十分方便地在纸上进行运算、推演。电子计算机尤其是超级电子计算机的出现，使得自动、高速运算、处理海量数据成为家常便饭，人们还可通过数值模拟来解释以前无法实验的自然现象，预测未来事物发展变化。

众所周知，电子计算机采用的是二进制编码，它利用高、低电平（分别用“1”和“0”表示）两种状态，将模拟电路转换成数字电路；通过控制逻辑电路开关的接通和断开（也分别用“1”和“0”表示），来完成复杂的运算加工和数据处理。中国科技史专家认为，这种信息编码方式很早就有了，最早呈现在我国汉代的花楼式束综提花机里。这种织机的关键技术集中反映在花本技术上。花本就是指按照事先设计好的图案，使成千上万根经线有规律地交互上下提综，几十种纬线有次序地横穿排列，做成的一整套花纹记忆装置。它相当于一套已经编好的程序，古人通过经线的高、低两种状态将复杂的图案信息储存在花本当中。织机上方的挽花工按照花本程序提起部分经线，下方的织工投梭编织相应的纬线，经纬线交错就在织物上组合成了完整的预设图案。

以花本存储提花信息、控制线综，开创了用编排好的程序控制经纬丝线运动的先河。花楼式束综提花机经两晋南北朝隋唐时期的改进，到了宋代得以完善，并经丝绸之路传入西方。1725年，法国工程师布乔受中国提花机启发，用穿孔纸带取代花本，控制提花编织机的织针运动。1801年，法国工程师贾卡将穿孔纸带换成穿孔卡，采用打孔的硬纸板来控制织布图案的提花，即通过孔板上有孔洞和无孔洞两种状态来控制织机经线的高低——有孔对应经线提升，无孔则对应经线下沉，从而实现了纺织图案信息的机械化解码。1888年，美籍德国人霍利瑞斯借鉴穿孔卡输入数据的方法，发明了自动数据处理机，被认为是现代计算机数据处理技术的肇始。现代电子计算机据此通过采用二进制实现了编码、解码的电子化。

可以说，二进制思想的雏形起源于中国古人发明的提花机，提花机由此被誉为现代信息技术的原点。

2017年9月17日是第14个全国科普日，中国科技馆专门设计了“登高望远”科普展览项目。该展项由中国古代花楼提花机、贾卡提花机、现代电子计算机和“墨子号”量子通信卫星4个标志性展品组成，阐释了信息技术的发展变迁。其中，作为信息技术发展的最前沿成果，世界上第一颗量子通信卫星——中国的“墨子号”科学实验卫星于2016年8月16日发射升空，它利用量子纠缠特性大大地提高了二进制编码的效率和安全性。时任中共中央政治局常委刘云山等党和国家领导人参观了整个展览，并与花楼机织工现场合作编织，共同完成了编织的最后一道工序，织出了汉代登高仿制锦。锦上织有“登高望远”4个字，彰显了中国古人的博大胸怀和聪明才智，重新描绘了“一带一路”新的愿景。

陪同参观，不胜感慨，赋诗一首，以表情怀。

量子通信显神奇，天罗织就无踪迹。
提花蕴含二进制，贾卡催生计算机。
科技交流促发展，创新驱动托两翼。
登高望远抒情怀，一带一路奠伟绩。

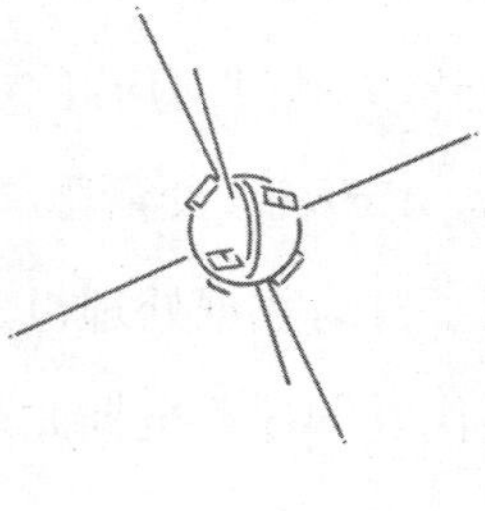

科技创新国运隆

2018年5月19日至26日为一年一度的“全国科技活动周”，今年的主题是“科技创新，强国富民”。这期间，中国科技馆举办一系列生动活泼的科普教育活动，应我邀请，刘嘉麒院士不辞辛苦，先后两次来到中国科技馆大讲堂，面向广大公众开设专题科普讲座。

刘嘉麒院士是著名火山地质与第四纪地质学家、我国火山与玛珥湖古气候研究领域领军人物，曾任中国科学院地质研究所所长、中国第四纪研究委员会主任等职，在火山地质、环境地质及古气候、极地考察、玄武岩纤维材料研究等方面做了大量系统开创性工作，曾获多项国家级科技奖励。我与刘院士相识已久，就职科技导报社和科学普及出版社期间，曾得到他的大力支持和无私帮助。刘嘉麒院士不仅学术成就突出，科普业绩同样显著，他曾长期兼任中国科普作家协会理事长，为繁荣我国科普创作做出了重要贡献，曾被评为“中国科普工作先进工作者”。早在2009年，他就撰文指出：“科学普及是一种文明、一种素养。社会要发展，离不开科学传播和知识普及。科研单位应对科普工作与科研工作成绩同等地给予承认，因为写科普作品的创新能力并不比科研能力差。”

我曾在刘嘉麒院士麾下担任中国科普作家协会科学文艺委员会主任，有幸接受他耳提面命式的指导，聆听他的教诲。2017年春节，有感于刘院士的关爱和相助，我专门写藏头诗一首，以表感激之情、崇敬之意。

刘叉登临碣石赋，
嘉叹火山玛珥湖。
麒笔一枝山河绘，
院会两栖科技普。
士彰地质领军帅，
春耀陆相沉积物。
节制桃李育英才，
好诗佳节豪情谱。

注 唐代豪侠诗人刘叉曾登临碣石山，留下美丽诗篇“碣石何青青，挽我双眼睛。爱尔多古峭，不到人间行。”

2016年5月30日，全国科技创新大会、两院院士大会、中国科协第九次全国代表大会在人民大会堂召开，习近平总书记发表重要讲话，发出进军科技强国动员令，强调“科技创新、科学普及是实现创新发展的两翼，要把科学普及放在与科技创新同等重要的位置。”科学普及被党和国家领导人前所未有地摆在如此重要地位，令我们这些科普工作者备受鼓舞。现场感受大会热烈气氛，我禁不住即兴作《十六字令五首·会》，以表激动心情。

会，
三会合一空前最。
图复兴，
待发国家队。

会，
科技精英思想汇。
求发展，

世界日新魅。

会，
攻坚克难多感佩。
论创新，
自由探索贵。

会，
坐而论道岂无愧？
多务实，
攻关收效倍。

会，
科技强国号角吹。
奋赶超，
寄望新一辈。

改革开放以来，我国科学技术迅猛发展，中国航天事业贯彻“自主创新、重点跨越、支撑发展、引领未来”发展方针，载人航天科技突飞猛进，一项项重大突破接踵而至。1999年11月20日，成功发射我国第一艘无人飞船“神舟一号”；2003年10月15日，我国第一艘载人飞船“神舟五号”发射成功，中国成为继美国、俄罗斯之后，第三个把人类送入太空的国家；2008年9月25日，“神舟七号”首次实现中国航天员出舱作业，掌握出舱活动相关技术；2011年9月29日，中国第一个目标飞行器和空间实验室“天宫一号”发射成功；2011年11月3日，“天宫一号”与“神舟八号”完成首次交会对接。2016年10月17日，“神舟十一号”飞船发射成功，与“天宫二号”空间实验室自动对接形成组合体,为中国下一步建造载人空间站奠定基础。其时,兴奋之余,我即兴作《贺“神舟十一”成功发射》宝塔倒影诗,以表祝贺。

轰,
飞腾,
似蛟龙,
翱翔太空,
航天又建功。
英雄不问出身,
出征陈冬景海鹏,
揽星辰昂首唱大风,
飞船对接精准稳操控。
从来落后挨打认怂,
科技创新国运隆。
实事求是准绳,
岂容假大空?
气势恢宏,
天地送,
飞鸿。
神!

写完一首,仍觉意犹未尽,遂再作一首,畅抒情怀。

龙,
有种,
真威风,
扬威太空。
飞船又发送,

凭啥能牛哄哄？
三老四严练真功，
航天精神环宇传颂，
神舟系列唱彻东方红。
创新非山寨一窝蜂，
求真务实路路通。
成功何来轻松？
别耍嘴皮功。
欲再惊鸿，
求大同，
圆梦。
雄！

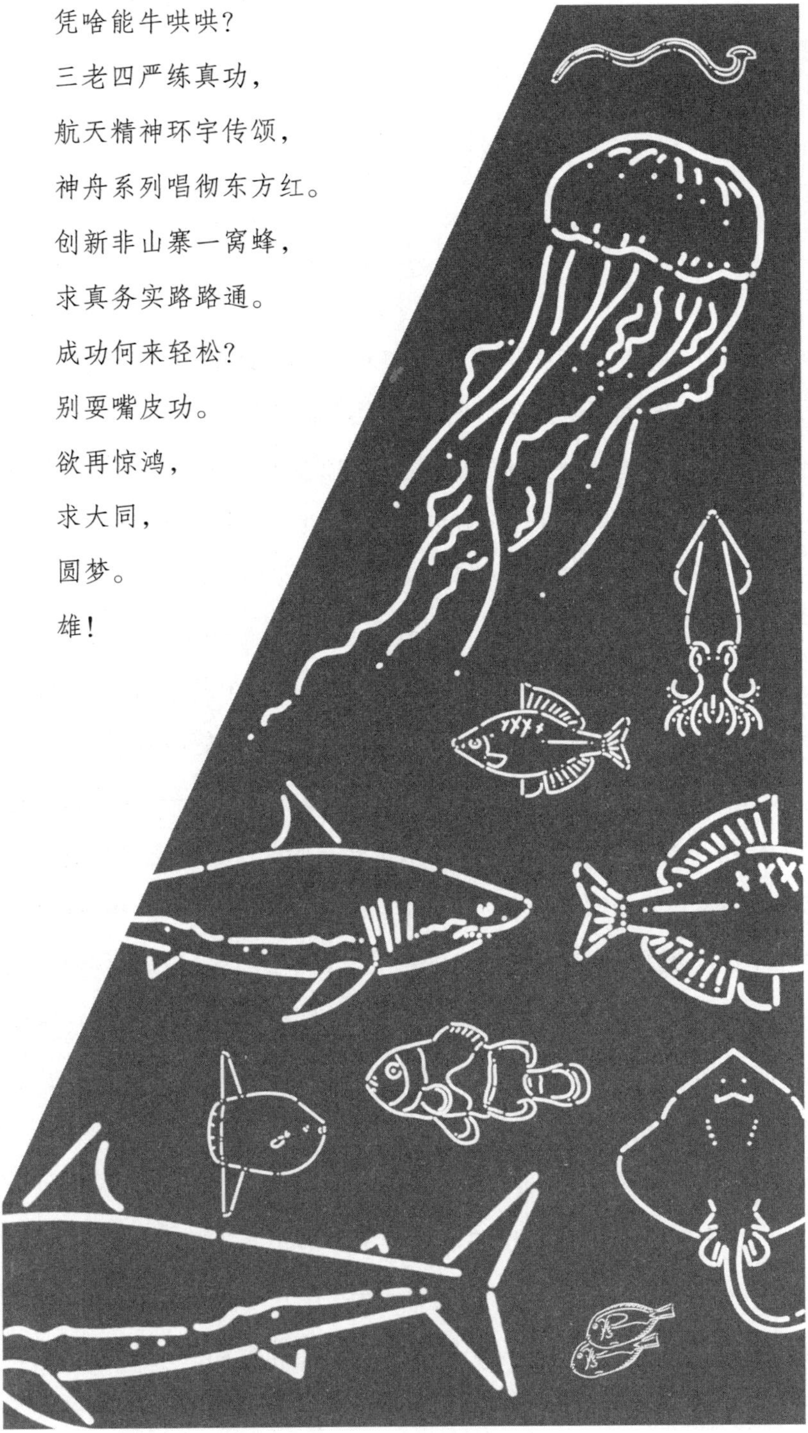

莫与自然较短长

节气，通常是指中国农历中表示季节变迁的24个特定节令。我们知道，地球围绕太阳公转一周大约需要365天，即一年。古人根据太阳一年内相距地球位置的变化以及所引起的地球表面气候的演变次序，把一年365天分成24个日段，分列在12个月中，以反映四季、气温、物候等变化情况，这就是二十四节气。

节气自中国先秦订立，自汉代完全确立，是用来指导农事活动的补充历法。自2016年第四季度始，我坚持每个节气写一首短诗，借此进一步学习、掌握相关的节气知识，收到了较好的效果。

2017年5月21日是二十四节气的第8个节气——小满，也是夏季的第二个节气，标志着炎热夏季正式开始。小满的含义是夏熟作物的籽粒开始灌浆饱满，但还未完全成熟，故曰“小满”。小满时节，稻谷麦粒灌浆，不断充实自己，开始为大满做铺垫，为丰收奠基石。人也一样，青春少年当努力学习，为成长发展蓄能充电，为成功圆满加油冲刺，以不负美好年华。有感于斯，这一天，我写的节气诗是：

谷粒饱满穗低垂，品优才高人谦卑。

小满时节多灌浆，年轻好学有作为。

二十四节气的命名反映了一年中季节更替、物候现象、气候变化三种情况。反映季节更替的有立春、春分、立夏、夏至、立秋、秋分、立冬、冬至8个节气，反映物候现象的是惊蛰、清明、小满、芒种4个节气，而反映气候变化则有雨水、谷雨、小暑、大暑、处暑、白露、寒露、霜降、小雪、大雪、小寒、大寒12个节气之多。

小暑、大暑、立秋三个节气之间的一个月，也即每年的7月中旬到8月中旬，是一年中最热的时节，民间称之为三伏天。2017年“三伏”期间，北京，乃至整个华北，连续十几天持续高温。白天，走在马路上，感觉树荫都是烫的，不一会就大汗淋淋；与人交谈，都感觉喘不过气来。晚上，如果不开空调，全身燥热，如卧火炉，难以入睡。在南方农村，此时正值“双抢”（抢收、抢种）时节：早稻成熟待收割，必须抢时间插秧种晚稻，以保秋季稻谷丰收。我上中学时，年年这个时候都要参加学校农场的“双抢”劳动。烈日下，拼命割稻、运禾、打谷、晒谷、插秧，抢时间完成两季水稻的收、种轮替，常常是肩上、背上被晒得一层层脱皮，弯腰割稻、插秧累得腰都要断了。

如今，除了农民，还有谁能体会“三伏”天干农活的辛苦滋味？我在单位吃自助午餐，总是能看到有人随意取食，饭后把许多剩余的食物毫无吝惜地浪费掉。这些人又怎能体会到唐代诗人李绅《悯农》诗中“谁知盘中餐，粒粒皆辛苦”的真正意味？有感于斯，2017年7月22日大暑这天，我写下了《北京伏天有感》一诗，希望大家体恤农民、珍惜粮食。

酷暑已周旬，蒸笼罩燕京。
空气热传导，华北火充盈。

树密荫影烫，云浊烈日熏。
蝉鸣心郁躁，风滞汗涌淋。

静卧榻如炕，行走炉加薪。
执笔湿纸透，谈话喘难平。

农夫耕作苦，双抢谷如金。

应知盘中餐，浪费如剔心。

二十四节气分布在一年的12个月里，每月分为两段，月首叫“节”，月中叫“气”，在公历中它们的日期是相对固定的。通常，上半年的“节”在6日，“气”在21日；下半年的“节”在8日，“气”在23日，两者前后相差一二日。2017年8月23日，是农历二十四节气中的第14个节气——处暑。处暑，意即出暑，表明从此走出炎热的暑天，气象意义上的秋天开始来临。处暑过后，太阳直射点不断南移，热辐射不断减弱，气温开始逐日降低。

常言道，一场秋雨一场凉。处暑前一天，京城大雨昼夜未歇，雨洗银杏叶更绿；当日，京城浓云漫天翻滚，云扰碧湖水愈清；午后，燕京轻风高楼撩拂，风送酷暑天渐凉。夏去秋至，暑退寒进；世态炎凉，瞬息万变。看风云变幻，数节气更替，感世事无常，叹人孽不活，明自然有律，遵天道而行。处暑写诗为记，专以自警。

一场秋雨一场凉，莫与自然较短长。

处暑过后观天象，日头也要矮三竿。

遥测未来托幻想

科幻，也即科学幻想，关于它的定义，学界可谓众说纷纭，莫衷一是。比较学究的定义是："科学幻想，是根据有限的科学假设，在不与人类最大的可知信息量冲突的前提下，虚构可能发生的事件。"在我看来，所谓"科幻"，无非就是人们利用现有的科技知识，对未来人类社会乃至宇宙万物的一种尽可能穷极的展望和遐想。

科幻的根基是科学，没有科学原理支撑的那不叫科幻，而是妄想、胡思乱想，是空中楼阁、水中明月。科幻的源泉是幻想，是想象，幻想和想象既是人类有生俱来对未知世界充满好奇的一种宝贵潜质，又是人们破解大千世界、环宇星空不解谜团、向往美好未来的一种不懈追求。没有想象的科幻，必然毫无新意；没有幻想的科幻，定是索然无味。

因此，学习掌握、融会贯通科技知识，展开想象的翅膀，放飞幻想的思维，乃是进行科幻创作的必要前提。在这方面，儿童尽管还没拥有必备的科学知识，但他（她）们天生就是幻想的专家、想象的天才，保护、鼓励他们的这种潜质，对于启迪、发掘他们的创造力至关重要。儿童对神秘的天空总是充满好奇，说出的话常常充满奇特的想象，令大人惊奇不已，记录下来，就是一首首充满《童趣》的科幻诗歌。

天空闪过
一颗流星

女儿舞着小手枪嚷道
那是我打下来的

妈妈　妈妈
月亮是不是
我白天飘失走了的
气球

爸爸　爸爸
天上织满了星星的补丁
明天肯定不会
下雨

太阳是地球上一切生命的源泉，它为万物生长提供必需的光和热。仔细观察，你会发现，太阳表面有时会长出一颗一颗“小黑痣”。对此现象，我国史书早有观察记载，《汉书·五行志》载：“成帝河平元年三月乙未，日出黄，有黑气，大如钱，居日中央”。我们现在知道，这种“小黑痣”实际上就是太阳黑子，但古人却无法说清其成因和表象。在西方，17世纪之前，太阳黑子一直都被忽视，人们始终认为太阳上不可能有黑点，因为亚里士多德曾经说过“太阳是完美无缺的”。

自伽利略1610年首次用望远镜观察到太阳黑子，并发现它是太阳表面非常普遍的现象之后，人们对黑子的认识开始逐步深化。黑子其实就是太阳光球上的低温区，因为其温度比太阳光球层表面温度低1000至2000摄氏度，故看上去像一些深暗色的斑点。导致黑子温度低的直接原因则是因为其自身具有强磁场，这种强磁场能抑制太阳内部能量通过对流的方式向外传递，从而使得该区域的温度降低。

古往今来，人们常常喜欢把伟大的人物比作太阳，太阳有了黑子，似乎就不太好歌颂了。其实，想象一下，如果把太阳比作一位美丽的姑娘，即使她脸上有几粒雀斑，仍然不失其美丽，照样值得爱慕、追求。《太阳黑子》，这样一首带点科幻味道的诗就是这样写成的。

太阳是个美丽的姑娘
美中不足的是
脸上有几粒雀斑

太阳是个多情的姑娘
稍感遗憾的是
眼中有几星凄凉

太阳是个好姑娘
你又不用天文望远镜和她恋爱
为何这般把她打量

成都被誉为中国的“科幻之都”，以科幻世界杂志社为核心，培育出了刘慈欣、王晋康、何夕等一批著名科幻作家，策划出版了《三体》等畅销科幻图书。随着科幻文化产业逐渐火热，近年来，四川省科协牵头提出，在成都规划建设“中国科幻城”，并连年主办中国科幻产业论坛，着力打造“中国科幻之都”城市名片。《科幻世界》由四川省科协举办，是目前中国最具影响力的专业科幻出版机构，曾连续三年荣获中国期刊出版政府奖。

2017年9月8日，我出差遂宁顺道拜访四川省科技馆，与科技馆同仁和《科幻世界》编辑座谈，共同探讨科幻产业发展之道。会上，我即兴赋诗一首，以表达对这些致力于科幻出版、科普传播同仁们的敬意和期盼。

开天人类即好奇，穷宇究地探奥秘。
疑惑无解增神鬼，真相可析添定理。
遥测未来托幻想，俯兴现实依科技。
大千世界多精彩，万民追星捧《三体》。

百年器象灿若星

“筹建科学博物馆，举办‘百年器象’展览，就是为了彰显清华大学在中国近现代科技史上的成就，传承科学传统，促进科学传播，激励科技创新。”2019年4月24日，“百年器象——清华大学科学博物馆筹备展”在清华美术学院揭幕，博物馆馆长、清华大学科学史系主任吴国盛教授开门见山阐述了这两项工作的重要意义。

筹备展是专为庆祝清华大学科学博物馆筹建一周年而举办。简短的开幕式后，吴国盛带领嘉宾进入展厅参观并亲自讲解。展览内容分“自强”“奋斗”“日新”三部分，通过精选的百余件具有历史性意义的科学仪器展品，勾勒出清华建校百余年来从创建、发展到兴盛三个不同历史阶段的科技发展历程，彰显清华学人科技报国、追求真理的情怀，不畏艰辛、刻苦攻关的风采。

走进“自强”展区，首先看到的是挂在墙上由清华学生于1916年手绘的两幅美国大地图。1911年，美国政府退回部分庚子赔款，用于创建清华学堂，当时的教学由此带有明显的美国印记，美国国情也成为学生的重要学习内容。两幅地图见证了清华的早期历史，具有鲜明的时代特征。赵学海、王度、马载之、卢延英等4位地图绘制者1920年清华毕业后，遂赴美留学并学成归国，成为教学、科研及工程一线骨干。

展厅还设有刘仙洲专区，展示了这位曾任清华大学第一副校长的著名学者生前曾使用过的绘图工具、计算尺、极点机械求积仪等教学、科研仪器。刘先生1890年出生于河北完县(今顺平县),他是我国自编工科大学教科书第一人,先后编写了普通物理、画法几何、机械学、热机学等15部中文教材;他还编订了《英汉对照机械工程名词》,成为中国机械工程名词的统一者。作为中国科学史事业的开拓者,他在学术上最突出的成就,就是对中国机械发明史进行了开拓性研究,出版的《中国机械工程发明史(第一编)》《中国古代农业机械发明史》等著作,奠定了中国古代机械发明在世界机械工程发展史上的地位。对清华科学博物馆而言,展览专设刘仙洲专区,无疑具有特殊的意义。

在"奋斗"展区,20世纪50年代国产通用牌201型手摇计算机格外引人注目,这是中国当时最先进的计算装置,为研制"两弹一星"以及清华核工程建设做出了重要贡献。化学系宋心琦教授和廖松生老师1954年动手刻画、制作的木质元素周期表,也给嘉宾们留下了深刻印象。据悉,当年宋、廖两位老师每次给学生上化学课,都要展示纸质元素周期表挂图,既不方便,也容易破损;于是,遂在化学楼301教室专门制作了这个木质元素周期表,大大方便了教学。今天,这个文物级的展品已成为清华化学馆的"镇馆之宝"。

"日新"展区展示了改革开放以来我国科学仪器的发展变迁,以及新时代清华学子的发明创造成果,彰显了这所百年老校薪火相传、桃李芬芳、硕果累累的动人风貌,令人倍感欣慰。

最令人称道的展品是阿尔伯特·爱因斯坦写给意大利裔瑞士工程师米凯莱·贝索的3封书信。3封信均为原件,收藏者是清华大学一位不愿透露姓名的校友,他专门借给这次筹备展用。贝索与爱因斯坦同为犹太人,两人交谊深厚,一辈子互为相助提携。1905年,爱因斯坦在发表的《论动体的电动力学》狭义相对论论文中,唯一致谢的人就是米凯莱·贝索。3封书信分别写于1909年、1921年和

1952年，跨越两位学者的青年、中年和暮年，内容包括物理学讨论、爱因斯坦的社会活动和家庭生活，以及爱因斯坦对往事的回忆，具有较高的科学史研究价值。

在吴国盛看来，西方大学的科学史系通常承担着维护科学博物馆的任务，比如哈佛科学史系同时管理着历史性的科学仪器陈列馆，剑桥科学史与科学哲学系和剑桥科学史博物馆联体运作，科学史研究与科学博物馆建设可谓密不可分。2016年，从北京大学被引进到清华大学之后，吴教授就致力于科学博物馆的创建以及博物馆与科学史系的联姻工作，期望依托科学史系丰富的人才储备和深厚的研究实力，把科学博物馆打造成沟通学校人文学科与科学学科的桥梁，使其成为全国科学博物馆学和科学仪器复原研究的中心。

正是基于这样的考虑，筹备展开幕的当天还专门举办了“清华博物馆学论坛”，来自博物馆学和科学史学两个不同领域的专家学者跨界交流研讨。这正是：

百年器象灿若星，科学博物领先行。

教研仪器彰奋斗，大师书信示严谨。

馆藏珍品传道业，坛论学识促日新。

厚德载物存千载，自强不息育万英。

科技出版硕果收

“今天的发布会本身就是科技出版的一件大事,也应载入中国科技出版史册。”2019年12月1日,中华人民共和国成立70周年科技出版十件大事暨2019年出版百种科技新书发布会在中国科学技术馆举行,作为新中国科技出版事业的参与者和科技出版70年发展历程的见证者,著名出版专家、年高米寿的中国出版协会原副主席周谊先生代表科技出版大事的推荐者做大会发言,发出了以上感慨。

发布会由中国编辑学会科技读物编辑专业委员会、中国出版协会科技出版工作委员会和中国科学技术馆共同举办,旨在回顾新中国成立以来科技出版走过的光辉历程,展示科技出版单位新书出版成果,激励科技编辑出版工作者打造更多科技出版精品,为繁荣发展科技出版事业、建设出版强国做出新的更大贡献。

新中国成立后,科技类出版社的建设发展经历了两次高潮。第一次是在20世纪50年代,专业科技出版社应运而生,从建国初期的5家增加到23家。第二次是1978年3月全国科学大会召开,迎来了科学的“春天”;是月,国务院批转《关于大力加强科技图书出版的工作报告》,科技出版社得以蓬勃发展,迅猛增至160多家,成为中国出版业的一支重要生力军。这一事件与《中国科学》《科学通报》创刊促进科学发展和学术交流、《中国植物志》《杂交水稻学》等科技出版巨著推动中国科技发展并走向世界等大事,一并入选“新中国成立70周年科技出版十件大事”。

周谊先生在讲解“解困科技专著出版，各类科技图书出版基金相继设立”这一大事时，专门列举了山东科技出版社这一当年名不见经传的地方科技出版社设立出版基金的例子。1988年，为破解科技类学术专著出版难困局，山东科技出版社率先在全国设立“泰山科技专著出版基金”，在科技界和出版界引起轰动。一时间，全国各地作者来信如雪片纷飞，两位分别从事盐业生产和盐业历史研究的学者激动地写信表示：“我们穷尽一生心血完成的《中国古代井盐工具研究》专著，找了好多家出版社都被拒之门外，令我们心寒。我们甚至都想好了，选一个黄道吉日将它付之一炬。看到贵社科技出版基金设立的消息，真是喜出望外……”怕手稿邮寄丢失，两位老作者不惜自费坐飞机从盐都自贡飞到济南，亲手把书稿交到责任编辑手里。该书可谓中国井盐工具集大成之作，1990年出版后遂荣获第五届中国图书奖。这真是：

学术专著利难赢，从来出版步艰辛。

山东科技开先河，泰山巍峨设基金。

会议发布的2019年出版百种科技新书，反映了我国科技出版的年度最高水平。青岛出版社出版的《中国江河流域自然与人文遗产影像档案·黄河》大型图册格外引人瞩目，该书由著名历史地理学家葛剑雄教授主编，含《山水的记忆》《往日的记忆》《我们的记忆》3卷。全书从人文地理摄影家郑云峰先生20世纪80年代拍摄于黄河沿岸的数十万张珍贵胶片中遴选出1000多张精美照片，配以相关专家精心撰写的文字说明，俨然是一套系统记录黄河自然、历史、人文的珍贵图文档案资料。全书以黄土色为基调，装帧设计古朴、厚重、大气，近一米长的开本宛如黄河一泻千里、气势磅礴，令人浮想联翩。

中国地图出版社出版的“中国国家人文地理”丛书，设计典雅、娟秀，令人爱不释手。丛书以“传承历史文化，展示地理国情，宣传发展成就，描绘城市蓝图”为编撰原则，以中国地级行政区域为地理单位，以历史为线索，以地理为载体，从时间和空间两个维度展现中国各地域的历史文化、人文资源、地理国情、生态环境以及经济社会发展成就，由此提炼出特色地域文化，打造城市名片，铸就权威的中国人文地理百科全书。作为国家“十三五”重大出版工程和国家出版基金资助项目，丛书期望通过两至三个五年计划的努力，实现全国334个地级市出版全覆盖，其中“十三五”期间拟出版100个城市分卷，2019年出版的20个分卷已经给我们展示了该出版工程的美好、壮丽前景。

我曾长期从事期刊编辑和科技出版工作，先后担任过北京理工大学出版社社长、科学普及出版社暨中国科学技术出版社社长，对出版工作可谓情有独钟。令人欣慰的是，我供职过的这两家出版社均有3种图书入选“2019年出版百种科技新书”。作为曾经的期刊编辑和科技出版工作者，参与组织这样一个具有里程碑意义的科技出版发布会，亲身感受新中国70年科技出版骄人成就，十分荣幸，倍感自豪，不禁赋诗一首，以作礼赞，以表情怀。

风雨兼程七十秋，科技出版硕果收。

十件大事彰华彩，百种图书竞风流。

传承文明开伟业，普及知识浚源头。

为人作嫁编辑赞，再接再厉上层楼。

思绪翱翔融宇空

2019年5月30日，是第三个全国科技工作者日。中国科协和科技部以庆祝新中国成立70周年为主线，在全国组织开展“礼赞共和国，追梦新时代”主题系列活动，向全社会讲好科技工作者爱国奋斗故事，全面开展科技志愿服务活动，发动广大科技工作者为经济社会发展服务，汇聚创新创业创造的智慧和力量，唱响礼赞共和国70华诞的时代旋律。这一天，中国科学技术馆热闹非凡，先后举办“朱光亚诞辰95周年生平事迹展”“百馆千场万人科学家精神宣讲系列活动”启动仪式和“航天科普志愿行动”启动仪式，以表达对全国8100万科技工作者的敬意。有感于广大科技工作者拼搏攻关、创新创造、无私奉献，专此赋诗，以表情怀。

献身科技欲何求，民富国强争一流。

追梦时代凭智慧，创新创造炳千秋。

儿童是祖国的花朵，孩子是国家的未来。6月1日，国际儿童节这一天，中国科学技术馆因升级改造而封闭了整整7个月的“儿童科学乐园”重新开放，为孩子们送上一份节日的大礼。新的“儿童科学乐园”以“乐享科学，筑梦童心”为主题，共设人体探秘、健康成长、山林王国、戏水港湾、热闹城市、角色体验、机器伙伴、神奇宇宙8大主题展区和一个科学秀场，共128件展品。展厅内容的规划吸纳了国际先进的科学教育研究成果，展区设计遵循儿童由近及远、由浅入深、由表至里、由简到繁的认知发展规律，本着“认识自己、亲近自然、了解社会、触摸科技”的展教脉络，从儿童了解自身开始，逐级扩展到认识身边的自然世界，了解日常社会生活中的科技应用，延伸到体验前沿科技以及探索神秘宇宙空间。展品体验倡导亲子互动，鼓励儿童进行探究式学习，自主参与、自由探索、自发思考，在快乐参与过程中获得直接经验，加深对科学概念的理解和认识，发展和保持对周围世界的好奇心以及对科学的热爱。

六一国际儿童节这天，中国科学技术馆和中国科技新闻学会还将联合举办“让科学插上艺术的翅膀——全国少年儿童科技创新艺术作品展”，从全国各地征集到的5800余幅科幻绘画作品中评选出122幅优秀作品展出，展示中国少年儿童在艺术创作中探索科学奥秘的可喜成果。展出作品不仅色彩斑斓、画面生动，而且想象丰富、充满创意，彰显了中国少年儿童热爱科学、勇于探究、敢于创新、喜爱艺术的创作热情。这正是：

思绪翱翔融宇空，幻化科技绘憬憧。

创新源于丰想象，艺术熏陶育孩童。

孩子为什么要学习科学？艺术对儿童成才有什么影响？科学和艺术之间存在什么联系？这些问题不仅教育家和儿童心理学家十分感兴趣并作为重要课题进行研究，而且广大家长也高度关注。战略科学家钱学森认为：“一个有科学创新能力的人，不但要有科学知识，还要有艺术修养。”著名物理学家、诺贝尔奖获得者李政道曾说过：“科学和艺术就像一枚硬币的两面，是不可分割的。它们共同的基础是人类的创造力，它们追求的目标都是真理的普遍性。”古今中外，许多著名的科学家都具有深厚的艺术造诣，艺术常常给予他们科学发现的灵感和启示。比如，法国著名数学家、物理学家拉格朗日正是在教堂聆听圣乐时，萌发了完善求函数极值的变分法的灵感；德国物理学家海森堡受音乐理论中泛音振动的频率是基音振动的整倍数启发，做出了原子跃迁的基频与次频实验；“相对论”的创立者爱因斯坦和“量子论”的开创者普朗克两位20世纪物理学巨擘表演的小提琴和钢琴二重奏，早已成为科学界的美谈。

在6月1日举办的“儿童科学乐园展厅开幕暨全国少年儿童科技创新艺术作品展”开幕式上，中国科技新闻学会理事、国际儿童艺术基金会顾问委员刘洋高级工艺美术师还向中国科学技术馆以及本次活动的优秀组织单位，赠送了由她主编的“让科学插上艺术的翅膀”主题画集——《中国少年儿童美术书法摄影作品》。自1998年始，刘洋女士连续21年面向全国热爱艺术和科学的少年儿童组织开展优秀美术书法摄影作品评选活动，引导孩子们把对大自然的探索、对科学的向往用艺术的手法创作出来，通过展览、笔会、出版等形式对孩子们给予肯定和鼓励，期望为少年儿童播下科学与艺术的种子，助力他们在艺术创作与科学探索更加广阔的天地里自由翱翔。

翻阅印刷精美的《中国少年儿童美术书法摄影作品》，我不禁感慨万千，遂作诗一首，以表祝贺，以示褒赞，以抒情怀。

绘书自然发幼蒙，画摄未来若幻中。
想无禁锢思开阔，像有定型艺雷同。
创造突破贵探索，新英茁壮重培壅。
源溯尽头乃好奇，泉涌溪汇波浪隆。

元素排序有规律

大千世界物万千，学者赴继溯本源。

元素性质有序现，周期特征无穷演。

门捷列夫呈卓越，科学传人竞比肩。

知识普及提素质，展览教育促钻研。

探索自然寻规律，服务社会启新篇。

2019年是门捷列夫元素周期表诞生150周年，联合国大会将这一年确定为“国际化学元素周期表年”，并对化学元素周期律这一重大发现予以高度评价，认为它是：“科学史上最卓著的发现之一，刻画出的不仅是化学的本质，也是物理学和生物学的本质。”

7月10日，中国科学技术馆联合中国化学会，推出“律动世界——化学元素周期表专题展览”，以直观的视角和活泼的形式，展现化学元素的美妙神奇和元素周期律背后的无穷奥秘。展览包括“律有其缘”“元素探律”“律以致用”“万物规律”4大展区，采用互动展品、多媒体、矿石实物、图文、文创产品等相结合的形式进行知识传播、科学教育；各展区还开辟了不同功能的教育活动区域，并专设与中国科学技术馆长期合作的巴斯夫“小小化学家”品牌科普活动，使广大观众不仅可以了解人类对物质探索的悠久历史及元素周期表的诞生过程，掌握化学元素和元素周期律的相关知识及其实际应用，还可以近距离感观种类丰富的元素单质和矿物实物，亲身感受化学元素的神奇魅力。

物质世界究竟由什么组成？从古至今，一直是人们不断探寻的奥秘。中国古人认为，金、木、水、火、土"五行"是构成物质世界的本元，古希腊也有土、气、水、火"四元素"之说。中国古代神秘的炼丹术发现的汞、硫、碳、铅等单质物，欧洲炼金师找到的硫、汞、磷、金及其相应化合物，以及之后提出的"以太说""燃素说"等，都是人类试图溯本寻源、删繁就简，寻找构成大千世界万生万物本元的不懈探索。到19世纪中叶，欧洲的化学家们通过分析、实验，相继获得了大量关于元素和化合物的知识，发现了大约60个元素，并积累了这些元素的原子量数据，为寻找元素之间的内在联系奠定了基础。

化学元素周期律发现的过程，就是科学家们不断接续实验、总结、归纳并逐步走向成功的艰难探索历程。早在1817年，德国化学家德贝莱纳就注意到，某些三元素组合显示出一种特殊的关系，比如，溴的原子量介于氯和碘的原子量之间，这三种元素的化学性质非常相似，锂、钠和钾也是具有类似特性的三元素组合。1862年，法国化学家尚古多提出元素性质有周期性重复出现的规律，并将当时已发现的62个元素按原子量大小循序标记在绕着圆柱体上升的螺旋线上。1864年，英国化学家奥德林公布了一张比较详细的元素周期表，表中的元素基本上按原子量递增的顺序排列，体现了元素性质随原子量递增出现了周期性的变化。英国化学家纽兰兹注意到，按照原子量递增的顺序排列已知元素，每8种元素的化学性质就会重复出现。1865年，他在一篇论文中将这种特性称为"八音律"，为门捷列夫最终揭示元素周期律做了重要铺垫。

俄国化学家门捷列夫在总结前人研究成果的基础上，锁定元素的"原子量"这一最基本的特征，据此探索原子量与元素性质之间的关系。他发现，若将已知的化学元素按原子量的顺序排列，在规律性的间隔（或周期）内就会呈现出相似的性质。1869年3月1日，这是化学史乃至科学史上值得铭记的日子。这一天，门捷列夫发表了第一张元素周期表，并在当年的俄罗斯化学会上宣读了他的论文——《元素属性和原子量的关系》，阐述了化学元素周期律的基本要点。该定律不仅揭示了已知化学元素之间深刻的家族关系，还能预测那些尚未发现的元素的存在，可谓意义重大、影响深远。

之后的科学家们以原子序数为主排列元素，修正、完善了门捷列夫元素周期表，并据此至今已发现118个化学元素。150年来，元素周期表与时俱进，在科学、技术、社会等维度上发挥着重要的作用。较之于门捷列夫当年的元素周期表，今天元素周期表的内涵已大大拓展，那些整齐方格排序中所体现的不仅有元素的化学性质，还有元素的丰度、熔点、放射性等多种属性的规律。元素的这些神奇特性，帮助人们将视野从元素周期律扩展至世间万物的普遍规律，有助于人类认识和利用科学规律服务自身、改变世界，推动社会进步发展。这正是：

科研旨在揭奥秘，元素排序有规律。
化学探源知结构，原子计量寻关系。
攻关自古疏捷径，成功从来亲汗滴。
纽兰兹后有门氏，总结归纳得周期。

天道从来酬辛勤

2019年12月1日下午，中国科学技术馆二层恐龙广场人头攒动，2019 Robo Genius全球青少年机器人挑战赛总决赛正在紧张进行。200支从Robo Genius全国各地比赛选拔出来的中小学生战队齐聚这里，经过预赛、淘汰赛、半决赛和决赛，最终，来自河北保定的图灵雄鹰战队和图灵特战队一路过关斩将，高歌猛进，分别获得小学组总冠军和初中组总冠军。

一直在赛场围栏外紧张观赛、来回徘徊的保定图灵战队的领队兼教练索淑群先生，得知自己所带领的两支参赛队伍双双夺冠，高兴地跳了起来，抡起两只拳头使劲地朝着空中击打。这真是：

过关斩将展雄鹰，特战夺冠慰图灵。

付出终归有收获，天道从来酬辛勤。

2019 Robo Genius全球青少年机器人挑战赛总决赛由中国科学技术馆主办，大赛作为该馆“大国小工匠”品牌活动的重要组成部分，聚焦人工智能和机器人技术。“大国小工匠”是中国科学技术馆2017年创办的一项品牌教育活动，旨在面向8至12岁少年儿童，以STEAM教育［即集科学(Science)，技术(Technology)，工程(Engineering)，艺术(Art)，数学(Mathematics)多领域融合的综合教育］理念为指导，弘扬“工匠精神”，通过赛、训、学相结合的形式，训练少年儿童的创新思维，培养、提升其综合运用知识、动手操作、专注精益、团队合作、临场应变、应对挫折等方面的能力。

作为合作伙伴，优必选科技和科启未来两家公司负责协办总决赛，创客星球公司予以支持，浙江卫视现场直播颁奖仪式和闭幕式，演绎了科技场馆、高新科技企业和电视媒体共同探索青少年科技教育新形式的一次成功合作。

在和科启未来公司负责与参赛选手联系的李凯兵老师交谈中，我们都有一个共同的感受：一个在北京举办、与小升初和中考毫不挂钩的技能竞赛，竟能引起全国各地那么多的孩子报名参加，并得到孩子家长的积极响应和鼎力支持，不能不让人感到意外和惊喜。

在颁奖仪式上，优必选公司首席品牌官谭旻先生告诉我，每个参赛战队由两人组成，参赛选手需要利用主办方统一提供的拼装道具，自主设计、搭建机器人，通过编程操控机器人进行同场竞技对抗，争夺“绿茵小将”荣誉，裁判将根据参赛选手各自利用机器人执行夹球、踢球、运球、进球等任务所获得的分数，来决定双方最终的胜负。

丁炫博，男，12岁，山东省淄博市张店九中六年级二班学生。2019年国庆节期间，他和父母来到中国科学技术馆参观，无意中得知馆里将组织举办2019 Robo Genius全球青少年机器人挑战赛，在好奇心驱使下，他遂报名参赛。这下可好，之后的每个周末，丁炫博都和小弟弟一起，在母亲的陪同下，从淄博乘高铁来到北京，在中国科学技术馆接受赛前训练。

北京石景山银河小学五年级一班有个叫宁可萱的小女孩，今年只有10岁。这孩子是中国科学技术馆的常客，也是馆里招聘的小小志愿者，2019年整个国庆节期间，她白天在“儿童科学乐园”给小朋友当义务讲解员，晚上就一直参与馆里所举办的“科学之夜”志愿者活动，深受科技馆大哥哥、大姐姐的喜爱。报名参加机器人挑战赛后，她结识了丁炫博，两人遂组成搭档，经常利用微信探讨比赛战术、竞技攻略，成为好朋友。

机器人挑战赛颇具对抗性、趣味性和观赏性，需要综合考验参赛选手在机械结构设计、逻辑编程、操控技术、策略执行和团队配合等方面的能力。让丁炫博、宁可萱的父母感到欣慰的是，两个孩子参加这个赛事尽管没有获得名次，但却更加热爱科学，学习的自觉性也大为提高，放学后都是赶紧先把作业做完，然后再抓紧时间研究比赛，查阅资料，切磋技艺，不再让家长为他们的学习操心。

李凯兵老师还给我讲了另外一个故事。北京市西城区什刹海小学四年级二班的青爽同学，是一个年仅10岁的小男孩，没有参加比赛之前，孩子的父母一直头疼小家伙注意力不集中，学习经常分神。自从报名参加机器人挑战赛后，小青爽像换了一个人似的，学习积极主动，做事认真专注，团队意识、协作精神大大增强。比赛结束后，母亲问青爽今后是否还参加这样的比赛；他回答说，想参加但不准备再参加了，因为要花家里很多钱。孩子懂事了，知道体谅父母挣钱不易，这一点让青爽的母亲感到十分欣慰。

作为全国青少年科普教育的重要基地，中国科学技术馆一直致力于开发广大青少年喜闻乐见的科普教育活动，并希望与更多高新技术企业合作，打造更多让孩子们喜爱的品牌教育活动。现场观赛，参加颁奖，即兴讲话，多有感慨，赋诗一首，以表情怀。

大赛聚集青少英，人工智能作领引。
组装动手操作快，实战比拼思考勤。
竞技还需知识富，夺冠更要配合精。
寓教于乐乐翻天，馆企合作总关情。

容颜衰失为果丰

每到秋冬交替时节，北京钓鱼台的银杏林就游人如织，但见满树金黄、金箔堆地，四处可见欣赏美景的老人孩子，拍摄婚照的浪漫情侣，举着长枪短炮的“拍客”……不由得想起宋代诗人葛绍体所作《晨兴书所见》七言绝句：“等闲日月任西东，不管霜风著鬓蓬。满地翻黄银杏叶，忽惊天地告成功。”诗人目睹深秋满地翻滚的银杏落叶，猛然惊觉一年又将过去，感叹日月如梭，两鬓已尽染秋霜。年近花甲的我，观景赏诗，感同身受。

银杏，又名白果树、公孙树、鸭掌树，为银杏科银杏属落叶大乔木，是果树中寿命最长的树种，也是现存裸子植物中最古老的孑遗植物。早在3.45亿年前的石炭纪，作为裸子类植物萌芽性树种，银杏就已存在于地球广袤的森林之中。在侏罗纪晚期，银杏与其他裸子植物一道进入了生长最旺盛时期；这期间，它与恐龙为伍，见证了鸟类的产生和被子类植物的兴盛。到了白垩纪晚期，大约是在50万年前的第四次冰川运动中，银杏开始衰退并在中国之外的地域基本灭绝，成为第四纪冰川时期遗迹植物，故有“植物活化石”之美誉。

银杏属长寿树种，我国目前在许多地方存有树龄超过千年的银杏树。古银杏树姿高大、枝体虬劲、雍容华贵、冠若华盖、树干挺拔、葱郁庄重，具有极高的观赏价值并蕴涵丰富的精神内涵，往往成为所在地的文化地标和亮丽风景线。据媒体报道，福建福泉市黄丝乡李家湾村的一棵古银杏树号称目前全世界有文字记载的古银杏树中树龄最长者，估测约有6000多年生长史。这棵银杏树为雄性植株，高50米，胸径4.79米，树冠覆盖600多平方米，在2016举办的第四届中国(邳州)银杏节上入选中国“十大最美古银杏”，2001年载入吉尼斯纪录。

河南方城县四里店乡达店村的两棵千年古银杏树，因诗仙李白曾专门为其赋诗而享誉中原大地。两树胸围都在6米左右，树高15米多，相距约10米，左边那棵的主干上还长出了一棵黄楝树。相传唐天宝十二年，李白一行从鲁山赴方城途经达店村，时逢陕西岳员外为达店银杏树举办祭祀宴会，便在酒酣之时询问祭祀之事。员外告诉李白，每当两棵大银杏的树影映进自家祠堂，落下一片银杏叶，天上就会掉下一锭元宝于岳家，故岳家将两树奉若神明，年年祭祀并设宴答谢。于是，李白趁着酒兴挥笔留下赞美诗句，以谢主人款待之情：“达店神树横空里，日映树影到陕西。岳门祠堂银杏树，中原何处不仙机。”

银杏可谓全身是宝，树可绿化，叶具观赏，干作木材，形为美景。银杏的果实叫白果，能食用，煎、炸、炖、烧、焙均可，味道鲜美，营养丰富。白果连同树叶皆可入药，果实和核仁具有祛痰、止咳、润肺、清经、利尿等功效，银杏叶中含有的黄酮甙和黄酮醇，据说对皮肤美白祛皱有特效。银杏在树木学、植物学的独特地位，使得全世界许多植物学家倾尽全力对其进行研究，中国工程院院士曹福亮就是痴迷于其中的研究者之一。

曹福亮曾任南京林业大学校长，现为中南林业科技大学名誉校长、中国林学会银杏分会主任委员，长期从事森林培育学教学和科研工作，一直致力于银杏等树种的良种选育、培育、加工利用和森林文化等方面的研究，特别是银杏研究在国内外同行中具有较大影响，其中“银杏高效利用和产业化研究”等4个项目分获国家科学技术进步奖二等奖。曹院士有关银杏研究的著述颇丰，包括《中国银杏》《银杏》《中国银杏志》《银杏资源培育及高效利用》《银杏培育机理与加工利用》等。而我最感兴趣的却是他组织编写的《听伯伯讲银杏的故事》这本科普图书，该书曾荣获2014年度国家科学技术进步奖二等奖（科普类）。作者通过构建银杏的50个核心知识点，从儿童观察事物的角度入手，以长辈给孩子们讲故事的方式娓娓道来，把银杏知识讲得活灵活现，图、文、诗并茂，知、情、景交融，实乃原创少儿科普图书典范。作者在前言中写道，一本成功的少儿科普读物，同时也应该起到对成人进行科普教育的效果。我读此书，深以为然。

2019年10月22日，我赴木樨地中国科技会堂参会，见停车场银杏成行，独成一景。远观之，或满树绿叶葱郁，或枝叶衰残枯黄。抵近细察，见枯黄衰残者皆为银杏雌树，但见果实满枝，金黄密实，方悟知乃雌树竭奉养分滋润满树果实劳累所致。植物尚如此，为人母更伟大。时逢慈母八十有三寿辰之际，触景生情，观银杏思慈母，深感育儿不易、母爱无疆，谨赋诗一首，以贺母寿，并谢母恩。

雌雄连株叶不同，雌已枯黄雄郁葱。
谁知育子竭养分，容颜衰失为果丰。

火树银花竞相妍

人在幼时富疑猜，科学启蒙心智开。

铺就思想畅飞地，无拘无束画未来。

2019年10月16日晚，在中国科技馆二层恐龙广场，100多个孩子趴在地上，在一块200平方米的巨型画布上尽情竞笔涂鸦，共同用色彩和幻想描绘各自心中未来的科学世界。这是中国科技馆2019年“科学之夜”深受孩子们喜爱的公众参与项目——“科学画未来”的动人场景。

2018年，中国科技馆首届“科学之夜”一炮打响，这既给了项目策划人、馆展教中心副主任叶菲菲莫大的欣慰，同时也给她带来了巨大的压力。她和伙伴们把2019年“科学之夜”活动的主题确定为“科学、科幻、艺术融汇共生”，以全新的面貌庆祝新中国70华诞和中国科技馆新馆开馆十周年。活动内容包括“科学真好看”“科学真好听”“科学真好玩”以及“科学画未来”4大版块，按国庆长假和中国科协“国际会议周”两个单元开放，为观众打造一场精彩的科学盛宴。

在“科学真好看”板块，“科幻机甲秀”成为最受孩子们欢迎的项目。馆外西广场首次展出了由中央美术学院城市设计学院青年教师孙世前与范尔蒴联合创作的“丝路机甲·起点”巨型机甲装置，以及十二生肖主题人形机甲系列。利用声光电等高新科技手段，通过机甲群内部灯光变换，辅之以外部灯光点缀，衬托奥运塔美轮美奂的灯光秀背景，整个西广场浸淫在色彩多姿、神秘莫测、变幻多端的光影氛围中，给观众营造了一个未来机器人世界的梦幻景象。

据孙世前介绍，“丝路机甲·起点”巨型机甲装置身高10.1米，是世界上第一个融合传统文化与现代艺术的大型地标式机甲艺术作品，创作灵感源自天安门广场的正阳门。前些年，由外国人设计的机甲作品曾在前门展出，这对他刺激很大，于是便发誓要创作由中国人设计、具有中国元素的巨型机甲作品。而完成这样的艺术创作不仅要有丰富的艺术想象和高超的设计能力，还需要掌握机械性能、自动控制技术以及材料特性，并充分考虑机甲装置的稳定性、安全性、可靠性和实操性，是一项将设计、制造、控制、表演高度融合的高超造型艺术。2018年，孙世前实现了自己的诺言，将这款作品摆放在正阳门展览，意蕴守护“丝绸之路”上这一“商贾远行的起点，万国来朝的终点”大门，让中国机甲艺术设计制造水平一下子就跑到了世界前列。

让游客感到惊喜的还有，首次在首都展出的“天和号”空间站核心舱实物也在西广场“现身”。核心舱是空间站的主控舱段，分对接舱和生活控制舱两部分，主要执行控制整个空间站的飞行姿态、动力性和载人环境的任务。在紫红色神秘灯光的闪耀下，公众通过零距离参观空间站核心舱实物，直接观看、考察航天员的工作、实验及寝食区域，可真切地感受航天员工作、生活环境的艰苦以及保障技术的先进，从而激发自豪感，增强探求欲。

10月中旬，由中国科协主办的2019世界公众科学素质促进大会、首届世界科技与发展论坛、国际科学理事会执委会会议，以及中国自然科学博物馆学会主办、中国科技馆承办的“2019‘一带一路’科普场馆发展国际研讨会暨中国自然科学博物馆学会年会”等一系列国际会议，先后在奥林匹克园区召开。10月15日的“科学之夜”

国际会议专场，来自北京“湖广会馆”的艺术家们为会议代表专门表演了国粹川剧变脸和京剧《大闹天宫》。眼花缭乱的变脸表演和精彩绝伦的孙悟空与天神的打斗，让到场的外宾们目瞪口呆，惊讶不已，喝彩不停。

川剧脸谱和川剧变脸形成于清朝，是历代川剧艺人共同创造传承的艺术瑰宝，距今已有两百多年的历史。变脸是川剧中的独特表演艺术，集写实、娱乐、夸张、技艺于一体，表演中融入多种唱腔、舞蹈动作，重在通过变脸来表现人物内心世界的变化，常常在表演的高潮部分压轴出场，这一象征巴蜀文化的绝活广获观众喜爱。

变脸表演又分整脸变和局部变脸两种，或是更换整张脸谱，或是改变整张脸的颜色；变脸的次数又有“三变脸”“五变脸”“九变脸”之分，尤以“九变脸”最难。传统表演大都通过“吹灰变脸”，现已发展为运用抹脸、吹脸、扯脸、转头、复脸、运气等技艺，极大地丰富了表演内容，提高了表演难度，发展了变脸表演艺术。现代变脸表演还运用了虚拟现实技术，加入了动漫人物形象，让人耳目一新，使得艺术生命力更加旺盛。这真是：

科馆十月不夜天，火树银花竞相妍。
川剧变脸客惊诧，悟空闹天神翻掀。
擎天钢侠呈智艺，天和雄姿秀美颜。
夜以继日丰施教，喜听孩童笑语喧。

冰轮皎洁耀寰球

2019年11月2日至10日，第七届北京国际科技电影展将在北京科学中心、北京天文馆、中国古动物馆、北京自然博物馆和朝阳规划艺术馆5个场馆联合展映。本届影展以“科学之美”为主题，将展映来自14个国家的37部优秀科技电影，涵盖2D、3D、球幕和4D动感多类型影片，内容涉及月球探索、动物萌宠、科技达人、恐龙灭绝等题材，引领观众探索科学的奥秘，感受艺术的魅力，踏上科技电影视觉奇幻之旅。

令人欣慰的是，影展共有17部国产片，占全部参展影片的46%，其中包括我国首部3D探月科普影片《奔向月球》和极具震撼力的4D影片《撞击与生命》。《奔向月球》聚焦“中国探月工程”，全面介绍了该工程从探月到登月再到驻月三个科学探测的全部阶段。《撞击与生命》以地球生命演化历程为主线，着重介绍了恐龙从2.3亿年前在地球上出现，到6500万年前突然灭绝的兴衰盛灭历史。

而就在一个多月前的9月中旬，我和同事一行刚参加了在加拿大不列颠哥伦比亚省（又译作卑诗省）举办的“2019大银幕影院协会年会”，会上展映的20多部科技电影由加拿大IMAX公司、美国MFF影片公司等制片巨商精心打造，包括《宇宙的奥秘》《阿波罗11号》《触摸星空》《吴哥窟——失落的柬埔寨文明》《古代洞穴》《恐龙迷——戴娜》《隐藏的太平洋》等优秀科技电影。遗憾的是，无一部是由中国拍摄，着实令人汗颜。据常年参加协会业内活动的圣瞻影业公司负责人、新西兰籍华人邱明春先生介绍，中国科技电影鲜有参加展映的，希望我们加油。这真是：

卑诗九月劲秋风，花盛林茂枫色浓。

各路英豪呈新片，全球银幕竞缤纷。

杵磨悦目提科素，柯烂赏心助启蒙。

空手会盟羞华客，何日呈献亦惊鸿？

大银幕影院协会是世界大银幕电影行业性联盟，旨在推动全球大银幕电影发展和全球大银幕设备更新，以及大银幕影片制作发行。协会成员来自全球20多个国家的260余家单位，中国科技馆为会员单位之一。年会活动内容包括新片展映、商业洽谈、学术研讨、佳片颁奖等，同时全天播映参展优秀影片。这次展映的《大熊雨林》影片给与会者留下深刻印象。该大型纪录片由加拿大和美国MFF影片公司联合拍摄制作，是第一部以加拿大原住民为主题的影片，展示了大熊雨林这个隐藏在地球上最僻静荒野地带的美丽风光，首次通过IMAX巨型屏幕让观众体验到了震撼人心的自然景观和缤纷动植物世界。

大熊雨林地处北美，南起加拿大卑诗省发现群岛，北至美国阿拉斯加最南端，海岸线绵延400多公里，占地面积6.4万平方公里。美国《国家地理》杂志称其为："北美最野性的地方"。熊是这片地球上最大原始温带雨林的主人，因此，这里便有了一个可爱的地名"大熊雨林"。

大熊雨林古树参天、雨水充沛，湿润的气候和茂密的森林给无数动植物提供了适宜的栖息地，其生命数量超过亚马孙热带雨林。在这块地球上仅存的温带雨林里，生活着包括地球上最稀有的白灵熊在内的大量野生动物，以及已在这里生活超过了一万年的原住民。正是这些原住民保护了这片极为珍稀的领地，影片中白灵熊与原住民亲密无间、和谐相处的镜头令人印象深刻，让人感动不已。

据悉，《大熊雨林》创作团队单在大熊雨林地区拍摄就花了三年时间，拍摄地沿太平洋溯流而上至鲑鱼河谷，从北落基山海岸山脉至冰雪覆盖的阿拉斯加，拍摄的动物包括森林中的海狼、灰熊、黑熊，海里的海獭、座头鲸、海狮，河流中的鲑鱼，以及空中飞翔的白头鹰、花魁鸟等。其中憨态可掬、笨重可人的白灵熊最为引人瞩目，它是大熊雨林最为独特的动物，现存预估不超过400头，比中国的野生熊猫还要珍稀。白灵熊实际上是黑熊，因披着乳白色的毛皮而得名，据说平均每10头黑熊才有可能孕育出一只白灵熊。

我在2019年的世界地球日，即4月22日，曾在中国科技馆主办的北京国际电影节"科技单元"上观看过《大熊雨林》，此次重温，又有新感触，特作诗一首，祈愿各国人民携手保护环境，珍惜地球这一人类共有的家园。

大熊雨林在美加，千年古柏老藤爬。

遮天蔽日涵水富，绕石缠林取景华。

人迹罕至动物幸，客影常来环境差。

难得地球存净土，珍惜敬畏莫糟蹋。

参加大银幕影院协会年会期间，正值中国传统节日中秋节，身处异国他乡，在驻地一中餐馆饭后赏月品茗，不免思乡念故，感慨万分，遂赋诗一首，以表情怀。

冰轮皎洁耀寰球，异域游子悲中秋。

冷蟾幽泻滋牵挂，温壶殷倾溢离愁。

食丰味疏思团饼，花繁香陌念忘忧。

借得浮云伴月去，梦里婵娟同聚首。

满目琳琅皆惊异

“700多年前，一位名叫马可·波罗的意大利旅行家踏上了前往神秘东方的漫漫长路。在他之前，已有许多先驱者探索过这条路；在他身后，又有无数后继者拓展这条路。这条历经千载、绵延万里、横跨欧亚、纵贯古今、联通全球、载满传奇的道路，就是举世闻名的丝绸之路。”

这是“做一天马可·波罗——发现丝绸之路的智慧”（以下简称“做一天马可·波罗”）主题展览“前言”中的开场白，该展览2020年1月2日在中国科学技术馆正式揭幕亮相。“我们想通过第一人称视角代入的方式，让观众‘化身’古代旅行家或丝路商人，‘切身’感受沿陆上丝绸之路和海上丝绸之路传播的古代科技与物质文化，进而体会到古代丝绸之路在实现沿线地区互联互通、经济繁荣、贸易互补、民心相通等方面发挥的重要作用，并对‘一带一路’倡议所书写的美好愿景产生向往与憧憬。”作为展览主要策划人，中国科学技术馆古代科技展览部副主任赵洋研究员告诉笔者。

“一带一路”倡议提出后，以丝绸之路历史为主题的展览遂成为文博界热点。据悉，国内有关博物馆已举办相关主题展览十余个，国外举办与“马可·波罗”主题相关的展览，数量同样可观。但是，这些展览大多以文物为展示核心，以历史文化为主要展示内容，以静态陈列为主要展示手段。“做一天马可·波罗”却是一个重点讲述中国在古今丝绸之路上科技贡献的互动展览，丝路上众多名垂青史的历史人物在探险历程中所发生的各种故事与奇异见闻，无疑将激发起公众更大的参观兴趣和热忱。这正是：

“一带一路”成焦点，丝绸之路亮光鲜。

国家场馆重辟径，主题展览善夺眼。

古代科技延贡献，互动体验聚欢喧。

传统现代融合妙，文化传播长久远。

“做一天马可·波罗”展览由“对异域的想象”“带什么商品去中国”“驿站与驿道”“漫游古代中国”“海上历险”“世界在变”6个展区构成，策展者期望从历史、文化和科技三个维度，对“发现丝绸之路的智慧”这一主题，以及与古代丝绸之路相呼应的今天“一带一路”倡议的重大现实意义和深远历史意义，进行全方位的诠释。

你可以以马可·波罗这一古代探险者的视角，考察丝绸之路动态地图上的物产、知识及其交流情况，继而展开丝绸之路两端东西方文明各自“对异域的想象”。你也可以流连于欧洲和西亚集市，了解当地如宝石、玻璃、西域香料等特有商品及其加工工艺、使用方法，以及古代贸易中的数学、度量衡知识等，并考虑应该“带什么商品去中国”。踏上元代发达的“驿站与驿道”，你可以感受古代邮驿系统的高效快捷，了解古代商旅经常使用的马具、坐具、乐器等物品及其蕴含的科技原理，以及这些器物沿丝路的传播与演变历史。“漫游古代中国”，你可以体验纺织、古法造纸、拓印和木版水印等中国传统技艺，了解其中的科技原理、工艺流程及其传播范围以及对世界的影响。你还可以从古代泉州港乘海船“出发”，借助古代中外导航与航海技术，跨越南海和印度洋，体验“海上历险”。在最后的“世界在变”展区，你可以跨越时空，回顾、总结沿丝绸之路传播的古代科技对近现代科技的影响，从而体会千百年来因沟通融合造就的科技进步使世界发生的翻天覆地的变化。

策展者把这个展览的受众定位为：科技馆常规观众，对丝绸之路历史有兴趣的受众，以及对中国有兴趣的国外受众。参观完毕，历史、文化和科技这三条对展览主题诠释的脉络，可谓清晰可见。丝绸之路是古代不同地域建立贸易、科技、文化交流体系的重要桥梁，繁荣了当时世界的经济与文明；如今，“一带一路”倡议同样旨在打破贸易壁垒、消除文化隔阂、规避价值冲突，促进全球新的经济繁荣与文明进步。从古代的丝绸之路到今天的“一带一路”，沿线多彩多姿的文明范式，创造了丰富多元的物质与精神文化，为今天不同文明包容共存、交融互鉴奠定了坚实的基础。人类在不同的历史阶段为解决共同的生存与发展问题，各自发明创造了相似或不同的解决办法，通过丝绸之路交流沟通，促进了科技的进步和社会的发展；今天，期待“一带一路”沿线国家和人民创造发明的新的智慧，能为构建人类命运共同体做出更大的贡献。

“做一天马可·波罗”，在中国科学技术馆“重走”一次“丝绸之路”，神驰“一带一路”倡议愿景，不禁感慨万分，遂填《清平乐》词一首，以表情怀。

丝路迤逦，漫漫东游记。满目琳琅皆惊异，华夏古国神秘。

文化科技传播，互通商贸跃活。今日新开展览，犹忆马可·波罗。

第三篇

友情·年华

上善若水水温柔，针尖麦芒至此收。

佛祖慈悲胸似海，宽厚待人人俯首。

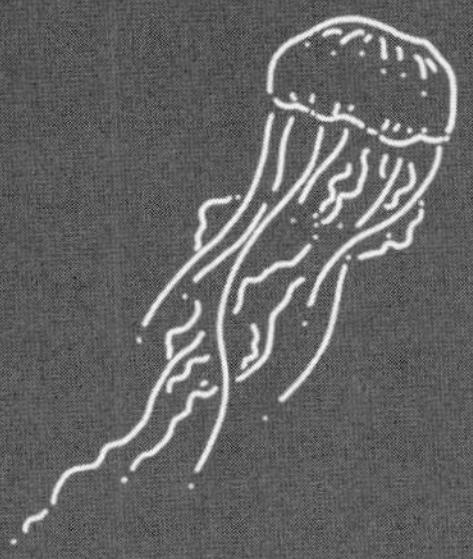

高峰论坛话人因

学术会议彰严谨，优秀报告动人心。

故事虽小意义大，人因工程也关情。

即使是严肃的学术会议，有的人做的报告不仅让你受益匪浅，还会深深打动你，让你铭刻于心。下面讲的故事，是我在第四届(2019)中国人因工程高峰论坛上听到的，讲述者是解放军原副总参谋长葛振峰上将。

“人因工程很重要，它可为预防人为差错和事故提供思路和方法。事情发生在1985年8月，我当时担任原沈阳军区副参谋长。那年7月底，丹东地区接连下了好几天大雨，鸭绿江上游4个大水库全都灌满了水。进入8月，雨过天晴，丹东老百姓都在庆丰收；我从部队气象部门了解到，未来一周这个地区还有一次更大的降雨过程，而且大到能把那4个大水库再灌满一次。8月8日，我赶紧打电话通知丹东市领导，让他们提前做好防洪准备。

“丹东位于鸭绿江下游接近黄海位置，与朝鲜一江之隔，对面就是新义州。其时，丹东市委书记是清华水利系毕业，市长曾任辽宁省水利厅厅长，两人都是水利方面的专家，接电话后把我一顿奚落，说他们那现在天气晴朗，何来洪水可抗？我觉得事态严重，第二天赶紧从大连飞过去，给市里五大班子详细分析下一轮强降雨气象资料，问他们再降暴雨水往哪存？鸭绿江出黄海的口子很窄，上游水库如果决堤，会不会把丹东都淹了？

“市长书记一听紧张了，赶紧一块研究应对办法，最后决定将三个低洼地区的人全部迁走用作泄洪，同时垒高加固沿江堤岸。4天后，暴雨洪水果真来临，由于准备充分，丹东安然无恙，没死一个人，朝鲜的新义州则损失惨重，联合国都出动救援了。

“事后，书记市长非常激动。他们说，部队太有担当了，你们可以事先不理我们，等洪水来后再组织抢险，那不仅风光还可以立大功！另外，你们提醒了我们，让低洼地段老百姓把家搬了，把庄稼提前收了，把牲畜也宰了，万一暴雨没有来，那得承担多大的责任啊？两位市领导一再表示，部队对丹东人民这么好，我们一定要做好拥军工作！”

人因工程学是近年来随着科学技术进步与工业化水平提升而迅猛发展的一门综合性交叉学科，主要致力于研究人、机器及其工作环境之间的相互关系和影响，以求实现提高系统性能且确保人的安全、健康和舒适的目标。早期的人因工程主要研究人与机器之间的关系，因而又叫人机工程学，或人类工效学。葛振峰上将的故事把人因工程学拓展到了社会管理学层面，可见老将军对这门新兴学科的概念把握得非常准确、到位。

中国人因工程高峰论坛由中国航天员科研训练中心人因工程国家级重点实验室倡议发起，实验室主任为现任中国载人航天工程副总设计师的陈善广研究员，他是国际宇航科学院院士，一直是这个论坛的主席。本届论坛2019年11月16日至17日在广州中山大学举行，论坛以“人因设计与测评”为主题，旨在为政府、学界和企业代表提供一个共商人因工程科学基础研究、成果转化与产品创新设计的高层次对话平台，在更广范围、更高层次、更深程度上将国防科技工业进步、军队现代化建设与社会经济发展结合起来，研讨人因设计发展规划，分享人因工程研究成果，深化人因工程在智能装备、创新设计、医疗健康、智慧城市、互联网和国家安全等领域的引领和促进作用。

人因工程倡导“以人为中心”的设计理念。阿里巴巴技术委员会主席王坚在开幕式上做了题为“人因工程与城市大脑”的特邀报告,他以这次参会观察到的两个小案例作为开场白,一下子就把人因工程这个复杂问题通俗化了。入住中山大学学人馆酒店时,这位阿里云的创始人发现,所住楼层显眼位置的指示牌上,包括自己房间在内的好几个房间号竟然没有被标出,让自己在楼道里好一顿转悠才找到客房。这就是人因工程设计的一个败笔。他举的另一个例子是:学校教学楼里进出的门,他不知道如何打开,除非门上面写了“推”或者“拉”的字样。他认为,人因工程最重要的就是处处以人为本,处处从方便人的角度进行设计。为什么不能把“推”的门设计成没有把手,把“拉”的门设计成带把手,这样不就可以一看就知道哪扇门应该是推开,哪扇门应该是拉开了吗?

葛振峰将军的故事同样给我们以启示:抗洪也涉及人因工程问题,管理者要处理好人与自然、人与社会、人与人之间的关系;而要把人因工程优势发挥到极致,除了需要解决相应的技术问题外,还需要领导者有担当精神,有强烈的责任感和事业心。这正是:

北国风寒叶凋零,南岭日暖艳紫荆。

一流专家聚中大,高峰论坛话人因。

以人为本重实践,从设入手贵用心。

交叉学科互融合,研讨担当促创新。

笔走匕枪刺时弊

方成是我国著名漫画家、杂文家、幽默理论研究专家，1918年10月出生，按中国人习俗称，如今已是百岁老人了。

方寸之间内涵多，
成王败寇任数落。
漫云讥讽数笔易，
画因《过堂》几载搁。
大郎开店恶念破，
《手术》刀解陋习剖。
笔走匕枪刺时弊，
赞歌谨颂百岁哥。

这是2017年年初我为漫画大家方成百岁翁写的藏头赞美诗。

方成，原名孙顺潮，因母亲姓方，遂用方成作为笔名。方老早年毕业于武汉大学化学系，曾在黄海化工研究社做过助理研究员，是个典型的理工男。1946年到上海谋职，他先后被聘为《观察》周刊漫画版主编及特约撰稿人、《新民晚报》美术编辑，从此步入漫画创作职业生涯。新中国成立后，他一直在人民日报社任美术编辑，为《人民日报》国际版画时事漫画。1957年，因一篇讽刺教条主义的杂文《过堂》被划为“准右派”，方成一度被关进“牛棚”，中断漫画创作数载。

我喜欢方老的漫画，始于1979年在报纸上品读到他的《武大郎开店》漫画作品。画中，除了那位格外高大的顾客外，店内的所有伙计包括账房先生，都被方成画成了只有饭桌高的小矮个子。面对顾客的一脸疑惑，大伙计是这样解释的："我们掌柜的有个脾气，比他高的都不用！"

好一个"武大郎开店"！如今，"武大郎开店"已成俗语，成为嫉贤妒能代名词，可谓家喻户晓。

《武大郎开店》的成功，促成了新中国第一个漫画个人展。1980年8月的一个星期日，我走进中国美术馆观看"方成漫画展"，那些画在宣纸上的水墨漫画独具特色、寓教于乐、直指时弊，令人耳目一新，至今仍历历在目。《武大郎开店》《手术》《"公仆"》《官商》《裁小鞋》《伯乐相马》……成为改革开放后方成的漫画代表作。

近年来，我有幸在网上结识了方老的儿子孙晓纲先生，每天都能从他发的微信里了解到方老的最新近况。方老1986年离休后，致力于幽默理论研究，每天早起，天天书法、漫画创作，长年坚持不懈。方老常以中国民间传说和古代文学作品中人物为创作题材，尤其喜欢画钟馗、济公、鲁智深、布袋和尚等侠义之士。2017年10月28日，我见方老又画手持惊堂木威风凛凛的钟馗漫画，不禁口占一首附和助兴。

刚直不阿是钟馗，不握刀剑照打鬼。
终南山下风清净，浩然正气天地垂。

方成老每天都用一四字成语练字，内容如：上善若水、针尖麦芒、宽厚待人、真理简明、尽其在我、以小见大、跬步千里、长绳系日，等等。看得日子长了，我就忍不住将这些成语集句成诗，表达自己对老人的敬重之情。

上善若水水温柔，针尖麦芒至此收。
佛祖慈悲胸似海，宽厚待人人俯首。

从来真理最简明，勾三股四弦五行。

百岁大师做表率，尽其在我自慰心。

才高识远眼界高，以小见大方寸画。

大浪淘沙存真金，跬步千里始脚下。

长绳系日可回天，讽刺幽默力无边。

但运五寸辛辣笔，各类丑陋尽显原。

方成的漫画以构思奇特、观点鲜明、讽刺辛辣、幽默隽永见长，品后令人会心一笑、回味无穷。《“公仆”》中的那位古代官员，一边用“肃静”的牌子为坐轿张扬开道，一边闭目吩咐下属：“不要叫我‘老爷’，叫‘公仆’！”借古讽今，反话正说，怎不令人拍案叫绝？

在马屁风时常刮起的当下，这样尖锐的讽刺漫画已几近绝迹。方成树起的讽刺与幽默丰碑，后人还能超越吗？

2017年11月4日是个星期天，我贪睡到8点多才起床，此时，日头已上三竿。翻阅微信朋友圈，见方成老清晨早起，已作漫画三幅。百岁老人尚且如此勤奋，我等晚辈岂能懈怠，自当笃力奋进。遂起床读书，赋诗一首，自省自勉。

百岁巨擘笔耕勤，一晨三画世人惊。

半百后生三竿起，无颜直面羞汗淋。

淦星闪耀照寰球

2018年12月10日，是著名核物理学家、“两弹一星”元勋王淦昌院士逝世20周年纪念日。15年前，即2003年，在中国物理学会第八届全国会员代表大会上，一颗由中科院国家天文台1997年11月19日发现、国际永久编号为14558的小行星，经国际天文学联合会小天体命名委员会批准，被正式命名为“王淦昌星”。

小行星是太阳系内类似行星环绕太阳运动，但体积和质量比行星小得多的天体。这些天体不能清空其轨道附近区域，且主要集中在火星和木星之间的小行星带之中。自1801年1月1日意大利天文学家朱塞普·皮亚齐在西西里岛巴勒莫天文台发现第一颗小行星，至今人们已在太阳系内发现了大约127万颗小行星。

小行星的正式命名由两部分组成：国际永久编号和名字。今天，当观测者发现了一颗“新”的小行星，国际天文学联合会将首先授予这个天体一个暂定的编号，以便通过进一步的观测来确定它究竟是不是新发现的天体。当一颗小行星在至少4次回归中被观测到，其轨道又能够被非常精确地确定时，将得到国际天文学联合会小行星中心给它的一个国际永久编号。小行星的命名权通常属于它的发现者，小天体命名委员会一般根据发现者的提议来命名。对于已获得国际永久编号的小行星，发现者有权在编号后的10年内为它提出一个名字用于命名，并报小行星命名委员会审核批准。小行星中心每月都在其出版的《小行星公告》上，公布最新获得命名的小行星。

小行星的命名是天文学界赋予其发现者个人的一种权利，也是对发现者为天文学所做贡献的一种奖励。早期人们喜欢用希腊或罗马神话中女神的名字为小行星命名，女神名字不够用后，遂改用人名、地名、花名乃至机构名缩写来命名。对于一些国际永久编号为1000的倍数的小行星，人们通常以特别重要的人和物来命名，如1000皮亚齐、3000达·芬奇、6000联合国、8000牛顿，等等。据不完全统计，以中国科学家命名的小行星目前大约有近100颗，王淦昌先生就是其中之一。

作为一名杰出的科学家，王淦昌先生终身醉心于自己所钟情的科学事业。青年时期，仅仅通过在理论上提出验证中微子存在的实验方案，发现世界上第一个荷电负超子——反西格玛负超子，王淦昌就奠定了自己在国际物理学领域的牢固地位。晚年，他最早提出了激光惯性约束核聚变概念的雏形；与王大珩、杨嘉墀、陈芳允共同提出发展我国高技术（“863计划”）建议，更是彰显了他作为战略科学家的审时度势和远见卓识。

《中国核工业报》原副总编辑常甲辰讲述的王淦昌先生的两个科研小故事，令我印象深刻。一个是有关“变子”的故事：20世纪50年代初期，王淦昌与苏联科学家合作，对对方仅凭一个电信号就断言发现了一种新粒子——“变子”提出质疑，并明确表示这样的“发现”靠不住。事实证明王老判断正确。第二个是有关“第一粒子”的故事。还是和苏联科学家合作探测基本粒子，两国科学家在一张胶片上发现有一个很长的粒子的轨迹，于是，苏联科学家急于宣布发现了新的粒子，甚至打算命名为“第一粒子”。王淦昌则非常冷静，他认为发现新粒子的证据不充分，很可能是某种介子的反应，需要进一步分析、计算。最后证明这确实是一种介子的反应。在当时中国正“一边倒”全面学习苏联的情形下，王淦昌实事求是的科学精神和非凡的政治勇气实在令人钦佩。

作为中国核科学的奠基人和开拓者之一，王淦昌对我国核事业发展贡献巨大。1961年3月，受命开展核武器研制工作，他毫不犹豫表示“我愿以身许国”，并化名“王京”，隐姓埋名17年，战斗在青海高原、新疆荒漠，为我国原子弹、氢弹研制以及地下核试验成功做出了重大贡献。晚年，针对我国经济大发展、能源日益短缺形势，他率先提出和平利用核能，积极推动我国核电建设，为我国核电事业迈出艰难的第一步发挥了极为重要的作用。

2010年，我任职的中国科学技术出版社出版了《纪念核物理学家王淦昌文集》。当年12月10日，我主持召开《文集》首发式，纪念王淦昌先生逝世12周年；会上，即兴赋藏头诗一首，以表达对王老的怀念之情、景仰之意。

王老功勋驻千秋，
淦星闪耀照寰球。
昌业强军富国日，
颂偈献君祈愿酬。

传奇学界后评说

《一代宗师——马君武评传》(以下简称《马君武评传》)即将出版。对这本书的付梓,我想至少有4个人应该被人们记住。

首先当然是马君武先生。说到民国时期的教育家,史上有“北蔡南马”之美誉。马君武以其改造中国的封建教育体制、力推现代高等教育的理念而奠定了他在中国近代教育史上的地位,使得他与主张“思想自由,兼容并包”的蔡元培同享盛名。但是,现实中,尽管同为著名教育家,都是国民党元老级人物,蔡元培做过“中华民国”首任教育总长,马君武做过北洋政府教育总长,人们却很熟悉蔡元培,而很少有人知道马君武。个中的原因固然复杂,但恐怕与两人分别主政的北京大学和广西大学的名气高低过于悬殊不无关系。作为北京大学的第二任校长,蔡元培大力倡导“循思想自由原则,取兼容并包之义”,把北大办成了全国的学术和思想中心,使北大成为新文化运动中心、五四运动策源地,自然名垂千古。而马君武在南蛮之地白手创建广西大学,并两度出任校长,首开广西高等教育之先河,开创了广西大学抗战时期的黄金时代,不仅为广西的高等教育发展做出了杰出贡献,而且对整个华南乃至西南的教育发展都产生了深远影响,同样居功甚伟。因此,出版《马君武评传》,让今天更多的人了解马君武,无疑具有重要意义。

其次是这本书的作者郑公盾。公盾先生是我的前辈,我2010年4月16日就任科学普及出版社社长的那一天,正好是他去世19

周年忌日,冥冥之中似乎就和今天这本书的出版结下了缘分。郑公盾,1919年出生于福建长乐,大学先后就读于厦门大学化学系、广西大学政治系、协和大学历史系,研究生就读于浙江大学人类学研究所,可谓跨多学科复合型人才。公盾先生早年投身民族民主革命运动,17岁加入中国共产党;新中国成立后,历任浙江省文教厅研究室主任、《学习》杂志社代社长、《红旗》杂志社文艺组组长,为党的宣传工作做出过重大贡献。"文革"期间,他受尽磨难;1978年调任科学普及出版社总编辑,主管全社编辑业务工作,为恢复和重建出版社做出重大贡献,不愧为有远见、有胆略、有才干的出版家。公盾先生学识渊博,治学严谨,文笔勤奋,著述甚多,《马君武评传》乃是他众多著作中的一部。

《马君武评传》主要包括君武先生的生平、译著、诗作及译诗3大部分,另附有《马君武校长的好学生》文章,以及作者本人写的怀念马君武的相关文章。诚如作者所言,"吾爱吾师,吾更爱真理",该书无疑是一部颇具特色、真实记录一代宗师马君武先生的综合文集。据悉,除台湾地区曾出版过两部《马君武传》外,这很可能是大陆第一部有关马君武先生传记的图书。为此,我们应该记住郑公盾先生,尤其是他对马君武先生研究的独特贡献。

最后是郑公盾的女儿郑维女士,我认为,没有郑维的坚韧和执着,没有女儿对父亲的挚爱,《马君武评传》绝不可能面世。2009年,郑维在父亲去世18年后翻建老宅时,发现了父亲存放书稿的一个大箱子和几个大麻袋,《马君武评传》手稿就在其中。为了了却父亲的心愿,郑维提前退休,开始整理父亲留下的书稿,许多稿纸已经破损,许多字迹已经模糊,个中的艰辛难以言表,旁人甚至亲人常常都不能理解。我一方面惊叹于这部书稿的史料价值和出版意义,另一方面深为郑维女士感天动地的孝心和忠心赤胆的诚意所感动。

2013年，科学普及出版社出版了郑公盾先生的文集《科艺史话》，之后，我一直致力于支持《马君武评传》这部图书的出版。

当然，我们还需要记住这本书的责任编辑王晓义先生。晓义首都师范大学研究生毕业，当过中学老师，做过年级教导主任，对教育工作感情深厚且有独到的理解。显然，《马君武评传》不是那种能挣钱的图书，王晓义除了在编辑和出版上付出自己的智力和辛苦外，很可能还要承担因发行数太少而产生的经济亏空。我想，这就是编辑的道义，这就是出版人的社会责任。

《马君武评传》成稿于1988年，从公盾先生的“后记”可知，编著的目的一方面是为了纪念马君武先生，另一个重要原因是要为马君武校长被诬为“西山会议派”而“平反昭雪”。所谓“西山会议派”，就是早年国民党内反对孙中山联俄、联共、扶助农工三大政策的一个政治派别。该政治派别成立于1925年11月23日，以国民党中央委员会中的右派委员林森、居正、邹鲁、叶楚伧等为代表，因在北京西山碧云寺召开所谓“国民党一届四中全会”，通过了“反苏”“反共”“反对国共合作”等议案而得名。马君武因被段祺瑞政府任命为教育总长，脱离民国政坛，而被划入“西山会议派”。为马君武平反最有力的证据莫过于让史实说话，以多方面的资料和叙述还原历史之真相，再现马君武先生的高洁品格，以供后人公正评说。

掩卷《马君武评传》，有感于马君武先生的教育伟绩、后世影响、传奇人生、渊博学识、刚烈性格，特赋藏头诗一首，以表情怀，以作为此书《跋》的结尾。

一书珍贵史料多，
代跋沉思欲言何？
宗仰厚山施仁教，
师法道凝持文柯。

马骋八桂媲北蔡，
君富五车蕴胸罗。
武勇性烈却政坛，
传奇学界后评说。

注 道凝为马君武先生原名，厚山为其字。

科乐王子露真颜

20世纪30年代,英国国王爱德华八世(1894—1972)因追求爱情而选择主动退位,成为英国和英联邦历史上唯一自动退位的国王。“不爱江山爱美人”佳话,一直广为流传。

400多年前的中国,也有一位王子,不爱江山爱科学爱艺术,他就是明太祖九世孙、郑恭王朱厚烷的长子朱载堉(1536—1611)。1591年,朱厚烷去世,朱载堉理应继承王位,但他却7次上书推让,终得辞位去爵,归隐山林,遂潜心研究,著书立说,开辟出另一片光彩夺目的自由天地,成就了多学科高山仰止的学术伟业,被中外学者尊崇为“东方文艺复兴式的圣人”。这正是:

风流倜傥钟情专一不爱江山爱美人英伦温莎公爵传佳话,

志存高远兴趣广泛尤迷艺术迷科学明代郑藩王子留美名。

2018年5月30日,“爱科技的音乐王子——朱载堉科学艺术成就展”在中国科技馆举行开幕式;在之后的一个月里,将详细展示朱载堉在律学、乐学、舞学、历法学、算学、物理学、天文学、文学等领域所取得的辉煌成就,宣传这位百科全书式的伟大历史人物。

作为音律学家,朱载堉的最大贡献是证明了匀律音阶的音程可以取为2的12次方根,创建了十二等程律(又称十二平均律),该理论之后被广泛应用于键盘乐器。

作为乐器制造家,他精心制作出了世界上第一架十二等程律定音乐器——弦准和律管,把十二平均律的理论推广到音乐实践之中。

作为舞学家，他首创“舞学”，为舞学制定了大纲，奠定了理论基础；绘制大量舞谱和舞图，创作的“天下太平”字舞谱，为今天的团体操开了先河。

作为舞蹈家，他把踩高跷和抬花轿两种民间表演艺术结合起来，精心设计出高抬火轿的表演形式，提高了民间艺人的地位。

作为算学家，他是历史上用珠算进行开方运算的第一人，所开出的高次方程根精确到小数点后24位；在世界上最早解答了已知等比数列的首项、末项和项数，解决了不同进位制的小数换算问题。

作为计量学家，他对累黍定尺、古代货币和度量衡的关系等都有极其细密的调查和实物实验，特别是关于历代度量衡制变迁的研究一直影响至今；他还提出了一系列管口校正的计算方法和计算公式，精确地测定了水银密度。

作为历法学家，他经过仔细观测和计算，求出了计算回归年长度值的当时最精准公式。1986年，专家们用现代高科技测量手段对他关于1554年和1581年两年的计算结果进行了验证；结果发现，两次的误差值分别仅为17秒钟和21秒钟。

作为天文学家，他首次精确测得洛阳地区的磁偏角4° 48′，这是中国历史上第一个精确数值的地磁偏角记载。他还推算出北京的地理纬度。

作为文学家，他的诗词小令堪称批判现实主义文学的典范。

明代有许多科学家，公众对他们可谓耳熟能详，如李时珍、徐光启、宋应星等。但是，却很少有人知道并了解朱载堉及其在科技、艺术等领域所取得的伟大成就。朱载堉出生于河南怀庆府河内县(今河南省沁阳市)。沁阳素有“覃怀古郡，河朔名邦，商隐故里，律圣之乡”的美誉，可谓民风古朴，英才辈出。关于沁阳名人，人们都很熟悉“沧海月明珠有泪，蓝田日暖玉生烟”的晚唐杰出诗人李商隐，也很了解为掩护群众撤离英勇阻击日寇、宁死不降、舍身跳崖的“狼牙山五壮士”之一的宋学义，甚至还知道人民空军第三任司令员马宁将军；但是，却很少有人知道并了解作为“律圣”“乐圣”的朱载堉。翻开中国任何一本历史教科书，无论是小学的中学的还是大学的，都很难找到朱载堉的名字。对这种现象，英国现代生物化学家、科学技术史专家李约瑟博士曾有过一句辛辣的评论：“这真是不可思议的讽刺。”

中国科技馆是国家重要的科普基础设施，肩负着普及科学知识、弘扬科学精神、传播科学思想、倡导科学方法、提升全民科学素质的重任。适逢改革开放40周年、中国科协成立60周年、中国科技馆开馆30周年之际，以及第二个“全国科技工作者日”之时，中国科技馆与沁阳市人民政府共同举办“朱载堉科学艺术成就展”，对于弘扬科技传统，宣传优秀成果，增强文化自信，营造尊重劳动、尊重知识、尊重人才、尊重创造的良好氛围，促进创新创造，都具有重要的意义。

有感于斯，谨作诗一首《科乐王子露真颜》，以表情怀。

世说承运乃奉天，功名利禄众趋前。
七疏让国艺术幸，二数开方音律全。
累黍定尺度量衡，历法精算回归年。
文艺复兴东方圣，科乐王子露真颜。

林森树老更谦卑

2010年4月，我调任科学普及出版社社长、党委书记，任职5年间，有幸得到王麦林、金涛两位老社长的鼎力支持。时光荏苒，长者风范仍历历在目，终生难忘；岁月悠悠，贤者品德似山高水长，常润心肺。

王麦林，又名麦林，1939年参加革命，曾任八路军120师宣传员、文化教员，是名副其实的“老八路”；1945年延安军委外文学校俄文系毕业后，一度参与人民空军创建工作，历任东北民主联军航空学校俄文教员、翻译，空军训练部编译科副科长、翻译科科长等职。新中国成立后，她开始转向科普宣传、管理和创作工作，历任《知识就是力量》编辑室主任、中国科协普及部副部长、科学普及出版社社长、中国科协党组成员等职，并长期兼任中国科普作家协会秘书长、副理事长。

我上任时，正值出版社转企改制关键时期，干部职工人心浮动；当年7月，我主持召开“转企改制动员暨‘我为转企改制献计献策’征文颁奖大会”，邀请麦林老社长出席坐镇。其时，麦林已85岁高龄，不仅全程出席近3个小时的全社大会，还专门做了一场动员报告，勉励大家顺应形势、转变观念、投身市场、勇于竞争。老领导精神矍铄、激情澎湃、言辞殷切，干部职工深受教育，我自然更是备受鼓舞。

之后，麦林同志多次应我邀请，出席社里重要会议，为新入职员工讲传统，给全体党员上党课，教业务骨干做选题。作为离休干部党支部书记，她率先垂范，工作有声有色，被评为中直系统优秀党员。她经常给我发邮件、打电话，报告支部工作情况，反映离休干部思想动态，组织老同志撰写社史，并亲自翻译出版了《为了人人晓得的相对论》科普图书。2013年，她将自己几乎毕生的积蓄——100万元人民币捐赠给中国科普作家协会，设立了我国科普界第一个科学文艺创作奖励基金，爱党爱国爱社爱业爱人之心，苍天可鉴。

2017年春节前，我因工作繁忙，没能登门看望老领导，遂写藏头诗一首，以表敬佩、慰问之情。

麦穗饱满头低垂，
林森树老更谦卑。
同心鼎力助新任，
志事倾情护嫩蕊。
革除旧秩历烽火，
命立新序耀霞辉。
模正创业痴科普，
范严奉献扬党威。

金涛老师是著名科普作家、科幻小说家，曾参加我国首次南极科考，20世纪90年代曾任科学普及出版社社长兼总编辑。我到社里工作时，他已退休十多年，平时闭门著书，参加社会活动，极少过问出版社工作。之前，我曾拜读过他写的《月光岛》《马小哈奇遇记》《狐狸探长和他的搭档》《奇妙的南极》等作品，对这位学识渊博、清高正直、著述颇丰的老领导充满了景仰、敬佩之情。我和金老师很投缘，第一次登门拜访他，两人就无话不谈，遂成忘年之交。

金老师对我工作的支持是全方位的、毫无保留的，可谓有求必应，有请必到，令我万分感动。那些年，他还欣然接受我约请，出任没有任何酬劳的“资深出版专家联谊会”召集人一职，利用自己担任《光明日报》记者部主任、科学普及出版社社长、中国科普作家协会副理事长时所积攒的人际关系，聚集了一大批著名出版专家学者，定期召开座谈会，为我社发展把脉问诊、献计献策、策划选题、撰写书评……他还把自己对众多文史、科学、科幻图书进行评介的作品集《林下书香——金涛书话》，以及展现自己数十年来读万卷书、行万里路风采的科学散文集《南极夏至饮茶记——金涛散文》交由我社出版，支持、帮助打造《科学·文化与人经典文丛》品牌。

我和金老师之间的关系是典型的君子之交淡如水。调离出版社后，我和他再无工作联系，平时也鲜有往来。但是，金老师一直在我心中占据着重要位置，每逢节假日，我都会思念他，感激他曾经给予过我的那些关爱、支持和帮助。金老师身体不是很好，心脏曾做过搭桥手术，令人担忧。2017年春节，我专门为他写了一首藏头诗，以表达对老领导的思念之情、祝福之意。

祝意遥呈望君知，
愿果惟祈体康实。
金良玉美华章硕，
涛高冰冽南极痴。
春蚕绵吐科幻梦，
节竹刚挺文心尺。
快意人生无遗憾，
乐陶春喜畅酒诗。

人生能与麦林、金涛这样的贤长相遇、相识，并得其相助、相知，可谓幸之甚也、福之大也。

科解疑惑多启蒙

2018年7月17日至29日为全国食品安全宣传周。

9年前的今天，即2009年7月20日，依据《中华人民共和国食品安全法》而制定的《中华人民共和国食品安全法实施条例》开始实施。在此之前，我国食品安全事故频发：1998年，山西朔州发生震惊全国的假酒案；2003年，“金华火腿敌敌畏”事件被曝光；2006年，河北“红心咸鸭蛋”被检测出含有致癌物质苏丹红；2008年，波及全国的三聚氰胺毒奶粉事件一度使国产奶粉业一蹶不振……

在这种严峻形势下，颁布食品安全法及其实施条例，对保证食品安全，保障公众身体健康和生命安全，可谓意义重大。之后，全国人大常委会和国务院又分别于2015年和2016年对这两个法律文件进行了修订。自此，各级政府加大监管力度，食品安全保障水平不断提高，防控食品安全大规模、系统性风险能力不断提升，食品安全形势总体稳中向好。这正是：

祸从口入人命悬，食品安全大如天。

无良见利忘却义，有胆执法责在肩。

科学对待添加剂，合理膳食烹煮煎。

执箸把盏安心饮，一饭一菜俱欢颜。

《食品安全法》强调食品安全标准应包括“食品、食品添加剂、食品相关产品中的致病性微生物，农药残留、兽药残留、生物毒素、重金属等污染物质，以及其他危害人体健康物质的限量规定”，还应包括“食品添加剂的品种、使用范围、用量”。受食品安全事故频发的影响，食品添加剂一度曾受到公众广泛质疑，成为食品安全问题的替罪羊。曾几何时，一谈到食品安全，很多人就会联想到食品添加剂，误认为食品安全问题都是食品添加剂造成的，由此甚至影响到了相关经济的发展和社会的稳定。

孙宝国院士是北京工商大学校长、教授、博士生导师，长期专注于精细化工研究，在肉味香料和肉味香精方面攻克了众多技术难题，曾获多项国家级科技奖励。为了消除人们对食品添加剂的误解，他在科研、教学之余，做了大量宣传、普及食品添加剂科学知识工作。2016年，他主编的科普图书《躲不开的食品添加剂》，还使他第三次获得了国家科学技术进步奖二等奖。

在《躲不开的食品添加剂》这本书里，孙宝国联合来自6所高校的9位食品专家，针对从10 000多份实地问卷调查中梳理出来的老百姓最为关心的118个有关食品添加剂的热点问题，一一予以通俗解答。他还撰写《离不开的食品添加剂》科普长诗，通过开设科普讲座，深入社区、乡村、学校，宣传食品添加剂知识，用科学、通俗、生动的语言讲解食品添加剂背后的故事，释疑解惑，正本清源，让民众对食品添加剂有了更准确、更科学、更系统、更清晰的认识。所到之处，粉丝簇拥。

食品添加剂是为改善食品色、香、味等品质，以及为了预防腐坏和加工工艺的需要，而加入食品中的人工合成或天然的物质。我国目前有22类2300多种食品添加剂，那么，如何判断食品添加剂是否有毒、有害？孙宝国举例说道：“从毒理学角度来看，卤水豆腐中的卤水有毒，可乐中的酸味剂是磷酸，有害。但是，把它们应用到食品中时，只要不超过最大使用量，对人体就没有危害。因此，判断食品添加剂是否安全、有害，就是要看它是否按照国家标准的要求来使用，是否做到了既不超范围，也不超量。”

孙宝国认为，科普工作和科学创新同样重要。他指出：“科技专家做科普要擅长什么就讲什么，态度要虚心。因为在其他领域，专家也是科普的对象。”他强调：“要结合自己的科研工作或科研成果做科普，知道的、明白的就讲，不知道、不明白的就一定不要讲。”食品工业和餐饮业的发展对改善人类的食品品质、提高人们的身体体质、丰富人民的生活都具有特别重要的意义，而食品添加剂在其中又起着决定性的作用。可以说，食品添加剂是食品工业的灵魂，没有食品添加剂，就没有现代食品工业。

孙宝国是我国食品添加剂领域的唯一一位院士，他认为：“食品添加剂还是衡量一个国家科学技术和经济发展水平的标志之一，越是发达国家，食品添加剂的品种就越丰富，其人均消费量就越大。通过开展科普工作，全民科学素质提高了，对食品添加剂的疑惑和误解消除了，食品工业才能健康、稳定、持续发展，人们的生活就会更加美好。”

2018年7月17日，配合全国食品安全宣传周活动，孙宝国院士亲临中国科技馆举办科普讲座，为公众讲解食品安全科学知识。亲身感受孙院士对科普工作的痴迷，对普及食品添加剂科学知识的不遗余力，我不禁感慨万分，遂作藏头诗一首，以表尊敬之情、敬佩之意。

孙郎专事精化工，
宝剑出鞘展芒锋。
国重民生食足富，
院攻添剂味香浓。
士破难题丰成果，
科解疑惑多启蒙。
普及知识惠公众，
情至深处成网红。

节物弹心科普频

常言道“不打不相识”。我和林群院士也是通过相“打”才相识的。

2007年1月,《科技导报》学术期刊错误地将两位华人学者“对证明‘庞加莱猜想’做出贡献”,列为2006年中国重大科学进展。国内13位数学家院士遂致函时任中国科协主席韩启德院士,要求严肃处理这一对重大科学事件遴选不当的错误。作为《科技导报》副主编和“2006年中国重大科学进展”一文执笔人,我对这一重大工作失误自然难辞其咎。

根据韩主席指示,我随即开始跟所有写信的院士电话联系。谁知,这些院士有的或是不接电话,有的则推脱没时间,有的一听是专门为此事来电干脆就挂了。林群院士是13位院士里署名最后的一位,只有他一个人最后答应和我见面,共商如何善后。也正是在他的帮助下,此事件得到了妥善处理。就这样,我和林老师认识了,日后竟成忘年之交。

林群老师1935年7月出生于福建连江,1956年厦门大学数学系毕业,现为中科院数学与系统科学研究院研究员、博士生导师。这位中国科学院和第三世界科学院的院士,主要从事泛函分析、计算数学研究,在微分方程求解加速理论研究中取得了一系列卓越成果,形成了系统的理论;曾获中科院自然科学奖一等奖、捷克科学院数学成就奖、“何梁何利奖”,是国内外知名的数学家。

林群院士不仅在数学研究上成就斐然，而且醉心于科普工作，近20年来，一直致力于把难学、难懂的数学理论简化再简化，直至低年级大学生甚至中学生都能读懂为止。2010年，我就任科学普及出版社社长后，拜访、求助支持科普出版的第一位科学家就是他。林老师没让我落空，很快就交出了《微积分减肥快跑》书稿。这本科普图书2011年1月出版后，立刻引起关注和好评，先后获中华优秀出版物提名奖、中国科普作家协会优秀科普作品提名奖。

林群老师告诉我，他之所以把那么多的精力花在科普上，是受数学家华罗庚面向生产一线推广优选法、统筹法的影响。一天，林老师打车去参加一个会议，上车后，司机就问："您是干什么的呀，七老八十的还到处跑？"林老师答道："我是研究数学的。"不料，司机脱口而出："哦！0.618。"0.618是华罗庚推广优选法时经常要讲到的黄金分割数近似值。在林群看来，世界上还没有第二个数学家能像华罗庚那样把一个非常重要的数字弄得家喻户晓，连出租车司机都铭记在心。这件事激励着他要像华罗庚那样更好地从事科普工作。

2011年5月5日，科学普及出版社与京港地铁公司签署协议，资助"四号诗歌坊"公益文化项目，在北京地铁四号线车厢、车站以征集、展示优秀科学诗形式，开展科学文化宣传。林群老师应我邀请出席签字仪式予以支持，并鼓动曾庆存、严加安等院士投稿。拳拳之心，令人感动。

北京珠市口天桥上，镶刻有世界上最著名的三大科学公式：万有引力公式、质能公式和微积分公式。林群老师是研究微积分的专家，这些年来一直在研究如何用最简练、最通俗的方式把微积分讲清楚。半年前，他打电话告诉我，他只需用一张图、两句话就可以把微积分讲清楚了，希望我供职的中国科技馆以适当方式向公众展示、普及。他还说，一位家长用这套方法给刚上大学的儿子讲微积分原理,很轻松就搞定了。

2018年11月21日,我和同事前往中科院数学与系统科学研究院又一次拜访了林群院士。林老师新搬进的办公室非常小,大概10平方米,堆满了书刊、资料。我开玩笑说:“都说院士享受副部级待遇,但在研究工作最需要的办公条件上,您和部级领导干部的待遇相差太远了。”林老师忙回答:“很好,很好。只是太乱了点。”

扒拉开沙发上的书刊、资料坐下后,林老师给我详细讲解了他的微积分科普方法,并发出了“苦学虚读万卷书,巧思真传一句话”的感叹。在他看来,读再多的书,如果不能融会贯通,用简练的语言讲清楚最核心的内容,那书也是白读了。

接着,他又对微积分概念给出了更为通俗的讲解:“所谓微积分,就好比求一个油饼的面积,你可以先把油饼分成无数根油条,求得了每根油条的面积,加起来不就是油饼的面积吗?”我们最后商定,2019年春节前后,先请林老师到中国科技馆做一次微积分科普讲座,然后再探讨如何在展厅里进行相关的科普宣传。

写这篇文章时,离2019年春节已经不远了,遂谨作藏头诗一首,以表达我对林群院士的崇敬之情和恭贺之意。

林下书香论数形,
群贤毕至共仰君。
院所领衔泛函析,
士林担纲微分赢。
春耕勠力桃李茂,
节物殚心科普频。
快捷求解成一统,
乐上眉梢不老情。

新型流感现原形

2019年4月30日，美国科学院公布了新增院士和外籍院士名单，中国疾病预防控制中心主任、国家自然科学基金委员会副主任、中国科学院微生物研究所研究员高福入选外籍院士。在这之前，他还先后入选中国科学院院士、第三世界科学院院士、爱丁堡皇家学会外籍院士和非洲科学院院士，已是享誉世界的病原微生物与免疫学家。作为朋友，我为他感到由衷的高兴。

高福院士主要从事病原微生物跨宿主传播、感染机制与宿主细胞免疫研究，以及公共卫生政策与全球健康策略研究。往细一点说，他重点研究病原微生物跨种间传播机制与分子免疫学，揭示了包括流感病毒、冠状病毒等在内的重要囊膜病毒侵入、融合和释放机制，重要病原跨宿主传播与致病机制，尤其是H5N1和H7N9禽流感病毒突破种间屏障的生态学与分子机制，CD8等重要免疫分子受体与配体的互作机制，以及流感等重要病原细胞免疫机制。我和高福院士的相识相交就是缘于他所重点研究的动物源性流感病毒。

2009年4月上旬，时任中国科学院常务副院长白春礼院士带队前往珠三角地区调研，我有幸和高福等专家学者一道参加调研。一天早晨，我们在广州白云宾馆外散步，聊到了头天晚上电视里播放的一则新闻：北美地区发生人感染H1N1“猪流感”疫情，且有呈暴发蔓延态势，全世界关注的目光自2003年SARS大暴发后再次聚焦到动物源性流感病毒上。于是，就动物流感病毒是否已具备引起人类疫情暴发的能力,新的一场大的人流感疫情是否会暴发等问题,我向高福请教,并约他给我当时供职的《科技导报》学术期刊撰稿。高福很爽快地就答应了。

回到北京后,见一个礼拜没动静,我就开始不停地向高福催稿。那时,高福刚卸任中国科学院微生物研究所所长,改任北京生命科学研究院(筹)副院长,与康乐院士一道负责组建工作,同时还担任中国科学院病原微生物与免疫学重点实验室主任,可谓管理繁杂、科研繁重、工作繁忙,只能抽空组织撰写这篇专稿。尽管如此,5月上旬,他还是如期递交了《动物源性流感病毒与人流感流行》综述论文。我遂将该文刊登在当年第9期《科技导报》上,并在封面专门推介。

这篇综述论文总结、分析了历史上人流感疫情暴发情况,动物流感病毒感染人事件的发生情况和流行病学特点,以及人流感疫情发生与动物流感病毒之间的关系,对指导人们积极主动预防控制、从容面对这场突如其来的疫情作用重大。为了便于人们准确理解,科学反映这次流感情况,高福研究团队建议将"猪流感"改称"北美流感"或"墨西哥流感";世界卫生组织最终定名为"甲型H1N1流感",契合了高福团队的更名意图。论文发表后,引起广泛好评,《新华文摘》随后全文转载。

有了这次完满的合作,我和高福院士的交往更加密切。2010年4月,我调任科学普及出版社社长后,开始了与他在科普图书出版方面的合作。2013年出版《人感染H7N9禽流感公众防护问答》科普图书,得到了他的指导和支持。2014年,埃博拉出血热在西非暴发,发病率和死亡率都创历史最高,世界卫生组织宣布这起疫情已构成"国际公共卫生紧急事件"。当时,高福已调到中国疾病预防控制中心担任领导职务,对构筑中国疾病预防控制和公共卫生应急体系肩负更大责任。我第一时间向他约稿，他在最短时间内组织编写了《埃博拉出血热公众防护问答》科普图书，并亲自审定全部稿件，为图书作序，积极宣传推荐，为普及埃博拉出血热知识、构筑该疫情防控体系做出了重要贡献。

2015年我调离科学普及出版社后，留下了高福院士这一重要的作者资源。针对2015年国外先后大范围暴发中东呼吸综合征和寨卡病毒病，高福两次迅即组织力量，先后为科学普及出版社编写了《中东呼吸综合征公众防护问答》《寨卡病毒病公众防护问答》两本科普图书。2019年2月，他与人合著反映人类与流感病毒对抗发展历史的科普图书《流感病毒——躲也躲不过的敌人》，又经科学普及出版社出版。这些年来，他还利用业余时间致力于科普宣传工作，激励青少年创新创造，并连续多年入选"中国年度十大科技创新人物"。

可以说，只要有新型流感病毒出现，我们马上就能看到高福院士活跃的身影。有感于老朋友在流感病毒等研究领域做出的杰出成就，以及对我工作的一贯支持，2017年新年伊始，我专作藏头诗一首，以表敬意和谢意。

高倍显微辨毒理，
福至病移破奥秘。
教研精深追前沿，
授学博透解要义。
新型流感现原形，
年陈寨卡分离析。
快意科普强素质，
乐励青年争第一。

优美韵律好华年

值此中国科协60周年华诞、中国科学技术馆建馆30周年之际，季良纲先生所著《科普年华——联合国“卡林加科普奖”获奖者李象益》一书由科学普及出版社出版发行，可喜可贺。

李象益先生曾任中国科协科普工作部部长、中国科学技术馆馆长，从事科普工作至今已35年，是科普工作的老前辈、科技馆事业的先驱者。拜读《科普年华》一书，颇有感慨。诚如中国科协党组副书记、书记处书记徐延豪在该书序中所言：“这一本《科普年华》，平实记录了象益先生几十年如一日，坚持不懈从事科普的人生历程，体现了他对科普事业饱含的一往情深、孜孜不倦的理想追求。他精彩而丰厚的科普人生，是一笔宝贵的精神财富，能给广大科普工作者和科技工作者以启迪与精神感召。它真切地告诉我们，科普人生可以有这样的充实，有这般的精彩！”这正是：

科普人生谱诗篇，朝霞绚丽晚霞妍。

勤奋执着皆金句，优美韵律好华年。

感慨之一：年华好，勤奋当趁早；拼搏进取求实干，华丽转身事科普，机遇抓得牢。李象益从事科普工作可谓半路出家。《科普年华》第三章“铸造翱翔蓝天的利剑”详细介绍了他早年从事航空发动机研制工作的艰辛历程。李老师1961年8月毕业于北京航空学院(北京航空航天大学前身)，毕业后从事航空喷气发动机研究、设计与教学工作，主持的研究项目曾获国防工办重大技术改进成果协作一等奖,航天工业部科技成果二、三等奖等多项科技奖励。23年砥砺奋进的科研、教学生涯,铸就了他迎难而上、勇于创新的信念,如果继续已有的事业,无疑前途无量。

1983年9月,45岁的李象益迎来了人生和事业的一个重大转折——从北京航空学院调入中国科协,参与中国科学技术馆筹建工作。《科普年华》第四章至第七章介绍了李象益在职从事科普工作的丰富人生经历和灿烂辉煌业绩。从那一天开始,他从一名高校科研与教育工作者,转型为一名科普工作者,开始抒写科普人生新的篇章。中国科学技术馆一期建成后,他实践了美国核物理学家、旧金山探索馆创始人弗兰克·奥本海默的展教模式,使中国科学技术馆成为全国第一座"科学中心"式的国家级综合性大型科技馆,揭开了中国以"科学中心"建馆的新纪元。

1995年9月至2000年5月,李象益在担任中国科学技术馆馆长期间,全身心投入规划建设中国科学技术馆二期项目,每一个展品、每一个细节,都倾注了他百倍的精力和全部的热情。在跟踪研究世界科技馆教育发展的基础上,他引入了新的综合技术展示分类和科普教育创新理念,科技馆每件展品如同他哺育的一个个新生命,从头到脚都展示出前所未有的魅力。他牢牢地抓住了发展机遇,使得事业发展实现了华丽转身。

感慨之二:桑榆好,红霞漫天烧;莫道夕阳正西下,踏遍青山人未老,情浓兴愈高。2000年5月,李象益退休,开启了他科普人生的第二个春天,创建了他科普事业新的辉煌。《科普年华》第八章至第十一章对此有浓墨重写。在李象益看来,退休并不意味着从此步入人生"宁静的港湾",而是新征程的起点。作为中国科技馆创业团队的重要成员,"科学中心"式科技馆理论与实践方面的资深专家,他很快被10多家科技馆聘为顾问,开始在全国各地奔波,热情做科普报告，真诚提咨询建议，继续展示自己对科普事业的一往情深。当年10月，他当选中国自然科学博物馆协会理事长，积极推动协会改革，促进科技馆与企业合作，加强咨询开发工作，扩大国际交流合作，开创了协会工作新局面。随后，他推动成立了“北京师范大学科学传播与教育研究中心”，使其成为中国科协与高校联合创建的第一个科学传播与教育研究机构，推进学校教育与社会教育有机结合，促进科普教育纵深发展，努力提高公众对科学的认识水平。

2004年10月，李象益当选国际博物馆协会执行委员，成为新中国成立以来第一个进入国际博协领导层的中国人；2007年8月，连任国际博协执委，为中国成功获得“第22届国际博协大会”主办权。2013年，他荣获由联合国教科文组织颁发、被誉为“科普界诺贝尔奖”的卡林加科普奖，成为联合国教科文组织自1951年设立该奖以来第一位获此殊荣的中国人。

有感于《科普年华》逢喜出版，庆贺年届80的李象益老领导为科技馆事业做出的重大贡献，特做藏头诗一首，以表情怀。

李树桃林果繁硕，
象大无形巧若拙。
益智科普勤启迪，
获知展教奋开拓。
卡握质效彰严谨，
林耸国际耀科博。
加鞭耄耋奋蹄马，
奖掖后学胸襟阔。

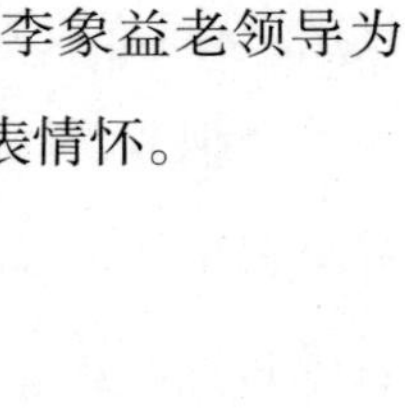

意气风发老顽童

自2003年11月从北京理工大学调到中国科协工作，至今已经14年多了。在科协换了五六个单位，打交道最多的自然是这个系统的同僚，他们中的佼佼者常常给我以启迪、激励和教育，令人敬佩，让人感慨，使人难忘。王渝生老馆长就是其中突出的一位。

王渝生，1943年出生，曾任中国科技馆馆长，顾名思义，乃重庆生人也。在我看来，从来川渝生谐趣，自古巴蜀出鬼才。这句话，用在王馆长身上，那是再合适不过了。老王不仅学识渊博、才华横溢、记忆力惊人，而且幽默风趣、激情似火、亲和力无比。

我和王馆长相识于2005年《大众科技报》召开的"2004年中国十大科普事件"评审会上，并在之后历年召开的评审会上反复见证了他处理疑难问题时所表现出的睿智、机敏、艺术和包容。因为有了这位自称"老顽童"的著名科普专家、社会活动家做组长，单调、枯燥的评审会就成了朋友们妙语的会餐、快乐的聚会。只要有闲暇，或是大家感到烦闷了，王馆长马上就会来上一段笑话，让大家开怀大笑之后，所有的疲惫和乏味一扫而空。

老王的笑话知识含量非常高，让你在身体获得愉悦的同时，精神上也得到了滋养。2018年是狗年，12年前的2006年也是狗年。据说，那年的正月初二，王馆长在中国科技馆带班，刚用手机群发给朋友拜年短信："祝狗年狗日快乐！"不一会儿，就接到北京市一耄耋离休老领导气鼓鼓打来的电话："王渝生，你小子给我拜年，为什么骂我是狗日的？太不像话了！”老王不慌不忙回答：“没有‘的’”。对方说“有的，有的”。老王接着说：“真的没有‘的’，没有‘的’这个字”。解释了好半天，老领导才弄明白，拜年短信里写的是“狗日”，而不是“狗日的”，根本就没有骂人之意。

于是，老王开始给老领导科普了：“古人养六畜，为人类服务；过年了，人们首先想到它们。于是，就把正月初一至初六作为六畜的生日，按照它们与人亲近的程度，初一定为鸡日，初二为狗日，初三为羊日，初四猪日，初五牛日，初六马日。六畜过完了生日，初七才是人日。今天是狗年正月初二，为狗日，所以祝老领导狗年狗日快乐！有问题吗？”如此这般，老领导这才转怒为乐。

相识相熟，继而相知相惜，不久，我和老馆长就成了忘年之交，开始有了很多的合作。2008年是我俩合作的蜜月期，我请他为《科技导报》新开设的“科学顿悟”栏目做主持人，要求每月撰写或组稿两篇谈因灵感或巧思继而获得科学发现、技术创新方面的启迪文章。老先生满口答应，头半年表现非常好，篇篇按时交稿，内容文字俱佳，读后喜出望外。之后，就开始陷入有了上顿急着等下顿的局面，我就像阎王殿里的判官，隔三岔五给他打电话催命一般地索稿。他常常不到刊物付梓的最后一天根本不搭理责任编辑，甚至连我打的电话都不接。不过，尽管有时候都能把人急得想上吊，我也无法恼火生气。毕竟，一年的合作里，王馆长还真没耽误过一期出版，而且事后总能给你来一通新笑话，让你无可奈何，哭笑不得。

王馆长面慈心善，一天到晚笑口常开，讲起话来肢体动作十分丰富，极具感染力；一旦开笑，本来就小的眯眯眼，立马就挤成一条缝，极为动人。2007年4月1日晚，我照例还在办公室加班审稿，突然接老王电话。但听他气若游丝、声慢如蜗动，费力地吐出一个个字：“是——苏——青吗？我——我检查——出——癌症了。今天刚——刚——做完——化疗，感觉——感觉——非常不好。还——不知道——能不能——再见到——你？”我惊得跳了起来：“王馆长，你在哪？我马上赶去看你。”直到听我着急得实在不行了，这老家伙才哈哈大笑道：“你想想今天是什么日子？别再加班了，早点回家休息去吧！”这个“老顽童”！尽管“愚人节”被他一番捉弄，但心里还是感到暖乎乎的。真可谓：

心有艳阳老顽童，工作生活郁郁葱。

嬉笑怒骂皆存趣，真情流露爱意浓。

王馆长一度曾兼任全国政协委员、北京市科协副主席、国际科学理事会中国委员会委员、中国科协全委会委员、中国科学技术史学会常务理事兼秘书长等社会职务，至今仍兼任国家教育咨询委员会委员，长年披肝沥胆建言献策，在科技界、教育界都享有很高的威望。长年受益于这位前辈同僚的关心、帮助和指导，2017年春节期间，我有感而发，写藏头诗一首，大赞王渝生老馆长，以表感谢之情、敬佩之意。

王者德高自威严，

渝语谐趣眯笑眼。

生龙活虎事科普，

专心实意谏诤言。

家门书香才辈出，

爱河源长文永鲜。

意气风发老顽童，

浓情夕照胜少年。

国士无双伍德隆

2019年11月12日,北京媒体公开报道,内蒙古自治区锡林郭勒盟苏尼特左旗2人经专家会诊,被诊断为肺鼠疫确诊病例,遂转至北京市朝阳区相关医疗机构并得到妥善救治。消息一经披露,立刻引起公众高度关注。16日,为解除民众担忧,媒体又发布消息,称目前一名患者病情相对稳定,另一名危重患者病情出现反复,正在进行对症治疗,同时强调目前全市无新增鼠疫病例。

肺鼠疫为鼠疫的一种,鼠疫与霍乱一道被《中华人民共和国传染病防治法》列为甲类传染病。肺鼠疫可依靠飞沫传播,临床症状主要表现为起病急、畏寒高热、头痛胸痛、呼吸急促、嘴唇发紫、咳嗽等,具有潜伏期短、传染快、死亡率高等特点。感染肺鼠疫后,患者若得不到及时有效的治疗,常因心力衰竭、出血、休克而在2至3天内死亡。

鼠疫在历史上曾有过3次大爆发,其中最近的一次就发生在中国。1910年10月,肺鼠疫从西伯利亚传至中国东北;当月26日,第一例病例报告出现在满洲里;27日,哈尔滨被肺鼠疫攻克,随后蔓延至长春、沈阳;11月15日,疫情最严重的哈尔滨傅家甸已开始被隔离;到了12月,东北地区疫情"如水泻地,似火燎燃","死尸所在枕藉,形状尤为惨然"。此时,整个东北地区人心恐慌,人们四处逃亡。

我们应该记住这样一个人,他就是时任天津陆军军医学堂副监督的伍连德博士。年仅31岁的伍连德受命于危难之际,被朝廷任命为全权总医官,派往东北疫区开展防治工作,用了不到两个月的时间,就彻底消灭了肺鼠疫,成功控制住了疫情。

2010年4月,我调任科学普及出版社暨中国科学技术出版社社长兼党委书记。这一年正值东北抗击肺鼠疫100周年,出版社的肖叶副总编辑策划出版了《发现伍连德——诺贝尔奖候选人华人第一人》一书,使我对伍连德这个之前完全陌生的人物,以及他在100年前那场惊心动魄的抗击肺鼠疫战斗中所建立的丰功伟绩有了全面的了解。

到达东北后,伍连德深入疫区,凭借高超的医术和过人的胆识,实施了一系列惊世骇俗的防疫、治疫创举:第一次打破国人禁忌解剖尸体,从而准确判断出疫情为肺鼠疫;第一次提出肺鼠疫主要是通过飞沫传播,并发明了用于防疫的加厚口罩;主持了中国首次大规模地对瘟疫死者尸体的焚烧;第一次通过隔离病患接触者、调动军队封城,来阻断疫情的扩散。这真是:

死亡恐怖罩冰城,无人知晓是鼠瘟。
水银泻地染病快,星火燎原传播疯。
临危受命判疫准,涉禁担责施爱浓。
高超医术解危局,国士无双伍德隆。

2010年9月21日,《发现伍连德》新书出版首发式暨新闻发布会在北京大学人民医院举行。在这所当年SARS疫情最为严重医院的“伍连德讲堂”里,我在致辞中发出了如下感慨:“我们都经历过2003年的SARS疫情,感受过由此带来的万人空巷的恐慌,完全能够想见伍连德博士当时所面临的是什么样的危局,遇到的是何等的困难。伍连德对肺鼠疫传播途径的准确判断并及时隔离病人,挑战了当时日本、法国、俄罗斯医学同行的权威;他为探究病理而对染病死亡者尸体进行解剖,为阻断疫情而焚烧全部疫情死难者尸体,都冒犯了当时中国的风俗民情。这些所作所为不仅需要创新的智慧、无比的勇气,更需要博大的胸怀、悲天悯人的大爱,以及舍生忘死的职业道德。”

我们应该记住伍连德,还因为他对中国乃至全人类的防疫工作以及医学事业发展做出的巨大贡献。东北疫情危机解除后,他不仅在中国主持召开了万国鼠疫研究会议,还通过不竭努力使中国收回了海港检疫主权。他先后在中国不遗余力地主持兴办检疫所、医院、研究所,还创办了医学高等学校(哈尔滨医科大学前身),与同道共同发起建立了中华医学会,创办了《中华医学杂志》等医学刊物。1935年,伍连德获诺贝尔生理学或医学奖候选人提名,成为中国历史上最早被提名诺贝尔奖候选人的科学家。

肺鼠疫虽然恐怖,致死率极高,但今天中国的医疗条件和防护措施已经能够很好地控制疫情的扩散与传播。据媒体报道,2014年7月,甘肃省玉门市曾有过鼠疫爆发,151位密切接触者受到隔离观察,虽有1人因患鼠疫死亡,但因医疗管控、防治措施得力有效,疫情最终很快得以平息。这次北京接受外地疫情患者,市疾病预防控制中心为此专门发布公告安定人心:“北京不是鼠疫自然疫源地,经过多年监测从未发现鼠间和人间疫情,发生本地鼠疫病例的风险极低。因此,市民不要为此感到恐慌,但有必要了解有关鼠疫的防控知识。”这正是:

久绝鼠疫今又闻,防范把控众志城。

疫情知识勤科普,不必蛇影惊杯弓。

山岳丰碑耸科技

2018年1月8日,2017年度国家科学技术奖励大会在人民大会堂举行,国家主席习近平出席大会并为最高奖获得者王泽山、侯云德两位老院士亲自颁奖,表示祝贺和敬意。

我大学和研究生都是在北京理工大学学的火工与烟火技术专业,毕业后曾长期留校工作,与同为兄弟院校的南京理工大学来往密切,对该校火炸药专业著名专家教授可谓耳熟能详。王泽山是南京理工大学教授,为我国著名火炸药学家、发射装药理论体系奠基人。他长期从事火药性能、燃烧、装药设计和理论与实验方法研究,发明的低温感技术显著提升了发射效率,使发射威力超过国外同类装备水平。他还研究、解决了废火炸药再利用的有关理论和综合处理技术,实现了变废为宝,获得显著社会效益和经济效益,由此一获国家科技进步奖一等奖、两获国家技术发明奖一等奖等重大科技奖励。

2018年已83岁高龄的王泽山自诩为“80后”,依然奋战在国防科研事业第一线。欣闻王院士荣膺国家最高科技奖,不禁喜出望外,特赋藏头诗一首,以表由衷祝贺。

王者从来自刚强,

泽被军工卫国防。

山岳丰碑耸科技,

赞誉攻关八零郎。

与王泽山同获殊荣的是中国疾病预防控制中心研究员侯云德。89岁的侯云德院士是我国分子病毒学、现代医药生物技术产业和现代传染病防控技术体系主要奠基人。他曾率先研发出中国首个基因工程药物——重组人干扰素α1b，并应用于上千万名患者的临床治疗，率领团队成功应对了近十年来国内外发生的多起重大传染病疫情，目前还担任“艾滋病和病毒性肝炎等重大传染病防治”国家重大科技专项总师。以藏头诗礼赞侯云德院士，我自然感到欣喜、荣幸。

侯牧疾控重预防，
云被苍生却毒顽，
德技双馨科苑范，
强国健民屹东方。

国家最高科学技术奖设立于2000年，是中国5项国家科学技术奖中最高等级奖项，每年评审一次，每次授予不超过两名科技成就卓著、社会贡献巨大的科技工作者个人，至今已有29位科学家获奖，而我至少与其中的六七位科技魁首打过交道。2012年度国家最高科学技术奖获得者王小谟院士长期致力于雷达技术研究与工程应用，曾主持研制成中国第一部三坐标雷达、中国第一部中低空兼顾雷达，并均达国际先进水平，为国产雷达赢得世界声誉。他还在国内率先力主发展国产预警机装备，主持研制成中国第一代机载预警系统，引领中国预警机事业实现跨越式、系列化发展，被誉为“中国预警机之父”。

王小谟院士1961年毕业于北京工业学院（北京理工大学前身）雷达专业，是我的同校学长。1995年学校筹备成立董事会时，我曾陪同党委书记、校长拜访过他，得到了他的大力支持；当时会见场景，至今仍历历在目。他主持研制的国产预警机创造了世界预警机发展史上的9个第一，突破100余项关键技术，累计获得重大专利近30项。中国的预警机由此也成为世界上看得最远、功能最多、系统集成最复杂的机载信息化武器装备之一。仰望学长，山高水长，谨作小诗，以表敬意。

献身雷达织天网，碧海红波筑铜墙。

创新争先夺第一，预警战机卫国防。

谢家麟院士是2011年度国家最高科学技术奖获得者。作为国际著名加速器物理及技术专家，他曾领导建成北京正负电子对撞机，使中国高能物理研究迅速赶上世界先进水平，为我国粒子加速器从无到有并跻身世界前沿起到至关重要的作用，被誉为“中国粒子加速器之父”。

我任中国科协学术会刊《科技导报》副主编时，谢家麟院士曾为“卷首语”栏目亲笔撰文“自主创新，路在何方——兼谈高层次科技人员的培养”。他强调，“倡导自主创新，最最重要的就是要提倡实事求是的精神”；同时呼吁，“为了保证科学研究的质量，应该设立审核各培养单位博士生质量的专门机构”。这篇文章观点新颖，文字犀利、切中时弊，但思维跳跃，行文过于简洁，缺乏连贯性，我在编辑时对文字做了必要的润色。谢先生审阅后，专门回信对我表示感谢，谦逊作风、长者风范，令人感动。

2016年2月20日，谢家麟院士因病在京逝世，享年96岁。就在去世前一个多月，国际天文联合会刚把一颗国际编号为32928号的小行星正式命名为“谢家麟星”。惊闻噩耗，不胜悲伤，作诗一首，以示哀悼。

殚精竭虑事高能，加速对撞觅粒踪。

微观世界探规律，不朽精神耀太空。

前人栽树后乘凉

春节，俗称过年，这是中国民间最重要、最隆重、最热闹、最喜庆的传统节日，它不仅集中体现了中华民族的信仰追求、理想愿望和文化心理，而且还是广大民众祈福还愿、饮食团聚、娱乐狂欢、休闲调整的最佳时节。通常，春节从大年三十除夕夜全家人团圆守岁起，至农历正月十五元宵节吃汤圆赏月亮贺新春结束。这期间，无论天南地北，处处张灯结彩，不管男女老少，个个欢天喜地，一派喜气洋洋景象、热热闹闹光景。

小时候盼着过年，是因为那时太穷，只有等到了过年，才能有肉吃，有新衣服穿，才能得到长辈给的压岁钱。如今，过年省去了熬夜守岁，没有了烟花爆竹，每个人都抱着手机不停地刷屏，年味也寡淡了许多。除夕夜的春节联欢晚会也成鸡肋，如果没有百度发上亿元的红包让人抢，估计已很难有人坚持看完。但是，为什么大家还盼着过年呢？恐怕是：

人人盼着过大年：儿时因有压岁钱，
少时无虑乐翻天，青壮打拼思休闲，
中年祈盼多欢颜，待老儿孙共团圆。
平时论战争红脸，过年一笑捐前嫌。
如今没有鞭炮点，躲进微信成一统，
手指猛按收银钱，红包虽小味道甜。

春节前夕，各级领导看望慰问离退休老同志成为每个单位的优良传统。2019年1月30日，我和同事一同看望了中国科技馆退休高级工程师沈永华先生。沈老年近90，双耳失聪，自身行动不便不说，还得照顾50多岁的一位智障儿子，非常不容易。我们专程看望，就是想听听沈老意见，看如何能给予他帮助。听同事介绍，沈老20世纪50年代先后毕业于上海圣约翰大学外文系、上海城市建设工程学校给排水专业，满腹学识，为人低调，做事本分，与世无争。我们约好两点半左右到访，并提前让邻居通知沈老在家等候；我因临时处理追加公务，晚到了半个多小时，没想到房门早已敞开，沈老静坐客厅一直在等候。与其握手，顿感冰凉，我深感愧疚。

沈老平时寡言少语，我们的到来让他非常高兴，刚开始，我还要大声对着他耳朵说话，最后干脆以笔代言，相谈甚欢。听说我曾担任科学普及出版社社长，他十分兴奋，遂走进里屋，取出《知识就是力量》杂志早期合订本给我看。原来，1984年2月至1985年8月，沈老曾在科学普及出版社工作过，任《知识就是力量》杂志编辑。调到中国科技馆后，沈老又负责《科技馆》杂志编辑工作。我也是搞杂志、当编辑出身，与沈老又同在科学普及出版社和中国科技馆工作过，两人真的很有缘分。

沈老果然学识渊博，足不出户尽晓天下大事，与我畅谈北京地区科技馆之布局，并多有良策建言，使人颇受启发。老先生轻易不接受他人帮助，对我提出的让科技馆共青团员志愿者定期帮助他料理家务的建议，断然谢绝，自称仍可自理生活，不必劳驾他人。我们代表单位带来了慰问品、慰问金，沈老深感不安，执意要回赠我们个人礼物，遂指桌上花瓶、闹钟、饰物等，让我们任意挑选取走。见我们一再谢绝，沈老便坚持要把《知识就是力量》《科技馆》杂志合订本各一册赠我，理由是我爱读书，将来一定能派上用场。

人，最难得的是自尊、自强、自立、自爱。沈永华老先生堪称这方面的典范，其言其行，令我感动。春节临近，谨作藏头诗一首，以赞沈老，以表情怀。

赞声齐奉耄童颜，
沈思少语学识渊。
永系期刊文载道，
华显才情书建言。
同僚相慕时恨短，
行道互珍话喜绵。
前人栽树后乘凉，
辈出良驹铭先贤。

春节期间，给晚辈写诗作文寄语，也是近代以来湖南读书人的一种传统和习俗。崔怡墨是我在中国科协一位年轻同事的女儿，今年三岁半，属羊，朝鲜族人，立志高远，性格文静内向，爱好诗书绘画，会一些简单的英语、韩语会话，可谓聪明伶俐、可爱至极。遵同事嘱，春节前特为崔怡墨小朋友作藏头诗一首，以表新年祝福之美意，以寄长大成才之厚望。

祝愿羊宝寄华年，
崔巍理想高比天。
怡情书画挥笔秀，
墨韵诗文颂音甜。
学如穿井托慈母，
习以成俗赖家严。
进退有据劳与逸，
步涉英韩汉为先。

魂牵梦萦科普情

“用文艺的形式普及科学技术，确实是一个比较好的形式。这样做既可以吸引老百姓看，也更容易让老百姓接受，可以起到更好的科普效果。这说明科学文艺作品是非常受欢迎的，这也是我要捐一部分钱用来发展科学文艺的原因。”在2019年4月18日召开的“王麦林科学文艺创作奖座谈会”上，94岁高龄的王麦林讲述了自己捐资设立“王麦林科学文艺奖”、促进科学文艺创作繁荣的初衷。

座谈会由中国科普作家协会举办，我有幸应邀出席，围绕“情怀，责任，担当，激励，期待”等关键词发言，并即兴作诗一首，以表达对王麦林同志的敬佩之情。

九秩老人王麦林，魂牵梦萦科普情。

捐资设奖助创作，唯愿科学文艺兴。

1958年9月，刚过而立之年的王麦林在空军训练部正干得风生水起，突然被抽调到中国科协，担任科普杂志《知识就是力量》编辑室主任，开启了自己完全陌生的科普工作生涯。之后，她历任《科学大众》第一主编，科学普及出版社副总编，中国科协普及部副部长，科学普及出版社社长、党委书记，中国科协党组成员等职，参加发起创建中国科普作家协会并担任协会首任秘书长，成为新中国科普工作的第一代组织者、参与者、实践者。她先后翻译出版了《他们登上金星》《在地球之外》等科普著作，撰写了《不要忽视科普文艺创作》《科学诗前途广阔》《科普美术大有可为》等科普理论文章，87岁时还出版了《为了人人晓得爱因斯坦》科普译著。从事科普工作61年，王麦林对科普工作可谓一往情深，捐资设奖表达了她对科普工作的浓浓情怀。

王麦林，1925年4月出生于福建省福州市，13岁参加革命，不满14岁就加入中国共产党。抗战时期，她任八路军120师战捷剧社宣传队员，出演活报剧，唱歌跳舞，鼓舞军民抗击倭寇。抗战胜利后，她参与了东北航校和人民空军的创建工作，彰显了一名优秀共产党员的开拓进取精神。从事科普工作后，她更是表现出了高涨的工作热情和强烈的责任意识。担任《知识就是力量》编辑室主任后，她坚持实事求是，广泛听取意见，大胆改革原来全部照搬翻译出版苏联俄文版《知识就是力量》杂志的办刊方针，逐步增加国内原创科普文章，同时选登其他国家优秀科普报刊文章，使杂志更受广大读者喜爱，一举扭转发行量断崖式下跌的颓势，三年就使刊物印数增长了3倍。

王麦林对科普工作的热爱还表现在事业的勇于担当上。20世纪五六十年代，科幻作品在中国曾一度被认为是宣传唯心主义思想而遭到批判。1960年，王麦林将苏联的一篇科幻小说《荒岛怪蟹》刊登在《知识就是力量》上，受到相关部门的严厉指责，并被要求禁止刊登小说的续篇。见杂志没有继续刊登这篇小说的后半部分，读者纷纷来信询问，要求继续刊登完。王麦林认为这部作品没有问题，遂顶住压力，刊登完了小说的续篇。那个时期，科幻作品及其作者都受到了批判，而主张并支持科幻创作的王麦林更是成为被围攻的主要对象，但她始终坚持自己的观点。“王麦林科学文艺创作奖”的设立，将使这种担当精神更好地得到传承，成为广大科普工作者的宝贵精神财富。

“王麦林科学文艺创作奖”是2013年由王麦林捐出100万元个

人积蓄作为基金，由中国科普作家协会专门设立的。这是我国科普领域唯一的一项创作奖项，每两年由协会评选颁发一次，奖金虽然不是很多，但却是一份崇高的荣誉。该奖项至今已评选出的三届获奖者——金涛、叶永烈和郭曰方，他们均是科普领域德高望重、著述颇丰、影响颇大的知名作家。座谈会上，王麦林还亲自给郭曰方先生颁发获奖证书，以表彰他坚持不懈地用科学诗的形式普及科学技术知识、歌颂科学技术的伟大力量，鼓舞人们努力攀登科学技术高峰。这个奖项不仅是对获奖科普作家的激励，更是对广大民众尤其是青年科普工作者和科普作品创作者的巨大激励。

我认为，设立“王麦林科学文艺创作奖”，还表达了王麦林等老一辈科普工作者对科学文艺繁荣的一种期待。期待我们的科学文艺创作环境更加宽松、自由，给科学插上幻想的高飞翅膀；期待更多的民众投身科学文艺创作，创作出更多无愧于时代的优秀科普作品，推动创新型国家建设。我相信，有了这种浓郁的情怀、强烈的责任、无畏的担当和热切的激励，王麦林先生的期待就一定会成为现实，我们的科学文艺之树就一定能够枝繁叶茂，结出丰硕的果实。这正是：

心高志远彰情怀，责任担当耀华彩。

前辈示范多激励，期待后学展宏才。

丽书科技报国情

正月十五元宵节，吃汤圆，赏花灯，猜灯谜，成为民间最热闹的习俗。记得20世纪90年代，每逢新春佳节，时任北京理工大学校长的王越院士都要举办联谊会，邀请在京国防科技领域的院士来校座谈。我当时任校长办公室主任，活动自然由我来负责筹划、实施。为了活跃气氛，我特意将参会院士姓名制作成灯谜，利用节目表演空档，供与会专家学者竞猜，收到了很好的效果。

我给王越校长制作的灯谜是“勾践(秋千格)”。勾践乃春秋时期越国君王，公元前494年大败于吴国夫差，被迫接受奴役，受尽屈辱；重返越国后，重用范蠡、文种，卧薪尝胆，励精图治，最终灭吴称霸，尽雪前耻。王越院士是我国著名雷达技术专家，江苏丹阳人，属越国后人。改革开放初期，担任某雷达研究所所长十余年的他，在山沟里带领科技人员同样卧薪尝胆，使这个只能研制单一型号产品的纯科研单位，发展成为可同时承担多型号多项目及产品研制任务，军品民品科研生产、开发与经营齐头并进的新型科研单位；经他设计的我国国产第一代岸炮雷达、第一部全晶体管化炮瞄雷达先后列装部队，有效地提高了战斗力。1993年调任北理工校长后，他在国内率先创建了“信息对抗技术”专业，亲自为学生讲授《信息对抗技术》课程，提出并建立了信息对抗系统理论体系，为我国网络、信息安全理论建设和专业人才培养做出了卓越贡献。

2012年4月1日，北京理工大学专门举办信息系统理论与分数域信号处理学术研讨会，以学术活动的独特方式庆贺王越院士80寿辰。我有幸应邀参加庆典，感慨年轻时曾得王校长耳提面命教诲，先生之恩，山高水长，永生难忘，遂作寿联一副，以表祝贺。

科苑王者风范，

学府吴越大家。

2017年春节期间拜访王校长，又专门作藏头诗一首，再表对老领导的崇敬之情。

王者雷达巡卫天，

越地才杰针藏棉。

校院教书育桃李，

长空探波研天线。

新辟信息安全域，

春洒桑榆晚霞颜。

快畅人生无盲区，

乐享吾辈祝福言。

我至今还记得那几次联谊会上给一些院士制的灯谜，如给微波通信及光纤通信专家叶培大院士制的谜“给小苗浇水”，为汉字激光照排技术发明人王选院士制的谜是“战国七雄推盟主(秋千格)”，给空气动力学家庄逢甘院士制的谜为“乡村喜得好雨”，但最为得意的谜语是为朱光亚院士制作的——“红外线夺冠”。红外线是波长介于微波与可见光之间的电磁波，是波长比红光长的非可见光。红外线夺冠，红光(朱光)自然是亚军了。这个谜语对不是学自然科学的人来说难度很大，但对于参会的两院院士来说，在特定的人群范围内猜，就不是什么难事了。朱光亚院士为“两弹一星”元勋，曾任中国工程物理研究院副院长，时任中国工程院首任院长，与作为国防科技院校的北京理工大学合作颇多，在负责筹建中国工程院时与王越校长交往甚密，对北理工可谓感情深厚、关爱有加。1995年，北京理工大学成立董事会，他还欣然接受名誉董事长一职，鼎力支持学校面向社会办学。其时，我兼任校董事会秘书长，在当年9月举办的建校55周年庆典暨校董事会成立大会上，见证了这一盛况。

2003年10月，我从北京理工大学调任中国科协所属学术会刊《科技导报》副社长、副主编。其时，朱光亚院士卸任中国科协主席职务刚两年，仍兼任中国科协名誉主席、《科技导报》主编，他谦逊勤勉的工作作风和高瞻远瞩的科技视野给我们留下了深刻印象。次年9月，他应邀为《科技导报》新开设的"卷首语"栏目撰写开篇文章——《发挥"后发优势"，努力实现我国科学技术的快速崛起》。他认为，经过新中国成立以来50多年的努力奋斗，我国已积累了比较好的科技基础，科技人力资源总量已处于世界第一位，具备了比较完整的学科布局，与世界科技建立了很好的联系。他强调，只要把这些条件利用好，把积蓄的力量组织起来，解决好科技与经济的结合问题，中国就一定能够实现科学技术的快速崛起。如今，朱光亚的论断已经得到印证，中国正在由科技大国迈向科技强国。

2011年2月26日，朱光亚先生病逝。杨虚杰女士与我赶写了长篇通讯《朱光亚——我们时代的大英雄》，刊登在当年第7期《科技导报》上，以表达我们对这位伟大科学家的沉痛哀悼和深切怀念。正可谓：

朱霞耀宇两弹星，
光华丽书报国情。
亚匹科技人景仰，
赞歌一曲颂元勋。

卞玉开磨价无边

前段时间，收到卞毓麟老师寄给我的一本装帧精美图书《挚爱与使命》。这是2016年12月17日、上海市科协、中国科普作家协会、中国科普研究所在上海召开"加强评论，繁荣创作——卞毓麟科普作品研讨会"，会后由会议承办单位上海市科普作家协会主编的一部卞毓麟科普作品评论文集。卞老师在书的扉页上写的是"苏青老友惠阅赐教"。

卞毓麟是天文学家、出版家、著名的科普作家，是我敬佩的科普同行长辈学者。"赐教"实不敢当，但他称我"老友"却还算得上名副其实。

我和卞老师相识于2001年10月。那时，新闻出版署所属的环球公司组织全国上百家出版社参加当年的法兰克福国际书展，我有幸和卞老师同行，并在之后参观古登堡博物馆等旅途中同坐一辆大巴，因而对他有了更多的了解。

卞毓麟，1965年南京大学天文系毕业，曾在中国科学院北京天文台工作33年，是一名有影响的天文学家。1998年他改行当编辑，调到上海科技教育出版社创建版权部，专事科技出版。人们常说，人过三十不学艺，卞老师年近花甲转行学艺的传奇，不仅给了我们太多的感悟，也给出版界的后学树立了一个干一行爱一行精一行成一行的典范。之后，他和同事推出的"哲人石丛书"成为科普图书出版的经典，他策划的"名家讲演录"在业界引起强烈反响并受到读者热捧。“探月工程”刚一提出，他就约首席科学家欧阳自远院士做主编，策划出版了“嫦娥书系”科普图书，在20世纪人造地球卫星发射成功后的又一次太空科普热中有较高的显示度，并荣获第二届中华优秀出版物奖。

位于德国美因茨市的古登堡博物馆建成于1900年，它以西方金属活字版印刷的发明者古登堡命名，集中了世界印刷先进国家的印刷机械和印刷精品，是全世界最著名的博物馆之一。那年，在观摩该馆工作人员表演古老的金属活字印刷术时，我和卞老师都很想得到那张拓印后的样品，由于我离工作人员更近，最后让卞老师失望了。这张墨迹浓艳的印刷品伴随了我十几年，却在前几年的搬家时不慎遗失。现在想来，真的很对不起卞老师当时那渴望的眼神。

2011年1月14日，国家科学技术奖励大会在人民大会堂召开，卞毓麟老师的科普原创作品《追星》荣获2010年度国家科技进步奖二等奖。我时任科学普及出版社社长，社长助理杨虚杰专门邀请他来社做讲座，让我主持并致欢迎辞。我给听课的同事讲了卞老师的几个小故事，其中的一个故事是这样说的：“卞老师是一位学者型的科普图书编辑，调到上海不久，一次听徐匡迪市长的讲座，他真诚地指出了徐市长授课内容中的几处小疏误。这样的质疑，不仅彰显了他知识的渊博，更表现出了他作为学者唯真求实的品德。卞老师由此也约到了同为学者的徐匡迪院士的一部书稿。”我至今仍为这样的故事而感慨：在官本位愈演愈烈的当下，还有几个人敢当面指出像徐匡迪市长这样的高官演讲中的错误？

卞老师和科学普及出版社很有渊源，他的第一部原创科普图书就是在我们社出版的。那是1980年底，图书的名字叫《星星离我们多远》，这本书非常有影响，2009年和2017年先后又由湖北少年儿童出版社、长江文艺出版社等出版社重版。

当时，我在致辞中还对科学普及出版社的青年编辑发出了这样的倡议：“卞老师这次是来领奖的，他的科普著作《追星》荣获国家科技进步奖二等奖，这是科普图书的最高奖项。我们年轻人都喜欢追星，追电影明星、体育明星、富豪榜星，但我更希望卞老师成为我们科普图书编辑追星的对象。”

我曾在两家出版社、两家杂志社任过职，经常听到编辑说忙，没时间写文章，甚至很多出版社的领导自己都不读书、不爱读书，更谈不上写书。整览卞老师的创作成就，拜读《挚爱与使命》各位名家的评论，我常常感到自惭和汗颜。40多年来，卞老师创作、参与编著、翻译的科普图书多达百余种，发表科普文章700来篇，其中十几篇科普文章曾入选中学语文课本。这是多么令人艳羡而又难以超越的创作高峰啊！

就在邀请卞老师讲座的那天，我代表科普出版社聘请卞老师为高级顾问，并在之后的工作中得到了他的大力支持和帮助，同时有幸出版了他的天文选说《巨匠利器》和书事选录《恬淡悠阅》两部图书。

2017年春节，我专作藏头诗，以表对卞毓麟老师的敬佩之情、慰问之意。

卞玉开磨价无边，
毓粹天文编与研。
麟角鹤立修书林，
老树花妍梨枣园。
师严道尊同仁典，
德茂才雄后学贤。
望杏瞻蒲秋实硕，
重行科普换新颜。

注 修书、梨枣，旧时分别指编辑和出版。

面壁廿年得破壁

2019年1月8日午夜，从朋友圈里惊喜地看到施斌教授发出的微信："今天，我们的团队获得了国家科技进步奖一等奖，受到党和国家领导人的接见和授奖。这是对一个团队20年创新奋斗的授勋。受授奖名额限制，团队中只有少数几个人榜上有名，更多的贡献者成了无名英雄，但他们在我的心里永远不可磨灭。感谢这支光荣的团队，你们就是我的生命之泉。"

配合文字，施教授还发布了科研团队不同时期9张工作现场照，其中4位技术人员亮出被烈日晒得红白分明的胳膊，2位老师躺在施工现场草地上小憩的照片，令我印象深刻。

施斌是南京大学地球科学与工程学院教授，我和他相识，缘于国家科技奖励评审。2018年7月15日，受国家科技奖励办委托，我跟随中科院成都山地灾害与环境研究所崔鹏院士、中国地震局地球物理研究所副所长高孟潭研究员，专赴苏州独墅湖科教创新区，现场考察施斌教授团队"地质工程分布式光纤监测关键技术及其应用"科技成果项目。

我国是一个地质工程灾害十分严重的国家，据不完全统计，每年我国因各类自然和地质工程灾害造成的经济损失就高达2000亿元人民币。由于地质工程灾害具有规模大、范围广、多场作用复杂等特点，传统的点式监测技术已难以满足监测与预警要求，研发分布式、长距离、多场作用的监测和预警系统，需求重大，意义深远。

早在1998年长江特大洪水暴发，现场考察长江堤防管涌时，施斌教授就萌发了研制地质工程灾害分布式光纤监测技术的念头。那时他刚从国外访学归来，得知国际上正在研发的这种技术，可以长距离、分布式地监测被测物的形变、温度变化等物理参数。他灵光一现：为什么不能把这种技术应用到地质灾害监测上来？

之后，他带领科研团队开始了艰难且漫长的理论研究、实践应用和产业化探索。历经20年攻关，终于创制了地质体多场传感光缆系列，攻克了地质工程多场灾变信息分布式监测技术瓶颈；研制出地质工程长距离分布式光纤解调设备，破解了地质体内部灾变远程高精度监测困局；创建了边坡、地面沉降、桩基、隧道等多场分布式光纤监测系统，提升了地质灾害风险预警能力；揭示了多种地质灾害新机理，提出了理论新判据，确立了土质滑坡预警应变阈值；形成了完全自主知识产权的技术和设备，实现了从核心技术、硬件设备到系统集成、成果转化再到工程应用、理论突破的全过程创新。

这是中国科研团队在地质与岩土工程监测领域取得的一项引领国际科技前沿的重要成果。

我们3位专家一天的考察议程被安排得满满当当。上午，听取研究团队汇报，查阅原始资料，参观实验室，与三峡马家沟滑坡监测现场实时视频交流、咨询，答辩质疑。中午吃过盒饭，马上乘车前往苏州盛泽中学地面沉降光纤现场监测点考察，并与传统多点式监测方法进行现场比对。最后是专家组讨论、评议，形成考察意见。

独墅湖科教创新区为苏州市集教育、科研、新兴产业为一体的现代化新城区，施斌担任院长的南京大学苏州高新技术研究院就建在这里。清晨，我走出饭店，沿独墅湖散步，遥望金鸡湖经济区，蓝天白云，绿树清风，神清气爽，心潮澎湃，不禁诗情涌动，口占一首，畅表情怀。

日暖风轻绿姑苏，寒山钟弥旺香炉。

一江带水富北越，百强领首壮东吴。

金鸡园区兴经济，独墅湖畔尚读书。

科技创新树典范，教育改革辟新途。

我和施斌为同龄人，同属改革开放后高考入学的“新三届”。施斌从本科到博士学的都是地质学，我的父母也都是学地质勘探出身。我从小就在地质队生活，对搞地质的人自然倍感亲近，与施斌相识，相谈甚欢。

根据不同地质环境和多场监测要求，一根头发丝粗细的光纤穿上各种“定制”外衣，就能变成敏感强健的“大地感知神经”；大地一旦有灾情异动，远在千里的监测系统就能立刻感知、精确捕捉、分析预测、提前报警。

这就是施斌团队获国家科技进步奖一等奖科研成果研究内容和实际用途的科普表述。

由于常年劳累、睡眠不足，不到花甲年龄的施斌已形体松弛、眼袋耷拉。为此，他用两对偶句自嘲：“腆腆凸肚藏智慧，松松眼袋盛喜哀”。看到他获奖的微信后，我接着他这两个对偶句草就一诗，以表敬佩之情、祝贺之意。

腆腆凸肚藏智慧，松松眼袋盛喜哀。

发细光纤感大地，毫瞬预警报害灾。

分布监测成体系，长距解调建平台。

面壁廿年得破壁，捷音天降慰情怀。

良朋益友胜春风

“舍南舍北皆春水，但见群鸥日日来。花径不曾缘客扫，蓬门今始为君开。盘飧市远无兼味，樽酒家贫只旧醅。肯与邻翁相对饮，隔篱呼取尽余杯。”杜甫的这首《客至》，表达了作者在春天这一美好季节，喜迎朋友、款待来客的激动心情，充满生活气息。细细品味，感受到了主客之间的真诚相待和朋友之间的深情厚谊。

什么是朋友？按《现代汉语词典》解释，朋友是指“彼此有交情的人”。引申下来，朋友就是彼此感情深厚的人，就是彼此志同道合的人，就是你有难他愿意为你两肋插刀的人。

2003年上半年，“非典”肆虐神州大地，北京成为重灾区，高校纷纷停课，以防疫情扩大。当时，我在北京理工大学继续教育学院任职，和同事们一道整天紧张忙碌在抗击“非典”一线；每天都戴着口罩给学生量体温，给公共场所消毒，给教职员工发放预防药物。

“五一”假期的一天早晨，我的腹部突然疼痛难忍，随后尿血、发烧，到了下午，症状仍没缓解，遂打算去医院检查。我那时还没买车，出租车又打不着，只好求助同住一楼的弭晓英大姐，请她帮忙开私家车送我去医院。弭大姐与我同为继续教育学院副院长，平时对我就关照有加，接完电话，二话没说，载着我就直奔医院。

“非典”来势凶猛，死亡率又高，整个京城当时都被恐惧所笼罩，人们谈“非典”色变，遇发烧者如避瘟疫。弭晓英一直陪我做完各种检查，待诊断为肾结石，遂放心开车送我回家。前后折腾三四个小时,到家已是夜里。

我后来才知道,为了不让家人受影响,弭大姐送我回家后,直接去了单位,和衣在办公室睡了一晚。要知道,有不少人就是因为到医院看病感染了"非典"而死于非命,弭老师的担忧再正常不过了。

我和弭晓英虽然没有互称朋友,经历那件危难相助之事后,我对她充满了敬佩,永远心存感激。

罗勇教授是我到科技导报社任职后,第一个给予我重要帮助的人。我2003年底就任科技导报社副社长、副主编,负责刊物的编辑出版等业务工作。按照主编冯长根教授的要求,《科技导报》将转型为科技类学术刊物,努力打造中国的*Science*和*Nature*。那时,这份刊物还没有进入任何核心期刊,高校和科研机构都不把它刊载的文章作为晋升职称的学术贡献。因此,我面临的第一个难题就是如何争取高水平的学术论文投稿。

第二年5月,我有幸列席享有盛名的香山科学会议并参加了第232次学术讨论会。这次会议的主题是"气候变化的应对战略",领衔科学家为时任中国气象局局长的秦大河院士,来自气候变化及相关领域的近40位知名科学家参会。会议针对气候变化的事实、成因、趋势以及影响,展开学术交流和自由研讨,同时分析了美国国防部报告关于气候突变的"秘密报告"以及对我国国家安全的可能影响,提出了我国的气候变化适应对策和应对战略。

作为秦院士的学术助手,时任国家气候中心副主任、现任清华大学地球系统科学系教授的罗勇,负责整个讨论会的操持工作。罗勇学识渊厚、待人诚恳、处事周到,两天会议下来,我和他混熟了,遂提出把会议重要学术论文以专题形式在《科技导报》集中刊载的请求。我向他介绍了冯主编所展望的《科技导报》发展前景,希望得到他和秦院士的支持。

罗老师非常够朋友,会后说服了中国气象局、国家气候中心、北京大学等单位的参会学者,将会议最重要的7篇论文刊载在2004年第7期《科技导报》上,其中包括秦大河院士的开篇之作《进入21世纪的气候变化科学——气候变化的事实、影响与对策》。有了“气候变化”专辑,我在之后的香山科学会议约稿就顺畅多了,《科技导报》转型得以顺利完成。

我和罗勇老师初次见面,他就给了我如此大的帮助,令我终生难忘。我俩对事业都有着同样孜孜不倦的追求,我想,或许正是这点打动了他,使得他在我们之前并没有任何交情的情况下,仍下决心支持我的工作,支持《科技导报》事业发展。我和他由此成为好朋友,在之后的十几年里继续得到了他更多的支持和帮助。

30多年的科技、科普职业生涯,我结识了无数专家学者,从他们身上学到了许许多多的东西,尽管“君子之交淡如水”,但我已在心里把他们视为良师益友。借此机会,谨赋诗一首,以表对这些朋友的崇敬之意、感激之情。

年年此季花最红,良朋益友胜春风。
劳烦日子分忧虑,危难时刻解困窘。
君子相交如水淡,管鲍情深似墨浓。
坦诚以待相见欢,担当作为赞成功。

注 相见欢、赞成功皆为词牌名。

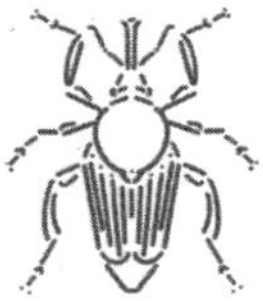

人生意义彰显清

“恨不抗日死，留作今日羞。国破尚如此，我何惜此头！”1934年11月24日，39岁的著名爱国将领吉鸿昌经蒋介石下令惨遭杀害。临刑前，他用树枝作笔，以大地为纸，写下了这首气壮山河的绝命诗。

明天，也即2018年11月24日，为吉鸿昌遇害84周年纪念日。1933年6月，吉鸿昌率抗日同盟军开赴抗日前线，连克康保、宝昌、沽源3县；7月，鏖战5昼夜，收复多伦重镇。这是中国军队自“九一八”事变以来，第一次从日军侵略者手中收复失地，沉重打击了侵略者的嚣张气焰，在中国抗战历史上写下了辉煌的一页。作为抗日名将，吉鸿昌英雄气概感天动地，浩然正气万古长存。

英雄，作为名词，在《现代汉语词典》里有两种释义：一是指本领高强、英武过人的人；二是指不怕困难、不顾自己，为人民利益而英勇斗争，令人钦佩的人。除了像吉鸿昌这样“本领高强，英武过人”、名扬四海的英雄外，日常生活中，我们周围也不乏“不怕困难、不顾自己，为人民利益而英勇斗争，令人钦佩的人”。他们也是英雄，同样值得我们敬仰。

孙峰老伯是我在科学普及出版社工作时同事孙玉萍大姐的父亲。老人家是山东人，1942年年仅12岁就参加革命，在八路军129师当兵打日寇；后随刘邓大军挺进中原，驰骋鄂豫皖，参加解放全国战斗。新中国成立后，孙伯转业到河南息县地方工作；1954年，调至洛阳矿山机械厂，任办公室主任。该厂为国家第一个五年计划期间建设的156项重点工程之一，孙老曾与焦裕禄同事，两人结下了深厚友谊。1958年，孙老调至第一机械工业部政治部任职；2002年从国资委机械局离休，为我国重工业建设与发展做出过重要贡献。

我曾见过孙峰伯父，老人家对科普出版十分关心，勉励我多出好书，多创效益；慈祥面容，至今仍历历在目。2015年8月2日，老人家仙逝，身前未能获颁“中国人民抗日战争胜利70周年纪念章”，留下终身遗憾。19天后，组织上把纪念章送到了玉萍大姐手中；目睹孙大姐微信发送给我的抗战纪念章照，我不禁喜悲交加，遂作藏头诗一首，以表对老英雄的怀念、敬仰之情。

怀揣热血着戎装，
念系国土拒沦丧。
抗逐倭寇从刘邓，
战袭蒋帮驰豫皖。
英姿汗洒强机械，
雄师兴矿赴洛阳。
孙家自古多人杰，
峰立齐鲁世流芳。

冯通益老人是我大学同班同学王千鹏的岳父，为海南省建设厅离休干部，其妻王清花为海南省生态环保厅退休干部。冯老伯1945年参加琼崖纵队，历任指导员、教导员，为解放海南岛做出了贡献。20世纪60年代，冯老转业地方，主动请缨参加海南岛三线建设，历任596兵工厂工会主席、海南岛自治州建安公司副总经理、副书记，自治州水泥厂党委副书记等职，为海岛建设再立新功。

2017年2月24日，是冯老伯90寿辰日，同时也是他与老伴钻石婚庆之年。遵千鹏挚友嘱，我特作藏头诗一首，力图概述两位老人对海南岛建设与发展所做出的贡献和晚年幸福生活，以表对二老的祝福、祝贺，以及对冯伯老英雄的崇敬之情。

冯唐易老心丽艳，
通历两朝雷涛电。
益军领兵战琼崖，
王道兴厂转三线。
清山环宇着意澄，
花海连理随缘牵。
福如鲲鹏振翅高，
寿比南山贺声健。

为使贺诗更加应景，句中还分别镶嵌了冯伯5子海雷、海声、海振、海宇、海涛，及其女儿丽新、女婿千鹏的姓或名，以示人丁兴旺、阖家团圆、福寿无疆。

2015年5月，我在参加中央直属机关工委于井冈山干部学院举办的落实全面从严治党要求增强党性修养专题研究班期间，聆听了人民好法官邹碧华先进事迹报告。邹碧华身前曾任上海市长宁区人民法院院长、上海市高级人民法院副院长等职，依法公正审理了上海社保基金追索案、北方证券破产案等一大批全国瞩目的重大疑难案件；率先创建了集电话网络、短信微信、窗口柜台服务于一体的诉讼服务平台，将为民服务深度融入司法实践。他还在全国首创法院工作流程、案件审判、干警队伍可视化管理机制，带领研发了国内领先的法院信息化系统平台，独创的“要件审判九步法”被全国法院系统作为范本，为上海法院司法改革试点乃至全国司法体制改革做出了突出贡献，被誉为法律界的“燃灯者”。2014年12月10日，邹碧华在工作中突发心脏病，经抢救无效因公殉职，年仅47岁。

我认为，像邹碧华这样的优秀共产党员，他们不仅是时代楷模，也是和平时期的英雄。听完邹碧华先进事迹报告，我遂作诗一首，以表对这位司法界英雄的崇敬、缅怀之情。

社会不懈求公平，是非曲直依法行。
律订原本理性物，案审也需爱善情。
碧血有幸书正义，华年无愧表丹心。
燃灯法官悬明镜，人生意义彰显清。

马骏行远贫困扶

先进的实验设备，洁净的温室大棚，集科学研究、生产经营、培训服务、科普教育、实习体验、拓展训练、参观接待于一体的大型产学研教游综合基地……谁也没想到，地处辽宁省兴城市华山街道四合村的玄宇食用菌野驯繁育有限责任公司竟会如此先进、气派。

2019年6月中旬，中国科技馆组织山西岚县社科乡下马铺村的干部村民在该公司开展了为期4天的食用菌生产技术培训，公司董事长马世宇全程陪同，现场讲解各类食用菌生产技术，并做了题为“发挥食用菌产业优势，因地制宜开展扶贫工作”的精彩授课。全体学员再次为之一振。

33年前，马世宇还是一个闯荡世界、挣钱谋生的外乡小青年，如今已是挂着辽宁省个体劳动者协会副会长、省食用菌学会副会长、兴城市人大常委会委员等一大串头衔，荣获过全国农村青年创业致富带头人、全国十佳食用菌专业合作社理事长、全国百名杰出新型职业农民、辽宁省特等劳动模范等荣誉称号，在当地赫赫有名的风云人物。

别看马世宇今天如此光鲜、事业如此耀眼，创业初期却是屡遭失败、历经磨难、受尽委屈。真可谓：

都道玄宇今光鲜，谁知当年创业艰。

借贷悉心种食菌，赠蘑倾情遭白眼。

免费培训乃猜疑，周到服务还怨嫌。

痴心不改专一事，天道酬勤启新篇。

马世宇出生于黑龙江绥化，因家境贫困，1983年高中毕业后，放弃高考投奔在兴城当兵的哥哥，准备独闯一番事业。兴城是沿海旅游城市，当年就有54家疗养院，夏季常常游客云集。1988年3月的一天，马世宇到市场贩卖蔬菜，看到摊子上海货齐全，却鲜见山珍，脑子突然灵光一现：如果种植蘑菇，岂不是既挣钱又能丰富市场？

说干就干。马世宇取出家里仅有的200多元钱，买回一堆食用菌书籍，又从亲朋好友那借来4000元钱，购置设备、原料，盖大棚，开始了边学习边实践的创业之路。谁料想，忙活了大半年，却一朵蘑菇也没长出来，投资全部打了水漂，他含泪把一袋袋变酸发臭的培养料都扔掉。

第二年，他说服妻子又借来3000元，准备接着干。此时，不仅外人冷嘲热讽，家人也不理解，父亲甚至把菌箱都给砸了。马世宇没有气馁，开始日夜猫在潮湿闷热的大棚里，不顾蚊虫叮咬，观察记录食用菌生产的每一个细节，写了十几万字的笔记，拍摄了2000多张照片，摸索出了一整套大棚生产食用菌的成熟技术，终于获得了成功！

没想到，接下来，销售却成了大问题。兴城人从没见过蘑菇，市场上虽有很多人围观，可就是没一个人购买。傍晚回到村里，马世宇夫妇走家串户把蘑菇送给乡亲们吃；第二天一早，却发现村头水沟里堆满了蘑菇，乡亲们谁也不敢吃，半夜里都偷偷地给扔掉了。

于是，马世宇自费印刷小广告，满世界宣传食用菌的营养价值。当地疗养院的干部职工毕竟见过世面，带头购买后，销路很快打开了。夫妻俩第二年便还清了债务，生产规模也一天天扩大，到了90年代初，已实现年收入过万元，率先成为当地有名的万元户。

食用菌是指实体硕大、可供食用的大型真菌（蕈菌），高蛋白低脂肪，富含多种氨基酸和菌类多糖，是一类有机、营养、保健的绿色食品，被列入联合国粮农组织和世界卫生组织倡导的人类健康理念食品“一荤、一素、一菇”之中。常见的食用菌有香菇、木耳、银耳、猴头、竹荪、松茸、灵芝、虫草、松露等。食用菌生产投资小、周期短、见效快，容易致富，是集经济效益、生态效益和社会效益于一体的短平快农村经济发展实用项目。

马世宇生产食用菌成功后，贫困山区的农民和城里的下岗工人纷纷前来讨教取经。他下定决心帮助这些人脱贫致富，可谓有求必应，常常骑着自行车一家一户上门指导，有时连自己家的食用菌都顾不上管理。随着需求日益增加，他开始举办培训班，自费印资料、买原料、置工具，分期分批推广生产技术，不收学员一分钱。一次，一位退休老干部在培训班结束后，跷起大拇指对马世宇说：“我并不是来学习的，就是想看看你是不是真的免费。今天我算服气了！”

如今，玄宇公司作为辽宁省重点实验室的重要组成部分，开展了食用菌秸秆基质和资源利用研究并取得成功；还作为辽宁职业技术学院的创新创业学院，为扶贫攻坚培训服务发挥着更大的作用。20多年来，马世宇共举办培训班510多期，培训学员15 400多人，遍布全国100多个市县。他还在当地带动农户1100多家，年生产鲜蘑近3万吨，年创效益1.62亿元，解决5200多人就业。这正是：

食不饱肚穷思富，
用心调研种蘑菇。
菌包培植丰餐宴，
大棚生产乐农夫。
王者志高专技授，
马骏行远贫困扶。
世赞创新甘奉献，
宇内扬名芬芳吐。

第四篇

岁月·清泉

凉粉甜酒米豆腐，靖港小吃风味古。

糍粑擂茶杠子面，人生滋味锤压煮。

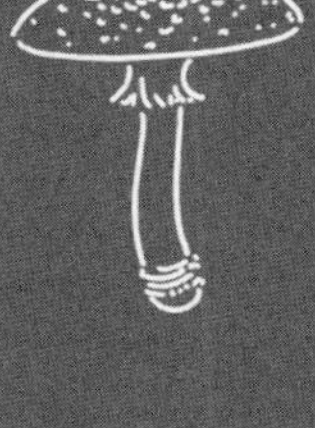

叩谢高堂享欢颜

2018年5月3日，是我57岁生日。57年前，母亲生下了我。那一年，正值国家“三年困难”时期，我祖父也因饥饿水肿而死。据父亲说，当时凭出生证，可以给产妇供应一斤肉、一斤鸡蛋补充营养。但是，父亲跑遍了整个长沙市的商铺，没有见到一星肉、一个蛋；最后，还是在偏远公社的一个小商店里，才买到一小瓶豆子碎肉罐头。至今想来，仍令人心酸不已。

我出生后不久，母亲从萍乡煤炭学院选煤专业毕业。其时，各领域都缺技术人才，但是，为了替国家分忧解难，母亲那届毕业生全都响应号召，在家待业，自谋生路。可以想象，靠父亲一个人微薄的工资，上要赡养老人，下要哺育儿女，生活该有多么艰难！

小时候，我们兄妹三人曾与父母在江西萍乡生活过一段时间。记得有一天，家门口来了一个要饭的妇女，还带着两个孩子，母亲给了她们一碗饭后，那女人还不肯走。母亲就让我把压岁钱拿出来给她们，压岁钱装在一个小雪花膏盒子里，大约有四五枚硬币。我捡出其中一两枚面值小的递过去，母亲很生气，让我全部给了她们。要饭的走后，母亲对我说：“人家饭都没有吃，我们怎能那么小气呢？”

可以说，我们兄妹三人从小就深受父母言传身教，懂得人要善良，要有同情心，要帮助需要帮助的人。

我的生日，也是母亲的受难日。感恩父母给予我生命，养育我长大,教育我成长,培育我成才。父母的恩情比天高,孩儿永志不能忘。2017年"五一"期间,我和妻子回长沙与父母团聚,并在生日那天作诗一首,以谢父母恩情。

思忆五十六年前,灾荒岁月降人间。
踏遍星城无肉迹,寻尽商铺绝蛋颜。
为父方知育儿苦,庆生更觉奉慈甜。
难得偷闲却公务,叩谢高堂享欢颜。

父亲出生于长沙郊区农村,兄妹众多,家境艰难。1952年,初中还未毕业,不满17岁的父亲就私自报名考取了远在河南焦作的中央燃料工业部干部学校,学习勘探技术;次年毕业,被中南军政委员会分配到位于萍乡的地质调查所第一普查勘探大队(901地质大队前身),开始了他长达18年的地质勘探生涯。他先后参与完成江西省第一份地质报告——《萍乡高坑煤矿详查地质报告》,设计了65毫米小口径钻井的取芯工具以及微型反循环钻探法,创新黄金堆喀斯特地层钻进方法,执笔完成我国第一部描述喀斯特地层钻进工艺的著作,被评为省地质系统劳动模范。

1970年6月8日,父亲负责的勘探井在江西省清江县(现樟树市)毛坡村钻探施工,意外地发现了盐岩。六八盐矿(后改名江西盐矿)筹备小组遂成立,父亲负责生产组,很快组织打下了第一口盐井,并于当年10月1日熬出第一锅食盐。在此之前,父亲母亲一直分属两个地质大队,长年跋山涉水,风餐露宿,寻煤找矿,两地分居。江西盐矿成立后,全家开始真正团聚,父亲干到矿里的总工程师,成为绝对的业务权威。从此,我们兄妹三人得到了父母更多的关爱,恢复高考后,先后考上大学,成为改革开放后最早的那几批大学生。

1956年,家居省会长沙市的母亲不顾家人反对,响应刘少奇主席号召，成为湖南省农村第一批有知识的农民，之后两年备受磨难与冷落。1958年，母亲离家出走，与远在江西从事地质工作的父亲结婚，在两个大家族中轰动一时。1985年，一场大病后，母亲开始行动不便，便提前退休。父亲遂回长沙老家重新择业，精心照顾母亲。先是大学任教，教书育人；退休后，专注于实业，用其所学服务社会；晚年潜心研究，著书立说，扶贫济困，广施善举。

父亲母亲一辈子相濡以沫、风雨同舟、患难与共，携手并肩走过了整整60年。2018年清明小长假，我与妻子同回长沙，喜贺父亲母亲钻石婚庆，谨作小诗，以表孝心，以悦慈颜。

椿萱并茂钻石婚，耄耋人生情愈浓。
相爱如诗写浪漫，居家似宴展厨工。
黑煤白盐行湘赣，贤男惠女育子孙。
高堂在上言行范，百花争艳万树葱。

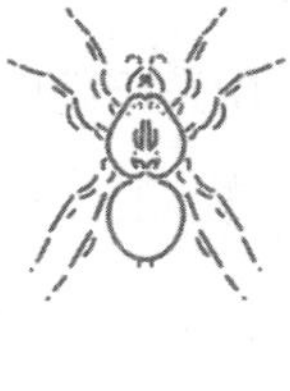

莫轻自然微扰动

1914年6月28日，如果奥匈帝国皇储弗朗茨·斐迪南大公的司机不是在萨拉热窝去医院的路上拐错了一个弯，第一次世界大战的历史很可能就要重写。

这天上午10时左右，斐迪南夫妇在塞尔维亚边境附近的波斯尼亚首府萨拉热窝城郊检阅完军事演习部队之后，遂乘坐敞篷车驶入市区。夫妇俩坐在长长的皇室车队的第二辆车上，斐迪南坐后排中间，右边是夫人索菲亚，左边是波斯尼亚军政府长官奥斯卡·波蒂奥雷克将军。

斐迪南大公大概忘记了，这一大片土地6年前刚被奥匈帝国吞并，这里的人们对他和他的国家充满了仇恨，塞尔维亚的一个秘密组织已派出多名杀手，正埋伏在萨拉热窝城内准备行刺。

当车队驶进市中心米利亚茨卡河旁的阿佩尔码头时，一个刺客突然从人群中冲出，向斐迪南夫妇乘坐的敞篷车掷出一枚炸弹。不巧，炸弹被车篷弹落到地上，在第三辆车前爆炸，炸伤了波蒂奥克雷将军的副手和索菲亚的女侍。趁着混乱，斐迪南的车队迅速驶离爆炸现场，夫妇俩在市政厅参加完欢迎他们的仪式后，稍作休息，遂驱车前往医院打算看望受伤的两位随从。

在去医院的路上，斐迪南的司机鬼使神差竟在一个交叉路口拐错了弯，正好撞上了在下一个街口拐角处守候多时的另一名刺客——加夫里若·普林西普。这位年仅19岁的塞尔维亚青年用勃朗宁M1900式手枪连开7枪，杀死了斐迪南大公和他的妻子索菲亚。

勃朗宁M1900式手枪是1900年由约翰·勃朗宁设计、比利时国营赫斯塔尔公司生产的著名自动手枪。1909年10月26日，朝鲜抗日志士安重根曾用这种手枪成功刺杀日本首任内阁总理大臣伊藤博文；1918年8月30日，俄罗斯社会革命党人芬妮·卡普兰曾用这种手枪向在莫斯科列茨基区的米海尔松工厂出席工人集会并进行演讲的列宁行刺。

第一次世界大战的导火索由此点燃。1914年7月28日，奥匈帝国由此向塞尔维亚宣战。次年，同盟国联合向塞尔维亚进攻，战火随即燃遍整个欧洲。

司机的一个错误转弯，导致斐迪南大公被刺，继而引发第一次世界大战。尽管这只不过是导致第一次世界大战爆发"压垮骆驼的最后一根稻草"，但是，历史的必然，由一个不经意的偶然小事件所触发，个中的玄奥和诡谲还是非常耐人寻味的。这正是：

拐弯鬼神一闪念，欧洲从此坠深渊。

七枪毙命冤皇储，一战涂炭惨经年。

药桶堆垒星火爆，矛盾攒积风险旋。

压垮骆驼非稻草，未雨绸缪思万全。

"萨拉热窝事件"向我们展示的正是被后人称之为"蝴蝶效应"的一个典型实例。

"蝴蝶效应"为一科学术语，它是指在一个动力系统中，初始条件下微小的变化能带动整个系统的长期的巨大的连锁反应。它揭示了事物发展的一种混沌现象：事物在发展过程中，其发展轨迹通常有规律可循，但同时也存在不可测的"变数"，一个微小的变化有时竟能影响事物的发展方向。这说明事物的发展具有极大的复杂性。

“一只南美洲亚马孙河流域热带雨林中的蝴蝶,偶尔扇动几下翅膀,两周后有可能导致美国得克萨斯州一场巨大的龙卷风。”1963年,美国麻省理工学院气象学家爱德华·罗伦兹用上述生动的语言提出了他所发现的“蝴蝶效应”理论。在他看来,在大气运动过程中,各种误差和不确定性即使很小,也有可能在之后的过程中将结果积累起来,经过逐级放大,最终形成巨大的大气运动。因此,他认为,长期的准确预测天气是不可能的。

日常生活中,“蝴蝶效应”随处可见。例如,在川流不息的高速公路上,一名菜鸟司机的一个急刹车,或一位鲁莽司机的一次任性变道,都有可能导致一场连绵几公里甚至几十公里的巨大交通拥堵。“蝴蝶效应”向我们昭示,一个坏的微小的机制或不起眼的偶发事件,如果不及时加以引导、调节,将可能引发重大的社会事件,继而给社会带来非常大的危害。

当今中国,全面深化改革进入攻坚阶段,各种社会矛盾错综复杂,某一个涉及社会敏感问题的偶发事件,如果处置不及时、应对不恰当,或民众情绪疏导不好,都有可能引发“蝴蝶效应”,造成社会动荡。有感于斯,作《蝶恋花·蝴蝶效应》词一首,以示忠告、警醒。

得州飓风滔天祸,究根寻源,南美蝶翅拨。莫轻自然微扰动,累积难料终后果。

苍生如蚁时匆过,人微言轻,艰难讨生活。任性用权如作恶,不见燎原始星烁?

既种白云又种田

云是一种自然天气现象，它是大气中的水蒸气遇冷液化成的小水滴或凝华成的小冰晶所混合组成的飘浮在空中的可见聚合物。当太阳照在地球的表面，水便蒸发成水蒸气并不断上升，水蒸气一旦过饱和，水分子就会聚集在空气中的微尘周围，由此产生的水滴或冰晶就会把阳光散射到各个方向。云的外观就这样产生了。

云，由于形状千变万化，一会儿像奔腾的骏马，一会儿像峻峭的山峰，一会儿像欢聚的人群……而让人充满想象。云，由于形态变化多端，时而乌云聚集转成瓢泼大雨，时而天气寒冷变成飘飘瑞雪，时而气温骤降转为骇人冰雹……而令人倍感神奇。

没事时，我喜欢抬头看云，观云聚云散，叹情人鹊桥相会、人间悲欢离合；赏云卷云舒，赞贤哲胸襟开阔、高士宠辱不惊；看翻云覆雨，感世事变化无常、上苍捉摸不定。看到迷处，不禁胡思乱想；思至痴时，所幸诗如泉涌。于是，《十六字令三首·云》信手得来。

云，
万里晴空水气凝。
多汇聚，
日朗变天阴。

云，
随风飘动自由行。

多变化，

任你想象形。

云，

琼楼玉宇砌天庭。

多神秘，

赋诗对仙吟。

雾也是一种自然天气现象，它是悬浮在近地面大气中的大量细微水滴或冰晶的可视集合体。云和雾的主要区别，一个飘在天空，一个浮在近地面。云和雾，若同时出现，你就很难分得清，哪是云，哪是雾。

庐山以云雾神奇而闻名于世。庐山云雾四季皆有，以夏季最多，秋季偏少，盖因夏季雨水充沛，秋季天气干燥。夏季云雾多在山顶，冬季云雾多在山腰；这是因为冬季水汽凝结的位置低于夏季，所以冬季云层的位置也就低于夏季。春夏相交之时，由于水汽偏多，季风变换，天气因而忽晴忽雨、变幻莫测，群峰由此云遮雾罩、烟霞弥漫，云雾就显得来去无踪、诡谲奇特。

更因为历史上曾有过多次重要政治会议在匡庐召开，庐山的云雾则更显神秘、更加厚重，让人感觉浓云密布、迷雾重叠，引得历史学家不断探究，坊间不时“揭秘”。有感于斯，我1981年暑期初访庐山，得《庐山云雾》短诗；2001年盛夏再登匡庐，心又有得，短诗得以充实加长；2015年春夏之交，有幸在井冈山干部学院参加培训，遥望庐山，沉思静想，遂使《庐山云雾》完善、定稿如下：

盛名庐山雾，亲感不虚牛。

朦胧四百旋，心随车行揪。

山邀云同走，人约雾共游。
咫尺闻耳语，不见使人愁。

结对攀崖险，叩杖破雾囚。
云涌峰移步，雾沉松露头。

当年气候异，云雾漫神州。
卫星频发射，民怨如雾幽。

元戎进万言，欲解国是忧。
风云突变化，冰霜冻热喉。

万马齐喑日，云锁飞龙首。
拨雾开云时，风和日丽秀。

自然匡庐美，何为论争仇？
天生仙人洞，岂能雾遮丑？

云收长江水，雾吞含鄱口。
风饮群峰醉，露润百花羞。

云深多隐士，草浅少清流。
采云洗面垢，集雾究霾由。

欲识山真容，极目重霄投。
夜读东坡诗，思绪比雾稠。

云和雾，由于虚无缥缈，反而令人无限神往；雾和云，由于神秘莫测，更是让人充满遐想。现实不如意时，人们常常把希望寄托到云端；生活遭遇挫折时，缥缈的雾似乎也能带来些许慰藉。前段时间，看到“古道墨香”微信公众号主人曾初良先生发“消暑图”国画25幅。图中男人或蒲扇在手，或酒盅在握；或袒胸露怀，或短袖汗衫；或独自深思，或与人会话；悠哉，闲哉，幸哉，生活趣味十足，让人羡慕。每幅图都题打油诗一首，幽默、风趣、睿智，观来、读来、思来，令人拍腹大笑、拍手称奇、拍案叫绝。

其中有一幅画，惹我喜爱，助我思考，引我评判。画中一潇洒长者，立于寂静山中，持杖仰头观月，所配打油诗曰：“清风明月不要钱，揽之入怀却须闲。老夫心中无挂碍，只种白云不种田。”诗画表达了作者高洁孤傲的风骨和野鹤闲云的气度，令人敬佩。但我以为，这位老夫心中即使再无挂碍，再不爱钱，“只种白云不种田”也只能是一种理想而已，可谓镜中花、水中月。现实社会，我们不仅要仰望星空、拥有理想，更要脚踏实地、勇于实践；君子大可不必不爱钱，只不过取之必须有道，再清高也得一日三餐，更需吃喝拉撒睡。一个人如果只会空谈理想，只是一味清高，而不着眼于现实，更不下大力气去解决实际问题，“只种白云不种田”到头来将沦为坐而论道，必将于事无补，一事无成。

有感于斯，将曾先生原诗妄自修改如下，回应那些历史上从来不缺少的“宁要社会主义的草，不要资本主义的苗”的老“左”们：

神仙方能不要钱，凡人岂视钱等闲？

但愿心中少挂碍，既种白云又种田。

民生谨记食为天

一个地方的特色，除了人文地理习俗外，很大程度上还体现在吃的方面。2018年10月下旬，我带队赴山西岚县进行中国科技馆与该县社科乡下马铺村开展脱贫结对帮扶调研，对那里的土豆食品有了更多的了解和认识。

岚县的地理气候条件非常适合种植土豆，这里昼夜温差大、土壤松软肥沃、有机质含量高，种植的土豆不仅产量高、品相好，而且口味佳、无病毒。2014年，岚县土豆荣获国家农产品地理标志，成为山西省一大地理文化名片，从此闻名全国。我这是第三次来到岚县，每次都品尝到了不同的土豆食品，如蒸圪姜、黑绺子、捣拿糕、烤土豆、凉夷子……可谓花样繁多，令人难忘。近两年，岚县人又推出了“岚州土豆全宴”，还拍成《舌尖上的土豆——岚县土豆宴》在各大电视台播放，一时可谓家喻户晓。住在岚州宾馆，每个房间的抽屉里都放有两副扑克牌，画面和文字展现了这一全宴108种土豆菜肴和主食的做法及品相，更是让客人进一步加深了对这里土豆食文化的印象。

其实，我以为，在小小的土豆上竟能做出这么丰富的饮食文章来，除了反映出岚县人的聪明睿智外，从另一个侧面更说明岚县过去生活的贫困和食物种类的匮乏。试想，在那些生活富庶、食材丰富的地区，人们还有必要精心仿制廉价的“土豆鲍鱼，土豆海参……”吗？还有必要挖空心思做出那么多花样的土豆全宴吗？

这就如同在河南南阳一带，人们有对客人敬酒先端三杯的习俗。18年前，我初到南阳公干，当地官员设席款待，先让我独自连喝三杯白酒，然后再杯数对等互敬。我开始以为是主人欺生，但听朋友一番解释后，只好怀着感恩的痛苦心情接受了这种不平等的敬酒礼遇。朋友给出的理由是，南阳过去很穷，酒是稀罕物，主人不舍得自己喝，待客必须先"端三杯"，以表对客人的诚意和礼让。"端三杯"其实和"岚县土豆全宴"是一个道理，都是贫穷给闹出来的。

可见，吃，在人们日常生活交往中是多么的重要！吃，不仅关乎饱肚腹、犒口福，更关乎待客的礼仪、人品。大而言之，还关乎人心安定、社会和谐、政权稳固。古人云，民以食为天；食少了，民心就容易骚乱；食缺乏，老天就有可能坍塌；食没了，民众难免揭竿而起。因此，为政者，必须把粮食安全视为首要，谨慎对待民众的饭碗，高度重视"三农"。这正是：

柴米酱醋油酒盐，民生谨记食为天。

仓廪富足知荣辱，碗筷乏匮虑倒悬。

假大虚空水洗月，厚实充盈牛耕田。

为官用权须审慎，执政如同烹小鲜。

当今社会，人们生活节奏不断加快，工作也日益紧张；遇上急着想出政绩又不怎么体恤下属的领导，工作加班加点将难免成为新常态。《人民日报》曾发表评论，抨击国家机关和事业单位存在的形式主义和官僚主义，痛批一些领导管理无方、急功近利，让员工无节制地天天加班，呼吁干部职工常回家吃饭，多与亲人团聚。文章读后，令人感动，让人感慨。我这一辈子，因工作繁重、过于认真，加班乃家常便饭；因管理无能、关爱不足，也没少"祸害"下属加班加点。今日思来，倍感愧疚，当"痛改前非"。

某日晚，见一过去同事在朋友圈发其与配偶欢聚王府井东来顺饭馆照片，遥观热气腾腾涮羊肉，思赏美味垂涎京味小吃，远眺其乐融融家庭气氛，不禁陡生艳羡、无限感慨，遂作打油一首，附后点赞。

羊肉薄切能透风，京味小吃芥末墩。

夫妻和谐东来顺，温馨恩爱满酒盅。

前两年告假回老家探望父母，家人带我和夫人游览了长沙郊区的靖港古镇，遍尝凉粉、甜酒、米豆腐、百粒丸、擂茶、糍粑等家乡小吃，倍感欣慰。走进一号称被《舌尖上的中国》录播过的小面馆，立刻被杠子面独特的制作工艺所吸引。老板告诉我，杠子面是根据中国手工面条三大传统技法“压”“拉”“切”中研究出的“压面”和“切面”综合研制成的特色面条。其中最重要的一道工序就是擀面：把一根胳膊粗细的竹杠一头固定在墙里，人坐在竹杠的另一头反复骑跳压面。这样压出来的面，薄如纸，韧如绸，起锅并配上码子后，风味独特、爽滑劲道，让人赞不绝口，杠子面也由此得名。

触景生情。每个人成长的过程，就是被生活煎熬的过程，就是被事业历练的过程，就是被社会碾压的过程，就是被岁月摔打的过程。每一个孩童的长大成人，无不曾历经生活的磨难；每一个成功人士的内心，无不充满了酸甜苦辣。品尝着故乡的各类美味小吃，不禁口占小诗一首，以表人生的一点浅薄感悟。

凉粉甜酒米豆腐，靖港小吃风味古。

糍粑擂茶杠子面，人生滋味锤压煮。

爱如清泉心中淌

爱情是男女之间互为依恋、亲近和向往的一种强烈感情，是异性之间彼此倾慕、渴望和相爱的一种美好情愫。作为人类最美好的一种情感，爱情成为文学亘古不变的主题，也是诗歌最为动人的乐章。古今中外，概莫例外。

爱情和青春如影相随、永远相伴。在我看来，青春是爱情最美妙的旋律，爱情是青春最绚烂的风采。青春年华，情窦初开，在心仪的异性面前，没有人不会怦然心动、春波荡漾、爱泉流淌。我十八九岁时写的这首《心绪》，就试图道出少男少女之间这种一见钟情微妙的瞬间感情反应。

爱的清泉
在我心中流淌
心跳
便是泉流的声响

如果你悄悄地爱上了一位美貌的姑娘，此时，在青春少年的眼里，所爱的女人宛如仙女下凡，圣洁的光芒常常照射得你不敢直视，令你在她的面前心慌意乱、手足无措、紧张拘束。

我敢正视所有姑娘
站在你的面前
目光却四处躲藏
为什么 难道已把你爱上

曾经青春年少的你，是否也有过上面这首《为什么》诗里所描述的同样经历和体验？

相爱的眼睛一旦有缘碰撞、相互交融，必将电光石火、石破天惊、惊天动地。此时，爱的火焰与爱的秋波又是一种什么样的光景呢？当年写的情诗《爱的水火》或许能够回答这个问题。

你说，我咄咄逼人的目光
如同燃烧的火焰旺旺
我说，我爱的烈火
最惧你含情的眼睛——秋水汪汪

相爱的人即使近在咫尺，彼此难免也会日夜思念，正可谓“寤寐思服”“辗转反侧”。对相爱的人来说，思念，既是一种幸福的情感体验，又是一种痛苦的精神折磨。这种无比的幸福和无穷的折磨常常是需要用理智来压制的，否则，思念将如脱缰的野马、决堤的激流，令你坐立不安、心烦意乱、难以自制。相爱的人之间的这种互为思念之情，就如同下面这首《感情》短诗所描述的那样：

如一块软木
被摁进水中
你一松手
它就往上冲

有情人终成眷属。成眷属的有情人若要长相爱、长相守，则需要长相知、长相识，拥有相互包容、彼此需要、互相关爱的情怀。结婚后写的《情怀》这首诗，既是对理想爱人的殷切期盼，也是对现实自我的勉励自省。

你的怀抱
是我畅游的海洋
伴随着你的心跳

我的理想　我的追求
都扬起了远航的风帆

我的怀抱
是你避风的海港
伴随着我的心跳
你的委屈　你的烦恼
都抛下了停泊的铁锚

我相信，普天下相爱的人们如果都拥有这样宽阔的情怀，爱情的航船就一定能乘风破浪、勇往直前。

写到这，想起了俄国伟大诗人普希金1828年写给安娜·奥列尼娜的一首情诗《你和您》。安娜·奥列尼娜是彼得堡艺术学院院长、考古学家奥列宁的女儿，一天晚上，普希金在奥列宁家举办的文艺沙龙上认识了年轻美貌的安娜·奥列尼娜，仰慕普希金才华的安娜一时语误，不经意竟然以"你"而不是贵族社交场上通用的"您"称呼普希金。普希金原本就对安娜·奥列尼娜一见钟情，她随意间的一句"你"，自然令他心猿意马、想入非非。一星期后，安娜·奥列尼娜就收到了普希金送来的这首情诗《你和您》。

她一句失言，
以无比亲热的"你"，
代替了虚假客套的"您"。
于是，种种美妙的幻想，
便浮上我钟情的心灵。
我默默地望着她，
目光久久不能开移。
我对她说：您多么可爱！

心里却想:我多么爱你。

爱情,是古今中外文学尤其是诗歌亘古不变的题材。诚哉此言!

我以诗作论爱情,爱情入诗更浪漫。

满饮开怀贺春酒

春节，是中华民族最重要、最隆重的传统节日，辞旧迎新，把盏尽欢，阖家团圆，举国同欢共庆；同时也是人们辛苦劳作一年后释放压力、抚平创伤、安放寄托的重要载体，亲友相聚，互述衷情，积攒力量，以便来年再战。

2018年春节，我们全家是在长沙老家与父母兄妹等亲人一起度过的。除夕之夜，尽享天伦之乐，在收到众多亲朋好友短信、微信的祝福之后，我遂作《满饮开怀贺春酒》诗一首回赠；祝普天下辛苦之人新春佳节解劳顿，愿各行业烦闷之心喜庆良时去块垒，贫富均乐，冷暖共知，福寿临门，春满天下。

岁末年初万事休，鸡犬别吻道闲悠。
尽抛堵心烦人事，满饮开怀贺春酒。
力戒空谈误国事，勤竭气力解民愁。
吟诗不求皆合律，才疏情真可打油。

每年春节期间，我都会收到亲朋好友的拜年诗联，常言道，“来而不往非礼也”，通常我都会一一和诗予以回应。2014年2月4日，是农历正月初五，即人们常说的“破五节”。在中国民间，春节期间通常会有很多禁忌，比如不能动针线、不能打扫卫生、不能打碎东西、不准妇女串门、不能用生米做饭，等等。过了初五之后，这些禁忌就都可以破除了。其实，这等于是在宣告和祈愿：不破不立。旧的一年已成过去，燃放鞭炮把家里所有的“晦气”“穷气”“霉气”都驱赶掉；新的一年已来临，畅饮美酒唯愿新年呈现新气象，带来更多的洪福好运。

就在这一天，就职中国科技馆的老朋友朱幼文先生给我短信发来拜年诗：“立春寒阳映西楼，一年鸿运破五求。送冬驱秽如蛇蜕，迎春纳吉龙马走。求财祈贵皆是虚，心宽体健自多寿。更有才思如潮涌，呼风唤雨动神州。”

自2012年党的十八大召开以来，改革潮涌，新政迭出，反腐霹雳，气象万千，全国人民对中华民族伟大复兴梦充满期待。朱幼文为中国科技馆资深研究员，曾在馆里的科研管理部和展览教育中心两个重要部门担任主任，对中国科技馆建设发展做出过重要贡献；退休后被聘任为《自然科学博物馆研究》学术杂志主编，是国内科技馆理论研究界知名学者，仍在发挥骨干作用。感慨同时，我遂步朱兄原诗韵回和，相互拜年，共抒情怀，同表心愿。

破五欣然上高楼，心定神闲欲何求？
才送金蛇归沧海，即迎白驹驰神州。
追名逐利黄粱梦，求真务实福禄寿。
更喜变革春潮涌，华夏复兴宏愿酬。

春节7天长假可谓短也，旅途奔波，车马劳顿，亲人团聚惜时如金；每当与年事已高、体弱多病的父母节后话别，心中都充满了惆怅。此时此刻，千言万语化为小诗一首，以表别离时的难舍难言心境。

浓情难化又远别，决断最苦是去留。
悲欢自古寻常事，聚散如今同样愁。
慈母叮咛三春晖，游子忐忑寸草忧。
蓬莱此去多歧路，万家苦乐在心头。

好在每年春节前单位举办的迎春团拜会都会给远离家乡的游

子带来极大的欢喜和开怀的快乐。2018年2月8日，馆工会组织举办“2018年中国科技馆春节团拜会”，总结2017年工作，部署2018年工作，表彰奖励年度优秀员工、优秀部门和优秀团队。馆领导给全体员工集体拜年，具有文艺天赋的干部职工登台表演，人人精神抖擞，节目个个精彩，一派喜气洋洋、欢天喜地景象。

会前，我专门为团拜会撰写春联一副，以凑热闹，谨表祝贺，添添喜庆。

上联：科苑广种梧桐树看金鸡展翅追凤凰丁酉功德圆满呈祥瑞；

下联：国馆勤开讲学堂祝黄犬放蹄效天马戊戌愿景美好启新程。

横批：鸡犬相吻　喜庆迎春

金乌归巢会月去

有关日落的诗，人们首先想到的自然是盛唐诗人王之涣的《登鹳雀楼》："白日依山尽，黄河入海流。欲穷千里目，更上一层楼。"作者用朴实无华的文字不仅描绘了祖国北方山河的辽阔、壮丽，还抒发了自己博大高远的胸襟抱负和昂扬向上的进取精神。

古往今来，不同心境的人观看日落，感受自然迥异。和"慷慨有大略，倜傥有异才"的王之涣不同，"怀才不遇、郁郁寡欢"的李商隐则认为，"夕阳无限好，只是近黄昏"。在李商隐看来，无限好的夕阳，毕竟很快将走向没落，只能使人更加惆怅。到了青年时期仕途坎坷、晚年不满时政隐居田园的马致远的笔下，"夕阳"则和"古藤、老树、昏鸦"一道，共同构成了"断肠人在天涯"的凄凉画面。而对正过八十寿辰的叶剑英元帅来说，刚刚经历了打倒"四人帮"的欣喜若狂，1977年4月28日，他在《八十抒怀》一诗中则吟出了"老夫喜作黄昏颂，满目青山夕照明"的感奋佳句。

我看日落，则喜欢想象。日落是一种再寻常不过的自然现象。落日的辉煌、晚霞的灿烂、天空的绚丽，转瞬之间消失殆尽，之后就是漫漫黑夜的降临。这期间，云与霞的变化莫测，昼与夜的奇妙更替，光与影的绚烂多姿，都给人们留下了无穷的想象空间，并由此生出了无尽的观感诗篇。记得是2017年初春的一个黄昏，我在中国科协密云绿化基地参加学习培训，课后爬上山顶，看金乌西沉，红霞满天，明月升起，仿若太阳、月亮天际幽会，相亲相爱相拥，正孕育着新的一轮朝阳次日升起。于是乎,写下一首《渔家傲·山顶观日落》。

北风少寒彰春意,长空如洗无霾迹,金乌归巢会月去。谁高语? 惊羞红霞飞天际。

云翻山浪掀彩衣,乾坤拥吻朱染地。登高窥破宇奥秘。雄鸡啼,一轮朝阳明升起。

我们知道,晚霞乃是日落时天空中出现的大气光象,它是阳光透过厚厚的大气层时,被其中的大气分子和悬浮微粒散射后再通过云层反射而形成的。这些大气分子和悬浮微粒本身并不会发光,但由于它们散射了太阳光,从而使得其自身都成为一个个散射光源。日落时,太阳接近地平线,阳光在大气中穿越的路程变长。根据瑞利散射原理,太阳光谱中波长较短的紫、蓝、青等颜色的光容易发生散射,而波长较长的红、橙、黄等颜色的光不容易发生瑞利散射,便透射出来,直射云层和大地。因此,日落时太阳看起来是红色的或金黄色的,周围的云也因反射太阳光而呈现红色、橙色或金黄色,形成了美丽动人的晚霞。这番景象,诚如白居易《秋思》中的佳句所绘:“夕照红于烧,晴空碧胜蓝。”

气象条件合适时,落日与彩霞当交相辉映,仿如核弹爆炸,喷薄四射,光芒万丈,耀眼夺目,烧红半边天,甚为壮观。有道是,山顶一声吼,要啥啥都有,此时观日落,怎能不触景生情、诗兴大发?

平地一声起惊雷,核弹爆炸显神威。

蘑菇云升光辐射,半天烧透彩云归。

我将这首短诗连同当时拍摄的落日照一同发微信朋友圈,竟有人以为我国又恢复了核爆炸试验,连忙问我何时在何地进行核试验,怎么跑到现场观看去了? 一笑。

日落给人们留下的不仅仅是绚丽的色彩、壮观的景象,如果联想到位,日落的情景还会让你觉得颇有情趣。2017年年底,我赴摩洛哥参加第45届国际博物馆协会科技馆专门委员会年会，从卡萨布兰卡机场出关乘车赶往首都拉巴特时，已近黄昏时刻。沿途晚风吹拂，看车窗外断断续续的棕榈树时不时地撩拨匆匆的落日，忙碌了一天的太阳似一顽童欢快地坠入大西洋。于是乎，一首《卡萨布兰卡看日落》现代诗应景应情脱口而出。

忙碌一天终于累了
枕着霞云懒洋洋地瞌睡

晚风和棕榈
偷偷地胳肢

太阳笑得前仰后合
一头跌进大西洋的海里。

“大漠孤烟直，长河落日圆。”（唐·王维）“攀桃映落日，折柳向春天。”（明·李梦阳）壮哉，落日！美哉，春天！

温酒信笔和友吟

朋友相识交往,讲究的是桑荫不徙 。古人云,“酒逢知己千杯少,话不投机半句多”,应该就是这个意思。我和好友交往,常常以诗相赠,或和诗作答;期间乐趣,相互自知,会心之处,莞尔一笑。

陈虔是北京航空航天大学软件学院教授,长期从事项目管理软件和协同工作软件研发,虽为信息技术专家,却文学功底深厚。我俩因都爱好写诗,交往甚多。近年来,北京冬春常常久旱不雨,2017年2月18日“雨水”节气这天,仍不见雨水。有感于斯,陈虔以《雨水》为题,作短诗两首示我。第一首纯为感慨,叹沙尘雾霾肆虐,感节气时令紊乱:“清风拂面寒气衰,不闻雨声踏春来。任凭微尘肆意飞,燕都此节似虚摆。”

我步其韵作答,对人类不尊重大自然、随意改变河山继而导致环境、气候恶化深表忧虑。

节气不准规律衰,雨水不见雨水来。

自然法则应敬畏,山河非能胡安摆。

陈虔的第二首诗则很幽默:“轻风徐徐送春归,田野凄凄盼雨水。日上三竿空自照,龙王偷懒尤酣睡。”

时任中国科协机关党委常务副书记兼机关纪委书记的我,自然也不会忘记结合工作性质风趣一把:

龙王偷懒尤酣睡,纪律涣散不作为。

天宫也须勤整顿,腾云巡视派纪委。

李文彬教授是北京林业大学工学院院长，改革开放初期曾留学日本，归国后一直从事林业机械及人机环境工程教学和科研工作，桃李满园，成果丰硕。李老师的诗朴实、自然、清新，略带感伤，并伴深沉思考；他多愁善感，常触景生情，咏物怀乡，感慨而发。我喜欢李老师的诗，常与他和应伴唱，插科打诨，自添乐趣。2017年10月28日，适逢重阳节，一大早，从微信朋友圈读到李老师写的《儿时重阳节的记忆》短诗："青瓦沐曦光，白霜遮草黄。煤炉催屋暖，陶缸蒸酒忙。田里稻桩短，云外雁队长。重阳浮旧事，游子梦还乡。"熟悉的场景，浓郁的乡情，淡淡的乡愁，泥土的气息，家乡的味道，一同扑面而来！

我和李老师同为湖南老乡，又是同龄人、同届大学生，还住隔壁邻居，可谓有缘、投缘。喜读李老师乡土诗，倍感亲切，顿觉神清气爽，思乡念亲之情油然而生。想到两人皆生性耿直、野鹤闲云、志趣相投，不以升官发财为追求，唯愿勤政为民尽职责，遂回《读李文彬兄重阳诗有感》一首，以作应答，共表心迹。

霾散云开天有情，重阳温酒和友吟。
楼皇心远凉客套，室陋趣近暖芳邻。
爱观花鼓蛮霸戏，不喜官腔哼哈音。
闲避尘闹慕公望，千里江山万年新。

2018年1月31日晚，长达1小时16分钟的"超级月亮+蓝月亮+红月亮"（又称"超级蓝血月全食"）三合一的罕见天象在中国全境呈现。此次月全食发生时，月球距地球的距离刚刚超过其距近地点的距离，几乎和"超级月亮"一般大，故被称为"超级月全食"。所谓"蓝月亮"，并非指蓝色的月亮，而是指在公历的一个月里连续出现了两次满月（1月2日和1月31日），实为难（蓝）得一见。据称，上一次出现此种天象还是在152年前。"红月亮"是指此时太阳光中波长最长的红光散射到月球表面的最多，从而出现了“红月亮”现象，月全食由此也被称作“血月”。

那天晚上，中国科技馆欧建成副馆长正好在办公室加班，亲眼看见了奥运五环塔上空的“超级蓝血月全食”，兴奋地填写了《水调歌头·红月照临科技馆》词一首，连同“超级蓝血月全食”摄影美图一并微信发我同赏：“皓月四时有，岂独在中秋。姮娥宝鉴孤悬，奥塔最高头。银光辉耀千里，白毫泽被万家，圆缺永无休。众星黯失色，我独领风骚。//岁月驰，催人进，起宏猷。新旧两馆接力，指顾三十周。如今际此盛世，勇竞时代风流，吾侪齐奋斗。踵事而增华，更上一层楼！”

2018年是中国科技馆开馆30周年，感念以实体科技馆、流动科技馆、数字科技馆、科普大篷车（被誉为科普轻骑兵）和农村中学科技馆建设为主的中国特色现代科技馆体系建设成绩斐然，我喜不自禁，遂步建成兄韵欣然和之，共享良辰美景，同贺建馆业绩。

蓝月今独有，风劲盖中秋。奇观百岁一遇，缘分水西流。圆满超级全食，橙玉玲珑剔透，万镜竞相收。星众作陪衬，华晔占鳌头。

光阴逝，夜与昼，永不休。馆开卅载，科技妩媚丽姿柔。体系构成初现，流动实体数字，轻骑解农愁。奥塔金樽举，欢庆待层楼。

社会进步书为梯

高尔基曾说过："书是人类进步的阶梯"。读书，自然成为每一个读书人为搭建人类进步阶梯而采取的具体行动。4月23日，是西班牙著名小说家塞万提斯和英国著名剧作家莎士比亚的逝世纪念日。我想，联合国教科文组织把这一天确定为"世界读书日"，除了希望读书成为每个人日常生活中不可或缺的一部分并以此来纪念这两位伟大的文豪外，更多的是希望通过在全球范围普及读书，提高公众素质，继而促进人类更快进步。

有感于斯，在2018年世界读书日的这一天，我专门赋诗一首，试图诠释读书、思考对人类社会发展的积极作用。

人猿揖别心智异，文明野蛮自分离。

假物拓能开视野，分家论序晓礼仪。

勤学丰智促创造，多思富民强国体。

平等自由求大同，社会进步书为梯。

改革开放以来，党和政府高度重视读书学习，1997年，中宣部、文化部等9部委共同发起实施"倡导全民读书，建设阅读社会"的"知识工程"；2000年，又把每年的12月定为"全民读书月"，以此激发全民读书热情，促进学习型社会、学习型组织、学习型家庭建设，推动社会文明与进步。近年来，以聂震宁委员为代表的许多新闻出版界有识之士反复在全国"两会"提案，呼吁设立"全民阅读日"，促进全民阅读立法，为提升公民科学文化素质、改善当今社会风气不遗余力、奔走呼号。

聂震宁是第十届、十一届、十二届全国政协委员，长期从事新闻出版工作，曾任漓江出版社社长、人民文学出版社社长、中国出版集团公司总裁，现任韬奋基金会理事长，著有《暗河》《长乐》等文学作品。我在科学普及出版社任职时，有幸与他相识，并得到他的鼎力支持。他曾多次应邀参加我社研讨、联谊活动，为干部职工授课讲座，学者风范、大家气度、兄长胸怀，令人感佩。感慨聂兄在文学创作、企业发展和人才培养、公益活动等方面取得的佳绩，尤其是为推动全民阅读活动开展所做出的杰出贡献，2017年春节，我为他特做藏头诗一首，予以力赞。

聂语高谈透威严，
震耳两会提案鲜。
宁肃国民喜阅读，
真情作家润心田。
心裁漓江丽文学，
英辉央企谱新篇。
雄领韬奋播精气，
赞引后学争向前。

读书的方法因人而异。上大学时我爱摘抄书中格言警句、美文妙论，工作后则喜欢在书上写批注发感慨，年纪大后手懒了，不再愿意动笔。而对柯有安教授来说，“不动笔墨不读书”，这既是他几十年来的读书体会，也是他养成一辈子的读书好习惯。

柯教授是我国通信技术领域的知名学者，主要从事雷达信号研究，在雷达散射矩阵与极化匹配接收方面最先给出了极化匹配接收的条件及几何表示方法，著有《雷达站》《雷达信号理论》等著作。我在北京工业学院（现已更名为北京理工大学）读研究生时，他是学校的副院长兼研究生院院长;我毕业分到《学位与研究生教育》编辑部后,他又兼任这本刊物的主编。很长一段时间,柯教授一直都是我的老领导。他曾反复告诫我们,千万不要过于相信自己的记忆力。在他看来,再淡的墨水也胜过最强的记忆。柯教授告诉我,自上大学那天起,凡读书,他都记笔记,每年整理成一卷,每卷20万字左右,60多年从未间断,字数合计已超过1000万字。2012年4月23日,既是柯教授的80寿辰日,又恰逢"世界读书日",我有幸受邀参加他的祝寿宴会。有感于柯有安教授教学科研成果丰硕,遂即兴口占一镶名寿联,祝福道贺。

育人有道,桃李芬芳满天下;

科研安邦,成果丰硕誉神州。

衷心祝愿柯教授健康长寿、万事顺意。

2018年4月中旬,我脱产参加中央和国家机关司局级干部研修班,聚焦"新时代的中国经济与现代化经济体系建设"专题,在中国人民大学脱产学习一周。重新走进教室学习、食堂吃饭、寝室睡觉,再次体验大学生活,感觉十分美妙。一周里,白天、晚上几乎排满课程,授课教师大都是像中国人民大学校长刘伟教授那样的国内一流经济学家。感慨之余,专门赋诗抒怀、留念。

桑榆入学堂,卸却公务繁。

诚惶又诚恐,唯恐废时光。

认真听讲课,笔勤熟记方。

课后有讨论,教学互相长。

青春影作伴,桃李绽芬芳。

抬头皆名师,俯首做学郎。

思辨析真理，求索路漫漫。

不因苦钻研，哪得学识涨？

少壮不努力，老大徒伤悲。青年朋友们，趁青春年少，抓紧读书吧！

我以诗联话离别

“桃花潭水深千尺，不及汪伦送我情”。李白的《赠汪伦》一诗，不仅表达了他对汪伦的深厚情谊，同时也成为友人诗词送别之绝唱。以诗词、对联为礼，赠予同事、朋友话别，不仅少去了财物相送的俗套，还多了一份书卷雅气留存的回味。

王保辉是我在中国科协机关党委工作时的同事，主持办公室工作，2016年底被选派到山西吕梁地区挂职岚县副县长，重点从事科技扶贫工作。保辉中国农业大学毕业后，先后在中国科协离退休干部办公室、组织人事部、机关纪委、机关党委工作，工作勤勉负责，踏实肯干，几乎年年考核优秀，并获中央直属机关优秀共产党员等荣誉称号，是一位优秀青年干部。但他长期在机关部门工作，缺乏基层一线历练，加上性格急躁，工作激情有余、沉稳稍欠；于是，离别时，我赠送给他的是《求真务实是良方》诗一首，希望他深入基层，修身养性，多向民众学习，多向实践学习，挂职锻炼取得优异成绩。

校门一出进机关，志大才疏易轻狂。
小鲜急烹避破碎，巨轮涛行忧偏航。
坐道常觉从政易，践行方知治域难。
牢记宗旨师民众，求真务实是良方。

2017年5月，我调任中国科技馆党委书记。不久，中直机关团委在系统内选拔优秀志愿者赴河北省平山县支教，馆人力资源部优秀青年干部张乐克服家庭困难，积极报名，最终如愿。平山县是革命老区，地处太行山东麓，为国家级贫困县，著名的白毛女传说就起源于此。支教点分西柏坡和北冶乡两处，相比西柏坡，北冶乡的名气不大、条件较差、生活艰苦，但张乐却主动要求去北冶乡，并被委任为平山县支教总队副队长、北冶乡分队长。对此，我深感欣慰，临行时，以藏头诗《命官位卑敢担当》相送，为其壮行。

张郎受令奔平山，
乐效先辈战太行。
支农富民行路漫，
教书垂范育人长。
使者任重勇实践，
命官位卑敢担当。
光阴不负杵针志，
荣耀但留北冶乡。

我1977年7月高中毕业于江西省清江县樟树中学，现在，清江县已改为樟树市了。樟树是南方中药材重要集散地，以生产“四特酒”而闻名。据说，樟树地名源于《搜神记》中的“聂友射鹿”传奇故事。相传，某年，身为吴国大将的豫章郡新淦人聂友奉命率兵攻打儋耳（今海南岛）。由于海面波浪滔天，普通战船根本无法渡江。聂友听说家乡赣江边的樟树林中有一修炼成精的白鹿有驭水之法，且此白鹿性嗜酒，于是便命人在白鹿经常出没的樟树林中放置了一坛上等的四特酒。一天晚上，白鹿为酒香所诱，来到了酒坛边。聂友刚想上前询问造船之事，谁知白鹿见人之后受惊，拔腿便跑。聂友紧随其后追赶，眼看白鹿就要消失不见，情急之下，张弓搭箭朝白鹿射去。白鹿带箭奔逃，聂友追上前去，却没有发现白鹿的踪迹，遂命士兵继续搜索，发现射出的箭正插在一棵巨大的樟树之上，箭口处还有汩汩鲜血流出。聂友知有神异，便在樟树前摆出上等四特美酒设坛，祭树3日，然后伐之造船。用这个大樟树所造的船果然踏波逐浪如履平地，为聂友后来平定儋耳诸岛立下赫赫战功。

2017年是樟树中学我们这届学生高中毕业40周年，5月6日，400多名77届同学从祖国的四面八方赶回到母校聚会。为给母校赠送礼品，筹委会委托我撰写赠送词语。我自然想到的是对联。由于刚开始没有确定赠送什么礼物，故第一次写的对联很长，表达的意思也比较多，联中还嵌有“樟树中学”四字。

数载同窗共读，纯洁情谊宛如香樟滋润胸肺，常思忆恩师教诲无涯、书中传道，一片丹心做舟楫；

卌年分别团聚，爽朗笑语恰似绿树劲舞春风，多感念母校育人有方、学海授渔，满腔厚爱助云帆。

有时，相送并非都有重逢，亲朋好友生死离别的相送更是令人刻骨铭心。陈世东是我在科学普及出版社任职时相识的挚友，他的夫人孙玉萍是我大姐般的同事，两口子对我工作帮助极大，每每在我重要事情、关键环节决断时，世东兄都能予以及时点拨、当面赐教，令我受益匪浅。陈世东出生于上海一铁路职工家庭，曾在北大荒兵团当知青，戍边垦荒7年，改革开放后进入国家机关从政，风头正劲之际又另辟蹊径，闯进金融一线从事决策咨询工作。他辅佐领导战略谋划，常常超前预知，准确把握商机，促领导果断决策、审慎实施，被商界称为谋事奇才。老大哥酷爱读书，涉猎广泛，出版的《随笔春秋》既是他读史钻研的思考和心得、搏击商海的感悟和总结，更是他对亲朋好友和自然世界无比热爱的真情流露。

然而，上苍不公，竟使英才夭折。2016年7月24日，陈世东不幸因病去世，享年仅67岁。老友逝去，生者长悲。当天晚上，我含泪写下了这样一副挽联，以表达我的哀思和悼念。

白山黑水兵团历练豁达乐观拼搏性格近七秩人生陈年精彩往

事随笔成追忆；

红墙绿涛商海造就睿智韬略兴国奇才越万世春秋老幼挚爱亲朋哀思唤东归。

联中镶有陈世东姓名和他的著作《随笔春秋》书名，概括了朋友高洁的品德、传奇的人生、出色的才干，以为老大哥永别送行。

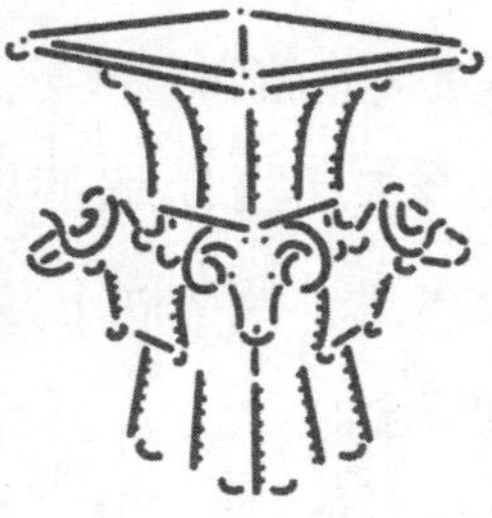

勃发英姿抒豪情

5月4日为青年节。这是岁月如歌的季节,这是青春放飞的日子,这是人生芳华的时刻。此时此刻,用诗来赞美青年,歌颂青春,成为再自然不过了的事情。

中国科技馆团的工作一直非常活跃,为挖掘、宣传、树立馆里优秀青年典型,在全馆团员青年中营造学习先进、争当先进的良好氛围,进一步加强青年文化建设,激励广大青年学习成才,做干事猛将、创新先锋,馆团委于2018年初组织开展了首届"中国科技馆十佳新锐青年"评选活动。

通过自荐、推荐、初评,共有28位优秀青年遴选进入"十佳新锐青年"候选人队伍。他们分别是:张乐、陈洁、王政、邢阳、谌璐琳、乐雁、张志坚、侯易飞、黄践、于悦悦、唐剑波、李博、辛尤隆、刘洁琼、胡杨、李一、孙晓军、常铖、王学旗、赵然子、周际、李大为、张文豪、朱洁瑜、李嘉欣、王鹏、潘希鸣、范家旭。为表示对馆团委工作的支持,鼓励首届新锐青年评选活动,2018年1月24日,候选人名单一公布,我遂作诗一首,以示祝贺。全诗镶嵌28个青年候选人每一位的姓名中的至少一个字,诗曰:

鹏展天际旭日欣,将威兵豪持铖行。
大军一去功名博,王子千里佩剑鸣。
旌旗飞舞杀气隆,胡杨坚屹壮志英。
残阳落雁黄沙映,乐效疆场悦洁琳。

在我的心目中,这些优秀青年工作在中国科技馆的各个岗位,如同无畏的战士奔赴疆场,定将英勇杀敌,报效祖国,建功立业。

2018年1月31日,"首届中国科技馆十佳新锐青年评选"活动进行决赛,28位候选人通过演讲、辅之幻灯片尽情展现自己工作、生活风采,开始激烈的角逐。评委最终通过无记名打分,评选出张乐等10人为"2017年度中国科技馆十佳新锐青年"。决赛现场,我逐一点评了每位青年的汇报演说,并即兴赋《勃发英姿抒豪情》藏头诗一首,褒奖这些优秀青年的迷人风采,希望他们再接再厉,再创佳绩。

新年开启气象新,
锐意张扬溢满屏。
青春似火燃斗志,
年华若水洗艰辛。
朝闻道悟昼奋进,
气鼓神足岁砺行。
蓬张桨疾勇破浪,
勃发英姿抒豪情。

为纪念"五四运动"99周年、马克思诞生200周年,2018年青年节前一天,馆团委以"青春故事讲述会"形式,举办青年节主题团日活动。与会团员青年重温入团誓词,观看马克思生平短片和科技馆老员工专题采访片,16位青年团员代表结合岗位工作讲述发生在自己身边的感人故事,共同分享成长、成才的经历,以独特的方式庆祝自己的节日。

作为出席活动的受邀馆领导,感怀各位青年团员喷薄四射的激情与活力,结合习近平总书记同年5月2日在与北京大学师生座谈会上发表重要讲话对广大青年提出的四点希望,我不禁赋诗一首

《爱国励志求真行》,以歌青春,以赞青年。

团日活动主题鲜,青春故事颂青年。

璞玉琢磨方为器,顽石历练始成岩。

不忘初心魂铸脑,牢记使命责担肩。

爱国励志求真行,敢叫日月换新天。

其实,我的名字也与青年节有关。据母亲说,我五月三日出生,据“五四青年节”只差一天;于是,父母给我取名“青”,希望我永葆青春,与哥哥苏丹共同描绘人生灿烂的“丹青”。值此57岁生日之际,与馆里优秀青年共度美好时光,偷偷庆贺自己的生日,仿佛时光倒退、岁月回流,又回到了风华正茂的年华,不禁“老皮黄瓜刷绿漆——装嫩”,作《人间正道是向前》诗一首,以示鞭策、自励。

青春似火火热天,日近黄昏又一年。

老皮黄瓜刷绿漆,嫩蕾红花绽朱颜。

常省庸碌岁月事,少作哼哈官套言。

心不老时人不老,人间正道是向前。

这正是:

人生易老心不老,

岁岁春光,

今又春光,

天命妙龄续华章。

一年一度青春聚,

魅力飞扬,

睿智飞扬,

携手同心创辉煌。

贺语声声暖心扉

结婚生子、金榜题名、功成名就，均乃吉祥喜庆之事。中国人重礼仪，凡亲朋好友、同事邻居每逢吉庆之事，免不了要登门或面见道喜祝贺。对我而言，以诗联相赠，却不失为一种既省钱又不算太费力气且还新颖别致的道喜祝贺方式。

2017年8月16日晚，中国科技馆发展基金会办公室同事饶荣亮偕夫人伊喆微信报喜，报告家中新添7斤小帅哥一枚，又一小生命降临。这是2015年10月党的十八届五中全会宣布全面实施一对夫妇可育两孩政策后，中国科技馆这对青年夫妇相亲相爱取得的又一丰硕成果，自然可喜可贺。当天晚上，我遂作对联一副，微信回复祝贺。

令尹添一人遂伊心愿，大吉成双对；

尧帝赐丰食惠民荣光，亮德颂千秋。

令尹为春秋战国时期最高政务官之称，尹添人字旁成伊，吉成双对为喆，尧加食字旁变饶。联中或明或隐镶嵌了饶荣亮、伊喆夫妇姓名。祝愿饶氏父子前程远大，夫妇家人效仿前贤，基金会心系民众，多做利国惠民之好事。

何苗是我在西北工业大学在职攻读博士学位时的同门学友，写毕业论文阶段，我和他及其他几位学友常在一起相互探讨、共同研究，他在查阅文献、启发思路等方面对我帮助颇多。毕业后，他回四川老家创业。2016年“五一”期间，从同门学友微信群中得知，这位忠厚内向、处事低调、严谨勤奋的学弟终于洞房花烛夜，抱得美人归。看到他在群里晒出的婚庆照片，我为之欣喜，专门作《喜上眉梢恋蝶飞》藏头诗一首，与导师和其他同学一道，在群里向他表达祝贺之情。

祝酒豪饮斗当杯，
贺语声声暖心扉。
何事同门齐喝彩？
苗圃红花双吐蕾。
洞房烛照帅哥靓，
婚礼轿抬美人归。
大吉大利三春日，
喜上眉梢恋蝶飞。

以诗联做吉庆礼物，贺同事乐得贵子，庆新人喜结良缘，不亦乐乎！

2017年6月中旬，第五届全国科技馆辅导员大赛全国赛区决赛在上海举行，来自全国各地科技馆闯入决赛的70多位优秀科技辅导员教师同台竞技，争夺展品辅导奖、科学实验奖、其他科学表演奖三大类奖项的一、二、三等奖。中国科技馆参赛选手尽管表现突出，三大类奖项均获得了一等奖，展现了高超的辅教技能和良好的精神面貌，但是，参赛的青年才俊个个口吐莲花，人人激情澎湃，举手投足自信洒脱，解说辅导精彩纷呈，选手之间的水平其实难分伯仲，获胜场面倍感惊险。受现场紧张、激烈比赛气氛感染，我即兴作《青春绚丽竞风采》诗一首，以表祝贺、勉励、奋进之意。

国盛有赖民智开，科普力助素质抬。
教育非唯授知识，辅导却能启思才。
科技助力复兴梦，创新播种少年怀。

青春绚丽竞风采，伯仲难分齐喊嗨。

承蒙老朋友、《科普时报》总编辑尹传红先生厚爱，我有幸在该报主持“青诗白话”栏目，每周撰写一篇文章，最后就说说我与该报纸的诗缘吧。《科普时报》由原《科技文摘报》改刊而来，是目前唯一的一份国家级综合性科普周刊。该报以提高全民科学素质为使命，强化科普原创力度，努力成为科学知识的传播者、科学方法的实践者、科学思想的倡导者、科学精神的弘扬者，为繁荣科普事业做出贡献。

2017年9月16日，《科普时报》创刊暨全媒体科普平台座谈会在中国科技会堂举行。如今传统纸媒已极难生存，更遑论发展壮大，《科普时报》却逆势创刊，实在是勇气可嘉，精神可佩，举措可赞。众科普大咖一番祝贺道喜之后，我在座谈会上直言，今天与其说是同祝共庆《科普时报》创刊的座谈会，不如说是为该报刊嘉勉鼓气的壮行会，希望《科普时报》纸媒与全媒体科普平台相互融合、互为借力，办出特色，成为科普界大受欢迎的重要传媒。在接受该报记者采访时，我还当场口占《时贤共济襄盛举》藏头律诗一首，再表祝福之意。

祝融播火耀神州，
贺瑞新启寄语稠。
科研求索辨真伪，
普教育民担乐忧。
时贤共济襄盛举，
报台互融争一流。
创意无限彰特色，
刊道全媒宏愿酬。

好诗待对蓝天吟

党的十九大胜利召开，举国欢庆，全球瞩目。唯一遗憾的是，大会期间，北京的天空没有出现每逢重大会议、活动通常都会拥有的"十九大蓝"。会后连续多天的雾霾天气，再次引起人们热议，十九大报告提出的"建设美丽中国，为人民创造良好生产生活环境，为全球生态安全做出贡献"宣言，成为广大人民热切期盼、美好愿景。

自工业文明以来，"雾霾"就与人们生活如影相伴。在中国，"雾霾"成为年度关键词，则是2013年的事情。这一年的一月份，曾有4次雾霾过程笼罩全国，北京这月更是仅有5天没有雾霾。那年秋天，我曾激愤地填写过一首《渔家傲·秋霾》。

雾罩京城风味异，久居鲍肆应在意。十面霾伏如潮起，千瘴里，遮天掩日口鼻闭。

浊眼一双搜半里，潸然涕下逃无计，咳扰肺喉尘满地。齐努力，何时能享净空气?

2014年1月4日，国家减灾办、民政部首次将危害健康的雾霾天气纳入2013年自然灾情通报。次月，习近平总书记考察北京，强调要加大对雾霾的综合治理，加强环境执法监管，认真进行责任追究。自此，全国"蓝天保卫战"第一枪终于打响，雾霾治理开始日见成效。无霾的日子，确实令人神清气爽、心旷神怡。一天雨后，北京霾散云开，天空湛蓝，鳞云密布，煞是好看，不由即兴口占一首《雨后》。

雨后京城气象新，霾散天蓝鲤鱼鳞。

心随物变精神爽，满目美景一身轻。

党的十八届五中全会召开后，“绿色”成为五大发展理念之一，加强生态文明建设首度写入国家五年规划。时任环保部部长陈吉宁表示，为完成“十三五”规划提出的“生态环境要总体改善”目标，将从改革环境保护制度入手，着力提升环境治理能力。自此，我国环保治理开启“最严时代”，“绿水青山就是金山银山”理念开始生根落地。据北京市环保局通报，2015年北京蓝天数较上年多14天，2016年PM2.5年均浓度较2015年下降9.9%，为近三年来降幅最大。尽管2016年北京PM2.5年均浓度仍然超过国家标准109%，但2017年北京空气质量已明显感觉好转。

党的十九大结束后，2017年10月28日至11月1日，北京空气质量连续5天优良，兴奋之余，草就《蓝天三部曲》，以表祝贺和祈愿。

蓝天一日已稀奇，
接二连三直称奇。
祈愿天蓝成常态，
京蓝如布织新衣。

长城如练舞彩峰，
山新水秀诗意浓。
天时地利人和谐，
除霾如今非独风。

京城蓝天净无沙，
地阔云轻浪无涯。
若扫人间尘霾垢，

风清气正乐万家。

十九大将“坚持人与自然和谐共生”作为新时代坚持和发展中国特色社会主义的基本方略之一，强调“实行最严格的生态环境保护制度”，要求“像对待生命一样对待生态环境”，“坚定走生产发展、生活富裕、生态良好的文明发展道路”。我相信，未来北京天将更蓝，水将更绿，生活品质将更美好。正可谓：

调墨需用清河水，好诗待对蓝天吟。

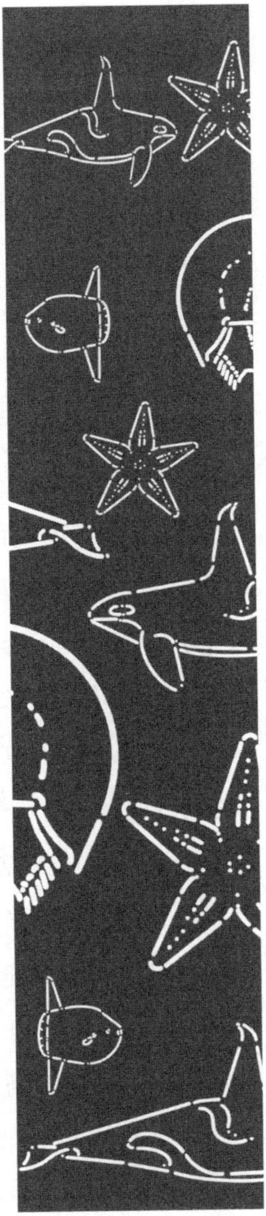

老树新花添春意

2018年10月17日，乃农历九月初九，又是一年一度重阳节。人们自然会想起唐代杰出诗人王维17岁时写的那首思乡诗《九月九日忆山东兄弟》："独在异乡为异客，每逢佳节倍思亲。遥知兄弟登高处，遍插茱萸少一人。"

《易经》把"九"定为阳数，九月初九，两九相重，两阳相聚，"重阳节"名称由此而来。每年的农历九月初九，因时逢仲秋，草木开始凋零，秋风渐生寒意，故"重阳节"每至，游子旅人自然触景生情、思亲念故，文人骚客难免有感而发、赋诗抒情。正因如此，古人写重阳的诗词大都充满伤感和幽怨，王维的《九月九日忆山东兄弟》自不必多言，元代卢挚的《沉醉东风·重九》曲也不例外，"题红叶清流御沟，赏黄花人醉歌楼。天长雁影稀，月落山容瘦，冷清清暮秋时候。衰柳寒蝉一片愁，谁肯教白衣送酒？"比卢挚小38岁的元代著名散曲家、剧作家张可久写的《折桂令·九日》更显凄凉、悲伤："对青山强整乌纱。归雁横秋，倦客思家。翠袖殷勤，金杯错落，玉手琵琶。人老去西风白发，蝶愁来明日黄花。回首天涯，一抹斜阳，数点寒鸦。"

"重阳节"名称记载见于三国时代。魏文帝曹丕《九日与钟繇书》中曾这样描述当时的重阳节："岁往月来，忽复九月九日。九为阳数，而日月并应，俗嘉其名，以为宜于长久，故以享宴高会。""九"为数中极数，"九"又谐"久"音，九九重阳，便有生命长久、延年多福之寓意，寄托着人们对老人身体安康、吉祥长寿的祝福。于是，重阳节又被视为敬老日，2013年7月1日起实施的《老年人权益保障法》把这一天定为“老年节”，更是为了彰显“关爱老人，履行孝行”的法定节日意义。

对各个部门单位而言，重阳节是一个关心离退休老同志的重要日子，每逢佳节，或是看望慰问，或是组织秋游，或是招待电影，都要开展各种各样的尊老、敬老、爱老、助老活动，营造良好的社会风气。对中国科协来说，尊老、敬老、爱老、助老更体现在发挥离退休科技工作者的余热上，使他们老有所为、老有所乐、老有所学、老有所依，焕发第二次智慧的青春。中国老科学技术工作者协会就很好地发挥了这样的作用。

2017年6月18日，首届全国老科技工作者书画摄影展在中国科技馆举行，展览由中国老科学技术工作者协会主办，北京老科学技术工作者总会、中国科技馆、中国科技馆发展基金会等多家单位承办。展览以“不忘初心 风采依然”为主题，共展出全国老科技工作者的书法、绘画、摄影、篆刻等艺术作品600余幅，表达了全国老科技工作者爱国爱党爱民的美好情怀，展现了广大老科技工作者积极向上、热爱生活、追求艺术的精神风貌。中共中央政治局原常委、国务院原副总理李岚清为展览题写展名，并展出了自己多件篆刻作品。所有入展作品将由企业认领，认领资金将全部捐赠给中国科技馆发展基金会，用于农村中学科技馆建设，旨在提升乡村孩童科学素质。时任全国政协副主席、九三学社中央主席、中国科协名誉主席韩启德，原国务委员、第十一届全国人大常委会副委员长、中国老科学技术工作者协会会长陈至立等领导同志出席开幕式，李岚清同志以普通观众身份观看了展览。

陪同各位领导观赏书画摄影作品，有感于广大老科技工作者退居生活悠闲、精神世界富足、艺术生命长青，遂作诗一首，以表敬佩、以示羡慕。

挥狼毫，
志品高，
满怀诗情寄泼墨，
丹青写意颂娇娆，
桑榆永不老。

端长炮，
远聚焦，
万千画卷收眼底，
金乌西下云水谣，
黄昏霞如潮。

握刻刀，
篆字妙，
金石留印见功底，
入木三分锋循道，
伏枥志未消。

中国科技馆的离退休同志十分关心科技馆事业发展，馆领导班子也拥有重视老干部工作的优良传统，每年一二月都要为老同志举办新春联谊会，七八月还要举办年中工作汇报会。我平时也与馆里的离退休老同志多有联系，从他们身上学习到了许多好的东西，值此重阳节之际，特赋诗一首，以褒赞离退休老同志，并祝愿所有老同志身体健康、万事如意、阖家欢乐。

秋风送爽气象鲜，科技场馆聚群贤。
老树新花添春意，夕阳彩照丽京颜。
余热出谋兴事业，赤情献策促馆建。
老骥伏枥志千里，不用扬鞭奋向前。

岁月如歌话人生

2005年，联合国教科文组织正式将每年11月份的第三个星期四定为“世界哲学日”(World Philosophy Day)。写这篇文章时，2017年的世界哲学日(11月16日)刚刚过去一星期，此时谈“人生”，似乎还能和哲学挂上点边儿，也算是对这个公众还不太熟悉的哲学日谨表纪念吧。

设立“世界哲学日”，联合国教科文组织的本意是为了促进哲学教学的发展，鼓励人们对思想和理性进行批判，对当代重大问题进行哲学分析、研究和探索，加强哲学、人文科学与社会科学等领域的国际合作，以期更好地发挥哲学对人类社会发展的巨大促进作用。对学自然科学的我而言，这样的期望值显然太“高、大、上”了，能结合自身经历谈点对人生的粗浅看法，自认为已经很有哲学味道了。

哲学穷究的大多是人生的终极问题。广为流传的一个段子是：北京大学的保安颇有哲学涵养，每天都要对走进校门的陌生人，一连发问三个哲学本源问题——“你是谁?”“你从哪里来?”“你到哪里去?”可千万不要把这当成笑话讲。要知道，在过去的30多年里，北京大学先后已有500多名青年保安自学成才，有的考上大学，有的考上了研究生，有的甚至还当上了大学老师。

哲学研究的这些重要问题，很大程度上，其实就是考量人生的态度，即人们常说的“三观”——人生观、世界观、价值观。每个人的人生态度，成年后会相对稳定；但每个人的人生追求——人生态度的重要内容之一，在不同的年龄阶段，聚焦点通常是不一样的。1996年写这首题为《梦》的短诗时，就是试着探讨人在不同年龄段的追求目标或人生态度。

童年的梦
是天上的
——星星

少年的梦
是姑娘的
——眼睛

青年的梦
是事业的
——峰顶

中年的梦
是儿女的
——足音

老年的梦
是故里的
——温馨。

青年是社会人群中最积极、最活跃、最敢想敢干、最富有生机和活力、最富有想象力和创造力的群体，同时也是最躁动、最偏激、最容易冲动、最不安分、最容易闯祸惹事的人群。人们常说“青春无悔”。其实，已经消逝了的青春，虚度也好，荒芜也好，后悔又有什么用呢？但是，无悔的青春究竟是一种什么样的人生态度呢？毫无疑问，这是一个见仁见智的哲学问题，100个年轻人一定会有100种不同的回答。1984年春天，我刚满23岁，正值荷尔蒙最旺盛的年龄，大学毕业后直接考上研究生并在读研二，又赶上改革开放个性张扬的年代，可谓意气风发、骄傲自负。那时写下的《青春无悔》诗句，如今读来，脸红耳热心臊之际，还有一种“廉颇老矣，尚能饭否”的感慨。

悠悠扬扬的岁月
时有美丽如歌
从唇边轻轻滑过
胸襟似海　思辨
扯起风帆遨游
新鲜活泼的倩影
时有挑剔在背后
指——手——画——脚
还有什么比这
更高兴和令人难过
倘若　生者如同死者
不再遭世人的数落
我宁愿再次投胎
决不团着思想活着

犹太人有句格言，叫作“人类一思考，上帝就发笑。”这句话经原捷克斯洛伐克籍大作家米兰·昆德拉引用后，在中国学界可谓家喻户晓。我想，上帝之所以发笑，一定不是因为那些号称哲学家的学者们或政治家们一本正经地作严肃认真思考状让他忍俊不禁。在米兰·昆德拉看来，人们常常自以为是，以为思考得越多，就越接近真理；殊不知，如果缺乏心灵的沟通，人们越思考，每个人心中的真理离彼此就越远。

但是，人之所以区别于动物，就在于人类会思考、爱思考，渴望思想像云朵一样自由自在地在天空游走。北京天气好时，只要蓝天出现了儿时在家乡常见到的朵朵白云，我就忍不住要抬起头来傻傻地盯着白云陷入长长的思考。这时候，即使上帝偷偷地在笑话，依然感到傻傻的幸福。《人生四部曲》就是这样傻傻地盯着白云思考的意外收获之一。

云飞天不动，风过树仍留。
人生如驹隙，何须愁白头。

云飞天不动？动静自感求。
世界多变幻，心定少烦忧。

云飞天亦动。不动时怎流？
人类求发展，思索永不休。

云飞天必动，天地晒风流。
宇宙有法则，万物竞自由。

冲动常伴魔鬼影

这段时间，重庆公交车坠江事件成为网络热点新闻，引起了人们对公民道德素质以及自身安全保护的热议。

2018年10月28日，重庆市万州区一辆22路公交车在万州长江二桥桥面与一辆小轿车发生碰撞后，坠入江中，造成了15人溺亡的惨剧。打捞出的车载行车记录仪上的监控视频显示，事故原因竟然是女乘客刘某与公交司机冉某争执并互殴导致车辆失控坠江。

原来，事发前，乘客刘某发现，公交车因道路维修而改道，导致自己错过了目的地站，便要求停车，驾驶员冉某按规定予以拒绝；刘某遂起身走到冉某身旁指责、谩骂，双方争执逐步升级。当公交车行驶至万州长江二桥上时，刘某持手机击打冉某头部，冉某右手放开方向盘还击；随后，刘某再次用手机击打冉某肩部，冉某用右手格挡、回击，收回右手后遂向左急打方向盘，导致车辆失控向左偏离并越过桥面道路中心实线，与对向正常行驶的红色小轿车相撞，冲上路沿、撞断护栏坠入江中。

在这一惨烈事故中，女乘客刘某不守规则，挑起事端，无理取闹，殴打司机，干扰驾驶，实为罪魁祸首；驾驶员遇事不冷静，未能停车处理，反而争执理论，最终情绪失控，致使操作失当，实为事故次因；其他乘客袖手旁观，充当看客，不予劝解，任由事态发展升级，最终一同殉葬，实为可悲。这真是：

怨女一愤智商零，安危害利拎不清。

过站无端生谩骂，迁怒有意滋恶行。

任性总映自私像，冲动常伴魔鬼影。

事不关己高挂起，万劫不复聚江冥。

在这一悲剧事件中，自私任性，冲动赌气，冷漠无情，成为当下社会风气的一个缩影，引起人们普遍反思。唯有不断提高民众素养、社会公德和公共安全意识，持公德之戒、法律之戒、秩序之戒，方能人民安居、社会和谐、生活安定。为此，我们每个人都应加强修养、慎独慎微，对人宽厚包容、尊重礼让，遇事理性平和、克制冲动，处险挺身而出、果断出手，方能避免同样悲剧不再重演。

为此，让人又想起了2个多月前发生的“昆山龙哥事件”，引发对公众安全问题的再度思考。这次事件的最终结果令人欣慰。

2018年8月27日，手臂刺青的刘某龙醉酒驾驶宝马轿车在昆山市震川路西行至顺帆路路口时，向右强行闯入非机动车道，与同向骑自行车、穿白衬衫的于某险些碰擦。刘某龙同车伙伴遂与于某发生争执，经同行人员劝解返回车辆时，刘某龙突然下车，上前推搡、踢打于某。虽经劝架，刘某龙仍持续追打，并返回宝马车取出一把砍刀，连续用刀击打于某身体各部。刘某龙在击打中砍刀甩脱，于某抢到砍刀，并在争夺中捅刺刘某龙身体多处，导致其失血性休克，后经送医院抢救无效死亡。

事件发生后，“白衣哥”于某被警方扣押，一度被认为是与“龙哥”刘某龙互殴。此事件引起民众高度关注和热议，人们担心于某或因防卫过当而判刑。是啊！当个人的生命安全遭受如此严重的威胁时，如果还不能奋起反抗，岂不是鼓励人们在邪恶的屠刀下俯首帖耳甘做待宰的羔羊吗？令人欣慰的是，昆山市公安机关经过缜密侦查，并商请检察机关提前介入，9月1日就案情调查处理结果发布通报，称于某属正当防卫，不负刑事责任，依法撤销案件，予以释放。

“龙哥”的猖獗和横行，说明黑恶势力当下仍很嚣张，党中央部署的“除黑打恶”举措深得人心。民众群情激奋，密切关注，纷纷声援，说明法律已存失去民众信任的危机，为政者当予以高度警醒、重视。昆山市公安、检察机关及时介入、周密侦查、审慎处理、迅即通报、正确裁决，主持了公道，伸张了正义，打击了邪恶，震慑了黑道，赢得了人心，实为可喜可赞。

喜读通报，倍感欣喜欣慰欣快，遂仿当年郭沫若打倒“四人帮”后所作《水调歌头·大快人心事》一词，东施效颦，步其韵和之，以表情怀。

大快人心事，正气得弘扬。青皮流氓滋事，气焰太嚣张。醉驾占道追杀，挥刀欲致人亡，忒丧心病狂。出来混世界，迟早都得还。

欺人甚，无躲藏，奋反抗。白衣哥真好汉，岂做待宰羊？拾刃勃然反刺，除暴又安良，防卫绝对正当。法律顺民意，万众赞昆山。

山清水秀民向往

冬天一到,尤其是开始供暖后,北京的雾霾马上卷土重来;据报道,2018年11月中旬这周正经历入冬以来最严重的一次大气污染过程,令人十分沮丧。不过,自党的十八大后开始实行“最严格的生态环境保护制度”,北京的雾霾治理已见成效。与2013年相比,2017年北京PM2.5平均浓度已从每立方米89.5微克降至58微克,全年雾霾天数也大幅度减少。

雾霾是人们对大气中各种悬浮颗粒物尤其是PM 2.5的含量超标的笼统表述,它是一种大气污染状态。“雾霾”成为年度关键词和公众关注热词,始于2013年。这一年的一月,4次雾霾过程笼罩全国30个省(自治区、直辖市),北京仅有5天不是雾霾天。遥想2014年10月中旬,我赴西藏出差,沐浴着高原明媚的阳光,呼吸着拉萨纯净的空气,享受着西藏特有的蓝天,得知北京已连续数日重度雾霾,不禁感慨万分,遂步苏轼《江城子》韵,戏作《拉萨遥望北京遐想》一词。

拉萨北京两茫茫,彼雾霾,此湛蓝。同国迥异,何处话感伤?纵使自得居帝都,尘满面,情何堪?

夜来幽梦忽还乡,戴口罩,闭门窗。自顾无言,更有肺紧张。但愿来年金秋夜,月如斯,圣洁光。

雾霾大气污染出现之前,北京人关注更多的是风沙。1978年10月,我从南方考到北京上大学,一个月后和第二年开春,就接连领教了北国风沙的肆虐和可怕。风沙刮起，昏天黑地，日光灯发出幽暗蓝光，倍感瘆人；沙尘扑面，无孔不入，女孩尽戴轻薄面纱，煞是怜人。坐在教室里，抖去满纸的尘沙，我遂信笔写下了这样一段诗句：

京城的风
——沙好浓
京城的天
——天浑红
风沙扑面
——面打肿
天黄日暗
——地打盹

绿叶想挡沙
沙欺叶儿嫩
青草欲截风
草折风更疯
欲赋新诗风刮走
桌铺稿纸沙画龙

据北京观象台沙尘资料统计分析，新中国成立后，北京沙尘现象最严重时发生在20世纪50年代，春季沙尘日数平均高达26天；到70、80年代，平均日数已控制在20天以内；90年代至21世纪初，减少到5至7天；2010年以后，则降至3天左右。

2018年6月17日是第24个“世界防治荒漠化与干旱日”，北京市园林绿化局通报，随着京津风沙源治理、播草盖沙、平原百万亩造林等工程的不断推进，全市主要分布在永定河、潮白河、大沙河、延庆康庄地区和昌平南口地区的5大风沙危害区已经彻底得到治理。为了一劳永逸治理风沙和沙尘暴,北京周边筑起了四道绿色屏障:在北部京津周边地区建立的以植树造林为主的生态屏障,在内蒙古浑善达克中西部地区建起的以退耕还林为中心的生态恢复保护带,在河套和黄沙地区建起的以黄灌带和毛乌素沙地为中心的鄂尔多斯生态屏障,以及按照与蒙古国洽谈的长期合作防治沙尘暴计划框架,将设置远达蒙古国的生态保护屏障。

北京近接幽燕朔漠之地,自古风沙就大。明代金陵散曲家陈大声在北京客居一段时间后,在曲子里曾写过这样的句子揶揄北京人:“门前一阵车马过,灰扬。哪里有踏花归去马蹄香?”之后的“公安三袁”主将袁宏道在《满井游记》里更是把北京初春的风沙描述得吓人:“燕地寒,花朝节后,余寒犹厉,冻风时作,作则飞沙走砾。局促一室之内,欲出不得。每冒风驰行,未百步辄返。”

古时北京城区的沙尘如此之凶悍,以至于元明清三代的北京人还流行一种风俗:戴眼纱。据元代文人熊梦祥在门头沟斋堂写就的《析津志》载:“幽燕沙漠之地,风起,则沙尘障天。显宦有鬼眼睛者,以鱿为之,嵌于眼上。仍以青皂帛系于头。”清代著名金石学家汪启淑在他汇编的《水槽清暇录》中写道:“正阳门前多卖眼罩,轻纱为之,盖以蔽烈日风沙。”可见,当时北京人出门遮眼纱、戴眼罩,不仅成为生活必需,且还成时尚。

曾经猖獗好几百年的北京风沙都得到了彻底治理,相信横行刚十几年的雾霾一定也能根治。国庆长假过后的北京,空气质量指数曾连续近一周呈优,京城多见极品蓝天,遂仿《渔家傲》作词一首,以表欣喜之情。

漂洗团云天碧湛，
京城极目无遮挡。
万树群楼相映彰，
神飞扬，
无霾生活品高尚。

美丽中国怎考量？
发展不应埋隐患。
山清水秀民向往，
同心干，
天人合一奔小康。

方言最能解乡愁

2019年6月7日，是中国民间传统节日——端午节。相传，楚国三闾大夫屈原由于对内倡导举贤用能、富国强兵，对外力主联齐抗秦、共御强敌，因而遭贵族排挤诽谤并被楚怀王流放，当楚国郢都被秦军攻破后，遂愤然自沉于汨罗江，殉国明志。当地百姓闻讯，纷纷荡舟打捞，并将包裹好的米团投入江中，以免鱼虾侵扰忠臣遗体。于是，划龙舟、包粽子，便成为端午节缅怀屈原的民间习俗。

唐代诗僧文秀为此专门写下过凭吊屈原的七言绝句《端午》："节分端午自谁言，万古传闻为屈原。堪笑楚江空渺渺，不能洗得直臣冤。"2000多年来，在歌唱爱国主义诗人和伟大的政治家屈原的众多声音里，一定少不了湘音楚语，那是我的家乡湖南熟悉的方言，那是我的先祖楚地亲切的话语。

"方言"，即一方之言，在中国，是指有别于普通话的某一特定区域的语言。通常，按大的归类，我国被划分为七大方言区，包括北方方言、吴方言、湘方言、客家方言、闽方言、粤方言、赣方言。我童年生活在湖南，能讲一口正宗的长沙话；少年则在江西长大，曾久居萍乡、丰城、樟树等地，樟树方言更是张口就来；大学考到北京，开始接触北方方言，也能学几句西安话、天津话、河南话。可以说，全国七大方言区中，我至少接触了三个方言区，按说旅游交流并不困难；但是，实际上，即使是在同一方言区内，不同地段语言的差别也是非常之大的。在我老家湖南的一些山区，甚至"五里不同音，十里不同语”。

1984年冬，为撰写硕士学位论文，我曾到湖南省新化县向红机械厂做雷管威力测试实验，领教了当地方言的深奥。新化与长沙车行距离只有200多公里，但两地的语言可谓天差地别。我在厂里待了整整3个月，但直到实验做完离开新化，仍然听不懂当地方言。新化是抗美援朝勇救朝鲜落水儿童志愿军烈士罗盛教的故乡，罗盛教是我从小就景仰的英雄。当时，我曾专门跑到县城看望英雄的父亲罗迭开，老人患病躺在暗黑的屋子里，讲的新化方言我一句也听不明白，令人十分着急、万分沮丧。

后来，厂里的朋友告诉我，1953年11月，罗迭开作为中国政府组织的慰问团成员曾赴朝鲜慰问志愿军将士。有关部门对新化方言显然认识不到位，只从北京选派了随团翻译，当得知金日成将军要接见罗盛教的父亲时，方觉大事不妙，遂往湖南拍发加急电报，请求“速派新化翻译”驰援。这很有可能是一个调侃的段子，但方言的独特和难懂，由此可见一斑。

方言，既是某一地域鲜明的人文特征，又是养育这一地域民众人生的独特标记。只要你从小打下了家乡口音深刻的烙印，你人生的旅程就永远披上了方言这一文化的符号。之后，无论你走到哪里，不管你的口音如何变化，他乡遇故知，乡党们仍然能从你的谈话中捕捉到方言的蛛丝马迹，立马感到亲切，很快对上火、接上头。乡党见乡党，两眼泪双流，说不完道不尽，思亲念故，满腹乡愁。

方言是地域文化的载体，也是地域性格的外在表现。常言道，一方水土滋养一方人，一种方言彰显一类性格。湖南人聪明能干、倔强霸蛮、胆大强悍、敢于担当，表现在以长沙话为代表的湘方言里的一个例子，就是大量采用动词作为形容词前的程度副词，表示“很”或“非常”的意思，其词汇异常丰富，尽显湖南人的智慧狡黠和不拘一格。湘方言很多词语有着固定的搭配，通过重读或拉长读音，生动形象地描摹事物的情状和形态，无不彰显湖南人的创新创造和乐观幽默。如，形容一个人非常瘦，长沙方言会说“刮瘦的”——瘦得好像被刀刮斧削过；说某菜肴十分的咸，则说“浸咸（音韩）的”——仿佛就被盐水浸泡过地咸。

张蕴嘉在《我看汉语——方言之美》一文中写道：“从呱呱坠地那一刻起，我们接触母语最直接的方式就是浸润于方言之中，它与我们相伴一生，定义了我们的故乡，融入了我们的血脉，影响了我们的性格。”对大多数人来说，方言自幼从父母那学得，受家乡水土的滋润，成为在发育过程中赖以思维与交流的最实用工具，自然根深蒂固。如果说乡愁是对故乡深情的眷恋，那么，方言就是对乡愁缠绵的维系，乡音就是对乡情亲切的表达。“旧国迷江树，他乡近海门。移家南渡久，童稚解方言。”唐代诗人皇甫冉这首《同诸公有怀绝句》，道尽了乡愁与方言的关联。游子移家南渡久居，终摁不住思念家乡的归心愁绪，尽管沧海桑田、物是人非，但孩童却能从方言中解读到熟悉、亲切，游子自然倍感欣慰。

端午节到了，乡愁不禁油然而生，遂赋诗一首，湘语吟唱。

游子天涯遇故友，方言最能解乡愁。

吴音媚闻舒心肺，赣语撩诉涌暖流。

越调款倾润衷肠，秦腔刚吼辣热喉。

日暮折柳勤珍重，一声花鼓淡烦忧。

未醉恍回卌年前

说起乡愁，人们通常都会想起台湾诗人余光中先生写的那首著名的《乡愁》短诗。那是海峡对岸游子对亲人梦回萦绕的思念，对故乡伤肝痛胆的惆怅，对统一发自肺腑的期盼。可见，乡愁，对久别故乡的游子而言，不仅是一段挥之不去的离愁，更是一块难以治愈的心病。

我是长沙人，读小学一年级后就离开了家乡，之后随从事地质工作的父母在江西多地游荡，1978年考大学到北京后定居皇城。对家乡的印象，更多的是停留在语言和味觉上，至今仍能讲一口流利的长沙话，吃辣椒也不输任何土著湖南人。2020年元旦期间，休年假回老家长沙探望年老体衰的父母，和亲人好友一道，逛百年老店、游文化旧街、品家乡饭菜，乡音、熟景、旧物、美味，次第唤起乡绪，一一消解乡愁。

玉楼东号称饮誉三湘的百年老店，始建于清光绪三十年，因其时掌勺主理为“湖南第一厨”的谭奚庭而扬名星城，遂成为达官显贵宴请宾客首选酒家。据说，曾国藩之孙曾广均曾莅临此店用膳，留下了“麻辣仔鸡汤饱肚，令人常忆玉楼东”的佳句。我悉数尽点该店拿手家常饭菜：糖油粑粑，葱油饼，酸辣白粒丸，猪血汤，红烧猪蹄，红菜薹……友人又执意添加了特色硬菜——清炖脚鱼。

湘味隆隆，乡味浓浓，酒足饭饱，感慨良多，遂赋诗一首，以表情怀。

吃到长沙玉楼东，家常便饭照样红。

糖油粑甜勾童趣，葱花饼脆引馋虫。

白粒丸汤悦肠胃，红烧猪蹄佐酒盅。

最喜脚鱼鲜炖妙，宴罢乡愁一扫空。

作为长沙人，我竟然不知道家乡还有一个叫文和友的地方，而且，经过7年的发展，如今这个地方又有了一个升级版的名字——超级文和友。

超级文和友北靠湘江，与橘子洲头隔江相望。当年，这一带属下河街、北正街，是长沙老城区脏乱差的地方，如今已全部被现代化高楼大厦替代。走进超级文和友，时间恍惚倒流了40多年，儿时的小街小巷呈现在眼前，当年熟悉的店铺和小吃扑面而来。

你是为这种穿越时空的徜徉感到新奇，觉得诧异，心怀感伤，还是胸有压抑？恐怕与你的年龄和经历密切相关。来这里大都是年轻人，他们没有经历过那个物质和精神都极度贫乏的年代，自然感到新奇、诧异。妹夫新化农村长大，过苦日子出生，目睹与当年在长沙一模一样的打拼、生活的艰辛环境，立刻勾起了痛苦的回忆，感受到了压抑。我自小就离开了长沙，保留的多是孩童时无忧无虑的记忆，触景生情，更多的则是怀旧和感伤。

超级文和友是由一群和我年纪差不多大的实业家设计建造的。当年他们从坡子街摆摊创业，再到金线街、太平街、人民路、河边头开店，随着城市一段段改造、一步步扩充，他们也不停地被搬迁、拆迁甚至驱赶，最后定居在这里发展。

这是一群有梦想、有情怀、有历史责任感的实业家。他们坚持市井之道，将美食与文化结合，让生活与艺术融汇，把梦想与现实嫁接，使历史与未来搭建，力图再现一个已经消失了的长沙城区历史街道，复制一个颇为完整的过去生活场景，还原一个藏在记忆里的美好邻里关系。

据说，这条长300多米，面积达2万多平方米的超级文和友，完全按照改革开放前老长沙城区的样范设计，利用四处收集到的几十万件建筑旧物及日常物品进行内部装饰。里面所开饭店均专营当年的湘味特色小吃，号称美食界的东方迪士尼，现已成为长沙市网红地标建筑。

过去的一切都已成为历史，历史常常只能在书籍里才能览阅，超级文和友却让你在现实中仍可重新感知。这里几乎涵盖了老长沙市井美食、生活和文化的一切，复原的场景几乎可以乱真，历史被压缩在街头巷尾，充满了亲近感、人情味，装满了我和我们上一辈两代人记忆中的酸甜苦辣故事。

小小的"乔伯凉面"店铺，讲述了20世纪90年代徐定乔老伯挑担子摆地摊做凉面白手起家创业的辛酸故事。李叔1993年下岗，1996年开始卖油炸臭干子，每天下午四点推着自行车准时出现在八一桥附近，自编顺口溜用长沙土话吆喝叫卖。如今，进驻超级文和友的"乔伯凉面""下岗牌臭干子"等店铺，彰显着时代的烙印，吸引着无数的游人、食客。

来超级文和友吃饭，不接受任何预定，全部需要现场领号排队，多则需耗费两三小时，少也要一个钟头，队伍有时能排到三四百米外。好友下午4点就来领号排队，我们就位时已是傍晚时分，朋友真情盛意，令人感动。

游文和友，观老字号，赏店招牌，品风味菜，忆儿时趣，怀往事情，赋诗一首，以表情怀。

寻香探味下河街，文和友外人闹喧。
拿号排队需一里，等餐就座要半天。
弯头旮犄店邻店，款亲待友年近年。
入巷登梯摘童忆，未醉恍回卌年前。

节庆有余多祈福

岁终之月称“腊月”，2019年1月13日，乃农历十二月初八，俗称“腊八”或“腊八节”。“腊”的含义，通常有四：一如《隋书·礼仪志》所曰：“腊者，接也”，意为新旧交替；其二，“腊者同猎”，专指田间捕猎获取禽兽以便祭祖祭神；三则多指腊月里腌制后风干或熏干的禽肉兽肉，柳宗元《捕蛇者说》中就有“然得而腊之以为饵”，其中的“腊”就是指用作药引子的风干蛇肉；第四，“腊者，逐疫迎春”，意即扫除污秽疫病迎接新年。

腊八节是我国重要的传统节日，民间有吃八宝饭、喝腊八粥的习俗。在我的家乡湖南，这一天，大人们通常把糯米、莲子、红枣、菱角、花生、核桃、板栗、红豆盛在碗里，蒸熟后和上白糖、猪板油，然后倒扣在盘中，辅之以各色条状果脯装饰，再放进笼屉里加热做成八宝饭，成为孩子们最喜爱的食品。这一天，寺庙的主持也常用这八样珍宝在巨锅里熬成甜粥，施舍给过往的流民，以解冬日饥寒。

我喜欢在腊八节这天以“粥”为题写四言长诗，前几年分别写的是《粥暖天下》《粥清天下》《粥煮天下》，2019年写的是《粥和天下》：

腊七腊八，打开话匣；
话题众多，提笔难下。

政经问题，事关重大；
胡乱评论，岂不找骂？

社会问题，并非专家；
位卑职小，说错算啥？

国际问题，纷繁复杂；
霸王上弓，井底之蛙。

腊八祈福，红灯始挂；
春节已近，思爹想妈。

芸芸众生，居家为大；
家长里短，正好闲拉。

家如港湾，风平浪奄；
平安温馨，舍其无他。

慈颜如磁，磁力山拔；
游子归心，兰舟箭发。

犹闻粥香，胃暖肠化；
乡愁如烟，散之爪哇。

清水淘米，枣莲豆花；
八宝齐聚，乾坤碗大。

碗中食物，端平天下；

缺粮少食，民怨爆炸。

民众为本，非为瞎话；
本末倒置，早晚台下。

轻农贱粮，后果可怕；
农田荒芜，基石倒塌。

爱民利民，民也爱他；
依民靠民，坐稳天下。

藏富于民，蓄水垒坝；
国如所需，放水开闸。

广开言路，兼听拒傻；
心虚胆怯，封住嘴巴。

大厨掌勺，吃香喝辣；
如烹小鲜，切忌翻炸。

治国如斯，折腾找骂；
历史车轮，岂容倒挂？

改革开放，伟业如画；
民众智慧，火山喷发。

生活富裕，国家强大；
东方屹立，形象挺拔。

历史功绩，铭刻峰崖；
大会肯定，中外齐夸。

不忘初心，使命记牢；
继往开来，重整出发。

复兴路上，红旗高挂；
鼓劲动员，豪情抒发。

对酒当歌，人生潇洒；
感而慨之，欢歌腊八。

腊八熬粥，莲苦米洽；
忠言逆耳，言尽了罢。

腊八喝粥，酒香菜呱；
亲朋好友，齐聚在家。

家和事兴，吉祥华夏；
和和睦睦，兴旺发达。

小小寰球，天下一家；
五洲煮粥，粥和天下。

常言道，过了腊八就是年。每当春节临近，中国科技馆都要举办离退休职工迎新春团拜会。2019年的团拜会1月21日在馆内4D影院举行。在职馆领导班子向离退休老同志通报2018年科技馆工作情况，为本命年老同志赠送猪年生肖纪念品。大家欢聚一堂，互相拜年，其乐融融。我谨作诗一首，向老同志表示春节恭贺之情，向在职员工表示新年互勉之意。

年关已近满春光，老骥少驹聚影堂。

喜见前贤颐康健，欣闻后学奏华章。

离退情系科普事，在职勇拓展教疆。

共德同心谋发展，夕阳艳丽托朝阳。

是啊！太阳每天东升西落，夕阳过后是朝阳，乃自然之规律。离退与在职的关系，宛如夕阳和朝阳的关系，互为传承，相互托应，谁也离不开谁。因此，没有必要去比夕阳红还是朝阳艳。夕阳就是一天劳顿后回家将息的朝阳，朝阳就是一觉醒来后重新抖擞精神的夕阳。夕阳艳丽托朝阳，意蕴在职员工和离退老同志共德同心谋发展。

说到离退休老同志，我不禁想起了著名出版家、科普作家，曾任人民邮电出版社总编辑、中国科普作家协会副理事长的陈芳烈先生。我就任科学普及出版社社长期间，受令科协党组欲对《知识就是力量》进行改版，以重振这一著名科普杂志雄风。正当我苦于无人担纲这一重任时，是陈老师向我举荐了时任电子工业出版社副总编辑、少儿与数字创意出版分社社长郭晶女士。郭晶被引进后，果然不负众望，仅一个月就高质量完成了改版任务，受到各方肯定和好评。

又近春节，思忆陈老师当年急难相助，感慨万分，谨作藏头诗一首，以表对忘年之交陈芳烈老先生的感恩之情、问候之意。

陈酿新饮面已红，
芳香伴盏兴渐浓。
烈寒醉舞庭前竹，
长醒梦忆峰顶松。
辈出良才幸伯乐，
春临佳日贺文公。
节庆有余多祈福，
好情痛饮满酒盅。

性命紧紧拴腰上

大约在3000多年前，一艘满载着晶体矿物天然苏打的商船因海水退潮，搁浅在地中海沿岸的贝鲁斯河上，运货的腓尼基人弃船上岸后，用几块天然苏打支起大锅，捡来树枝，开始生火做饭。待到潮水上涨，吃饱了的船员收起炊具，准备登船继续航行时，突然发现锅底下的沙地上有一些晶莹、发光的东西。原来是支锅的天然苏打在火焰的作用下与沙滩上的石英砂产生化学反应而生成的物质。据传，这就是最早的玻璃。

玻璃的主要成分为二氧化硅和其他氧化物，通常用石英砂、硼砂、重晶石、碳酸钡、石灰石、长石、纯碱等多种无机矿物为主要原料，加入少量辅助原料，经混合、高温熔融、匀化后，加工成形，再经退火而制成。作为一种非晶无机非金属材料，玻璃具有各向同性特性，即理想状态下，均质玻璃的物理和化学性质在各个方向都是相同的，同时无固定熔点，在一定温度区域内可由固体转变为液体。玻璃还具有渐变性和可逆性，也就是说，它从熔融态到固体状态的过程是渐变的，反之亦然，且这样的过程正、逆方向都可以进行，这使得玻璃的加工和制作变得容易。

据考证，古埃及工匠公元前1600多年就发明了制造玻璃容器的方法，公元前4世纪又发明了玻璃铸模、镀金、镌刻和车花工艺。公元前1000多年，中国古人制造出了无色玻璃。公元前1世纪，叙利亚人发明了玻璃吹制工艺。公元1世纪，罗马帝国成为玻璃制造业的中心，各种玻璃制作工艺已经比较完备，且大都沿用至今。公元9世纪，玻璃生产中心开始向大马士革、君士坦丁堡和开罗转移。到了12世纪，商品玻璃面世，意大利的玻璃制造技术已经非常发达。1608年，荷兰眼镜商汉斯·利伯希利用玻璃镜片发明了望远镜；次年10月，意大利物理学家、天文学家伽利略制作出了能放大30倍的望远镜，用于观察夜空，开启了天文观测的新纪元。17世纪下半叶，意大利玻璃制造商通过往石英砂溶液中加入一定比例的铅，发明了水晶玻璃，成为玻璃材料发展史上的里程碑事件。比利时人于1874年首先研制出平板玻璃，美国人遂于1906年研制出平板玻璃引上机，玻璃材料得以广泛应用于建筑。之后，随着玻璃生产的日益工业化和规模化，各种用途和各种性能的玻璃材料相继问世，玻璃已成为日常生活、生产和科学技术领域的重要材料。

综上所述，玻璃真可谓：

平坦刚脆且透明，遇热柔软易变形。

晶莹剔透少杂质，用途广泛好特性。

1911年，德国现代主义建筑学派的奠基人瓦尔特·格罗皮乌斯与人合作设计完成了法古斯工厂，首次将大面积的透明玻璃材料作为建筑外围护墙面，使得整个建筑物显得轻盈明亮、纯净简洁、美观大方，成为玻璃幕墙建筑的滥觞。玻璃材料由于囊括了从高度透光、强烈反射、虚无缥缈的张扬挚暖，到完全不透光、毫无光泽、缺乏切实存在感的内敛沉静之间的所有视觉表现力，加上加工和制作具有较高的预制化特点，因而可以更好地塑造开敞、通透、流动、空灵的建筑空间，成为现代主义建筑表现的首选材料。玻璃幕墙建筑也成为20世纪乃至延绵至今最为时尚的建筑潮流，激发一代又一代的建筑师乐此不疲的创作激情。

中国科学技术馆建筑物的外墙也大量采用玻璃幕墙，且每年都必须清洗两次。通常,玻璃幕墙的清洗工作是靠人工来完成的。作业者常常仅靠一根保险绳和一根作业绳就把自己悬挂在几十米甚至上百米高的大楼外,凭借自身平衡能力,像蜘蛛一样缓缓下滑,清洗建筑物的玻璃外墙。这些工人一般都是农民工,通常被人们称作“蜘蛛人”。2017年暑期,我在中国科学技术馆的楼顶上见到了那些正在帮助我们馆清洗玻璃外墙的蜘蛛人。交谈中得知,这些年轻的蜘蛛人大都来自四川大足农村,为养家糊口干上了这份危险的营生。看着这些年轻人快乐地工作,我默默地为他们祝福,并作《蜘蛛人》自由诗一首,以抒情怀。

把性命紧紧拴在腰上,
从此,工作变得飘飘荡荡,
亲人们的心总是悬在半空。

美其名曰:高空作业,
天天高高在上,
赞美你的人却没有谁愿意效从。

空作业倒是真的,
干了那么多玩命的活,
钱袋子经常还会空空瘪瘪。

说你是蜘蛛人比较贴切,
人,谁愿意整天在垂直的玻璃上爬行?
只有蜘蛛不知恐惧地在半空中吐丝营生。

即使长了像蜘蛛一样多的手和脚,

一不留神，一家人的饭碗，

搞不好也会摔碎在地上。

樱花飞谢彩雨朦

玉渊春晓旭日彤，樱花飞谢彩雨朦。

桃红柳绿媚潭水，高塔秀影也争宠。

2019年4月4日，我到中国科技会堂列席中国科协党组会议，由于早到了一个多小时，便走进附近的玉渊潭公园散步；迷醉于清晨的湖光山色、樱花美景，遂信手写下了这首短诗。

玉渊潭公园，地处北京阜成门外，古为湖泽湿地；东汉时期曹植（192—232）的《艳歌》诗句，曾生动地描绘了这一带湖池纵横、桑麻郁葱的优美景象："出自蓟北门，遥望湖池桑。枝枝自相植，叶叶自相当。"金代著名文学家王郁（约1204—1233）曾在此隐居，并自筑钓鱼高台，常约知己河边垂钓，命此地"钓鱼台"名。之后，元朝名相廉希宪（1231—1280）在此修建"万柳堂"，将此地更名为"玉渊潭"，使之成为文人雅士唱和之地。明万历年间，王嘉谟进士（1559—1606）存有《玉渊潭诗》："玉渊潭上草萋萋，百尺泉声散远溪。垂柳满堤山气暗，桃花流水夕阳低。春来日抱清源黑，夜半云归玉乳迷。散发踟蹰天万里，漱流不惜醉如泥。"由此可见当年此地景胜。清乾隆三十八年（1773年），为治理西郊水患，玉渊潭被疏浚成湖，确立了其在京城水系中防洪、抗涝、蓄水的重要地位。

新中国成立后，作为北京西郊重要的调洪湖泊，玉渊潭曾多次被疏浚、治理，1960年定名为玉渊潭公园，钓鱼台国宾馆、中国科技会堂、军事博物馆、中华世纪坛、中央电视塔毗邻环抱，成为"以樱为特色，以水为主题”的自然山水园林，深受广大市民喜爱。

我在中国科协工作十余年，记得第一届中国科协副主席、著名林学家梁希先生与玉渊潭颇有情缘。1916年4月，从日本留学回国后受聘北京农业专门学校（中国农业大学前身）林科主任的梁希教授，带领学生与工友，选本校自育的洋槐苗8000株，种植于今玉渊潭公园西北角的两土山上。翌年，他又选自育的榆、槐树苗1500株，再在此地造林。真可谓：

农大师生造林密，前人浚湖山堆积。

花香鸟鸣春光好，游园莫忘谢梁希。

玉渊潭公园最负盛名的是樱花园，初春，人们来这里游玩，最主要的目的就是为了赏樱花。公园西门内的石刻上，就镶刻有冰心老人的“樱花赞”短诗：“这樱花，一堆堆，一层层，好像云海似的，在阳光下，绯红万顷，溢彩流光，我们凌驾骀荡的东风，向着初升的太阳前进！”

公园里最早种植的180株樱花树苗——大山樱，为日本首相田中角荣1972年9月访华签署《中日联合声明》、实现中日邦交正常化时所赠。如今，园内共栽有2400余株樱花树，近30个品种，形成了京城著名的“樱花八景”——“早樱报春”“郦樱绯云”“在水一方”“玉树临风”“友谊樱林”“樱棠春晓”“樱缤之路”和“霓裳银树”。

樱花是蔷薇科樱属种植物的统称，樱花树属落叶小乔木，在分类学上属于樱桃亚属中的一部分植物。据考证，樱花原产于喜马拉雅山脉地带，被人工栽培后，秦汉时期开始在中国宫苑种植，唐朝时已遍及私家庭院。盛唐时，日本仰慕中华文化，派遣使者来华学习，将樱花及其种植技术带回东瀛，樱花遂传遍日本，深受日本人民喜爱，日本因此得“樱花之国”美名。

樱花以娇艳著称，花色多样，品种繁多，从浅粉到桃红，从单瓣到重瓣，浪漫多姿，盛开时繁花满树，凋谢时落英缤纷，花期短暂而灿烂。它是寒冬过后、早春来临之际最先开放的花朵之一，最先向人们报道新春的来临，象征着新年美好的开端、事业兴盛的瑞兆。

自1989年始，玉渊潭公园每年都要举办以樱花为主题的综合性文化节活动，至今已举办31届。每逢“樱花节”，随着樱花花瓣空中飞舞，如潮的游人便蜂拥进公园，在各色樱花树下流连忘返，尽情观赏，吟诗作画，透过樱花光耀绚烂的一生，感悟生命的短暂，更加珍惜宝贵的光阴。

我进玉渊潭公园时，正是2019年“樱花节”盛期，观樱花飞谢，赏百卉斗艳，闻芳香四溢，伴大妈劲舞，羡游人放歌，不禁再生诗意，遂献丑诗一首，以表情怀。

樱花玉兰谢春飞，榆梅红艳海棠肥。

最恼丁香芬芳袭，漫醉游人不知归。

作为担当巾帼英

“竹外桃花三两枝，春江水暖鸭先知。蒌蒿满地芦芽短，正是河豚欲上时。”（苏轼《惠崇春江晚景》）每年的三八国际劳动妇女节，都恰逢“两会”召开，有关女性权益保障等话题，成为考察我国妇女事业发展的晴雨表，自然备受“两会”代表委员的关注。

新中国成立以来，党和国家高度重视妇女工作，我国妇女事业取得了重大进展、重大成就。1949年第一届全国政协通过的《共同纲领》和1954年颁布的《中华人民共和国宪法》明确宣告，妇女在政治、经济、文化教育、社会生活和家庭生活等各个方面享有与男子平等的权利。1992年，《中华人民共和国妇女权益保障法》颁布，成为我国妇女权益保障法治化进程的重要标志。1995年，中国政府在联合国第四次世界妇女大会上庄严宣布，“把男女平等作为促进我国社会发展的一项基本国策”。2001年和2011年，国务院先后颁布《中国妇女发展纲要（2001—2010年）》《中国妇女发展纲要（2011—2020年）》，旨在确保实行男女平等基本国策，保障妇女合法权益，优化妇女发展环境，提高妇女社会地位，推动妇女平等依法行使民主权利、平等参与经济社会发展、平等享有改革发展成果。2012年，党的十八大第一次把“坚持男女平等基本国策，保障妇女儿童合法权益”写进大会报告。2016年，《中华人民共和国反家庭暴力法》实施，为保障包括妇女在内的家庭成员的合法权益，促进建立平等、和谐、文明的家庭关系提供了法律武器。

“两会”期间，全国人大代表、全国妇联原副主席邓丽强调，妇女获得平等的就业机会，是充分发挥其在中国特色社会主义现代化建设中“半边天”作用的前提，也是妇女获得经济独立、实现全面发展的基础。就业率既是衡量妇女社会地位的重要指标，也是影响妇女权益和发展的重要因素，自2000年开始，我国女性就业人数占就业总数的比例始终保持在44%左右。美国国家统计局近期发布了一组关于世界各国劳动参与率的数据，中国女性更是一骑绝尘，位列世界第一，劳动参与率高达近70%，远高于劳动参与率50%的法国和58%的美国，比劳动参与率排名第二的澳大利亚、新西兰高出近10个百分点。中国的职业女性不仅与男人一样在职场上打拼，还要带孩子、照顾老人、料理家务，可谓世界上最自强、最独立、最拼命、最辛苦的女人，理应获得广大男同胞更多的尊重和关爱。

我认识许多在各自领域都做出了突出成绩的职业女性，禹燕就是其中的优秀代表。作为资深媒体从业者，禹燕历任《传记文学》副主编、《中国妇女》执行主编、《中国名牌》执行主编，现任《中国妇女报》副总编辑。这位女性学及性别问题研究学者，年仅25岁就出版了《女性人类学》学术专著；该书不仅惊艳于当时，也影响至今，成为一种值得探究的文化现象。

禹燕20世纪80年代毕业于武汉大学中文系，1988年6月她的《女性人类学》一经出版，即好评如潮，被誉为“中国女性人类学的开山之作”，是思想学术领域的“一个大胆的创造性尝试”，“对女性的研究上升到理论的最高层次”。当代实力派作家、中国作家协会书记处书记邱华栋认为，《女性人类学》“具有文化启蒙的作用。让无数男人看到了女性在人类文明中所起到的但又被遮蔽的巨大作用，也让无数女性看到了自身所具有又被压抑的创造性力量。对根深蒂固的人类男权社会，是一个知识、理论、见识和历史梳理的重要提醒”。

我和禹燕相识于2015年10月中央和国家机关司局级干部专题研修班，并分在同一学习小组。之后，在同学微信群里和微信朋友圈里，我不断见识了禹燕的出众才华，以及依托《中国妇女报》媒体平台为维护女性权益所做的不懈努力。《女性人类学》以历史、文化、政治、哲学的目光，把“人”作为思考的出发点和回归点，以“女性”为聚焦点，以“男性”为参照点，重点破解了女性存在之谜、女性历史之谜、女性解放之谜，提出了女性文化重建的设想。禹燕认为，“女性文化首先是一种生命文化，其次是一种情感文化和审美文化，同时还是一种个体性文化”。她在书中的结语部分专门指出，“女性文化的重建将带来人类整体文化格局的改观，没有女性文化的重建就没有人类文化的重建，而且，人类文化还必须走向女性化”。

对禹燕的学术成就和工作业绩我深表钦佩，尽管我并不认同她所预言的“人类文化还必须走向女性化”观点，但拜读《女性人类学》这部禹燕的处女作，仍多感慨，谨作藏头诗一首，以表情怀。

女娲炼石补天庭，
性别何故轻坤阴？
人文专科填白空，
类家翘楚誉美评。
学老于年欣才盛，
开物成务喜业精。
山不厌高勤登奋，
作为担当巾帼英。

文章个性乃成功

鲁迅先生在《南腔北调集》里谈到“作文秘诀”时曾调侃地写道：“做医生的有秘方，做厨子的有秘法，开点心铺子的有秘传，为了保全自家的衣食，听说这还只授儿妇，不教女儿，以免流传到别人家里去……但是，作文却好像偏偏并无秘诀，假使有，每个作家一定是传给子孙的了，然而祖传的作家很少见。”可见，写作要想走捷径、图轻松，基本上是不可能的。

没想到，2019年3月31日，我在化学工业出版社参加悦读咖啡馆读书会，也遇到了关于写作技巧的提问。这期读书班同时也是第六期科普写作特训班的结业仪式，因而出席者多是北京市相关区县的小学科学课教师。我结合自己一年半来在《科普时报》开设“青诗白话”栏目写的66篇诗文，从感悟人生哲理、传播科技知识、弘扬科学精神、抨击社会时弊、赞颂自然壮美、抒发思想感情、拓宽交友渠道等方面，做了题为“借助媒体平台，展现人生精彩”的演讲，顺便谈了自己在写作上的一些体会和经验。

参会老师有的还带着孩子来听课，整个读书会最精彩部分应是在互动环节。老师们常常感到困惑，教学生写作文时，既要紧扣主题、突出中心、彰显境界，又要生动感人、结构精巧、文字优美，可学生最终写出的作文几乎千篇一律，都是一个套路，这个问题应如何解决？

老师的提问情有可原，谁不想让自己的学生和孩子都能写出一手漂亮的文章？令人欣慰的是，现场孩子们的表现非常出色，北京市东城区青少年科技馆科技小记者黄裕淳的写作经历，其实已经给了老师、妈妈们最好的回答。

这位来自北京市新开路东总布小学六年级的学生告诉大家：“有一次，老师给我们班出母爱作文题，班上同学几乎都是写在风雨交加的夜晚妈妈如何千辛万苦背自己去医院看病。我身体很好，没怎么得过病，因为妈妈就是医学博士，于是我就写了姥姥。我的姥姥非常疼爱我，别人递给我剪刀总是尖头朝外，而姥姥递我剪刀却总是尖头朝自己，生怕扎着我。”小女孩的问题是，作文主题是母爱，别人都写妈妈，自己写的却是姥姥，别人都把母爱写得惊心动魄，自己却写得细小平常，这样能行吗？

我回答，当然行！而且写得非常漂亮。母爱通常是指母亲对子女的爱，但引申开来，也可指女性长者对晚辈的爱，那是一种曾为人母女性独有的爱。因此，写姥姥对自己的爱完全可以。我希望老师不要拘泥于孩子作文的主题，要拓宽孩子们的视野，保护他们的创造性和想象力。我顺便举了自己教育女儿的一个例子。

女儿小学三年级时，《语文》期末考试被扣了3分，丢分的是一道填空题：“秋天到了，叶子(　)了。”女儿给括号里填的是：“叶子(掉)了”，而所谓正确的答案却是“叶子(黄)了”。我给孩子打了100分，鼓励她继续按自己的观察去写。本来嘛，秋天到了，叶子有的黄了，有的红了，有的紫了……接着就是干了、枯了、掉了……这些都是秋天不同阶段的自然现象，怎么只能有“叶子黄了”这一标准而且还是唯一的答案呢？

我表扬黄裕淳同学观察细致，写的完全是自己的真情实感，是一篇优秀作文；希望她保持个人风格，继续写自己经历的、熟悉的、真实的人和事。我又举了女儿小时候写作的一个例子，希望老师们多理解并包容孩子们的写作，给孩子们更大的创作空间。

当时女儿也是上小学六年级，寒假期间，学校留了大量作业，同时还要求写一篇有关假期的作文。女儿在作文中写道：“假期，就是假的休息日期。整个寒假不停地做作业，基本上没有什么玩的时间，假期完全是骗人的，根本就没有休假。”女儿讲的是大实话，对“假期”的诠释也非常有新意，我认为是一篇非常好的作文。但在老师看来，孩子的立意太低、太消极，不能给高分。

现行的中小学语文教育存在很多弊端，作文教学的误导就是一个非常严重的问题，它常常让孩子们为了追求内容的所谓“高大上”而讲假话、胡编乱造，为了让作业符合规定好了的“标准答案”而扼杀孩子们的想象力和创造力。现场回答那些妈妈们的提问时，我给她们的答案是：“如果你只关心孩子能不能考上好的大学，那你就按照现行的教学规定去要求孩子；如果你想对孩子的成长和未来负责，我希望你按照做人的标准去指导孩子如何写作。”

100名作家就有100种写作风格，好的作品一定发自肺腑，充满真知灼见，从而感动人、滋润人，令人难以释手、铭刻在心。这真是：

写作根基在幼蒙，文章个性乃成功。

博览群书行笔健，饱蘸真情感人深。

莫为扣题胡编造，切忌拔高假大空。

思考独立真知现，想象自由佳句涌。

后记

这是我出版的第一本文学意义上的个人作品，李新彦老师写的序已经把本书的来龙去脉说得很清楚了，我想要说的就全都是感谢的话了。

我大学和硕士生阶段读的都是工科，在职攻读博士学位选择的是管理科学与工程专业，文学创作纯属业余爱好，而这爱好首先得益于父母对我的熏陶。我的父亲母亲都是搞地质勘探出身，两人都爱读书，父亲偏爱中国古籍，尤其喜爱诗词，年轻时也是文学青年，曾与同事在《萍乡煤矿工人报》开过专栏，写过不少诗歌、散文。母亲更爱读西方文学名著和现当代文学作品，尤其是俄罗斯文学。小时候，我们兄妹三人常听父亲讲《史记》《战国策》《资治通鉴》《左传》等书中故事，母亲则给我们讲俄罗斯童话、寓言还有苏联小说等，我至今还记得她讲过的华西丽莎、三头凶龙等童话中的主角，以及苏联卫国战争中的马特洛索夫、马列西耶夫等英雄人物。那时家里经济非常紧张，很少添置东西，但父母通常都会满足我们买书看的愿望，这使得在那个物质和文化产品都极度匮乏的年代里，我们的精神仍然得到了滋养。我们三兄妹从小就热爱学习，喜欢读书，改革开放后两年内先后都考上大学，应该是得益于父母的这种言传身教。

相对于哥哥和妹妹，我受父母尤其是父亲文学爱好方面的影响更大。上中学时，我常见父亲独处写诗填词，与知音好友相互唱和，这恐怕也是父亲在那个精神极度压抑年代的一种自我排解办法吧！1975年40岁生日那天，父亲写下了这样的诗句："布衣白帽四十年，牛鞭铁锤采井盐。踏破青山无声息，苦恋山河亦枉然。放翁自叹香如故，陶令异想桃花源。世态炎凉恶陈习，我盼儿女奔山巅。"那时，小时候曾放过牛，工作后曾探过矿，现在又开始采盐的父亲，一定认为自己的抱负再也难以施展、事业发展已经无望，开始把希望寄托在我们兄妹三人身上，把更多的精力放在对我们的培养、教育上。我们三兄妹上大学期间，父母一直坚持给我们写信，关心我们，教导我们，指导我们。母亲更多地是生活上关心，提醒我们注意天气冷暖，及时添衣减被，教我们懂得人情世故、礼尚往来，学会处理人际关系。父亲则更多地是从我们的品行、修养、学习、交友、识人、做事等方面给予指导，可谓动情晓理、细心周到、无微不至、入耳入心。

大学期间，我写过很多诗，1980年寒假回家，父亲读了我写的情诗，在给我批注、修改后，专门填了一首《江城子》，表明他和母亲对儿女恋爱、婚姻、成长等方面的态度："老夫今发少年狂，读情诗，改儿章。填词造句，激情暖心房。为搭人梯忆往事，要平等，莫夸张。//赶追'四化'眼开张，年已壮，又何妨？诱导青年，设身理更详。会做父母知孩想，少说教，多商量。"那时，父亲不仅教我写诗填词，也提前开始给我们传授平等、互信、协商的子女教育观。

1981年冬，我即将大学毕业，面临着是毕业参加工作，还是考研继续深造的选择。父亲鼓励我报考研究生，并在考前专门给我写《八声甘州》词一首，激励我迎接挑战："对晨曦破晓雾寒天，银粉泻沙丘。小驹在征途，拳毛挺竖，彩照当头。任它风吹雨打，背水战荆州。//今晨凭栏远望，奔往五凤彩楼。与儿同游。励志如腊梅，不随风雪休。好男儿，用功苦读。业成败，切莫杞人忧。到来年，功成志酬，扫尽残愁。”我考取研究生后，他马上又寄来一首《虞美人》：“珍惜青春用功早，芳愿今初了。登山正在半途中，轻整行装还需苦用功。//崎岖道上行人少，疾风知劲草。神往‘四化’永挥鞭，热血一腔洒尽荐轩辕。”祝贺之余，父亲还不忘告诫我谦虚谨慎、再接再厉。

1985年，我研究生毕业留校，暑期回长沙探亲，父亲通读我自编的诗集《爱的交响》后，送我一首自由诗《我读着你的诗篇》。这首诗既像是他老人家给我的诗集写的评论，更像是父母对儿女日后人生的叮嘱与期望。“我读着你的诗篇，一双智慧的眼，闪耀在我的眼前。机敏，天真，看到的都是细流涓涓。//我读着你的诗篇，一张热诚的脸，微笑着在我的面前，诚恳，稚气，爱的火焰已经点燃。//我读着你的诗篇，一颗纯洁的心，跳跃在我的眼前。朴实，单纯，把世界看成阳光一片。//我爱你的诗篇，更爱你的事业，能揭地掀天。专注，勤奋，理想一定能实现。//我爱你的诗篇，更爱你未来的幸福，像蜜一样甜。勇敢，认真，硕果一定丰圆。//我爱你的诗篇，更爱把你牢牢地，拴在心间。希望，幻灭，就是我们的苦辣酸甜。//诗表人生，人生是诗，有沸腾的热血，就有壮丽的诗篇。它不一定写在纸上，但却能在人间流传。”我想说的是，我之所以一直保持对文学的热爱、对创作的激情，首先必须感谢我的父母，尤其是我的父亲，他们既是我文学的启蒙老师，又是我从事写作的最早指导者。

谈到这本书的出版，我要特别感谢《科普时报》原总编辑尹传红先生。2017年9月15日，《科普时报》逆势创办，创刊号刊登了我写的书评《一个理工男对汉语诗词美学的建构》。次日，报社召开创刊暨全媒体科普平台座谈会，我即兴赋藏头诗一首，以表祝贺：“祝融播火耀神州，贺瑞新启寄语稠。科研求索辨真伪，普教育民担乐忧。时贤共济襄盛举，报台互融争一流。创意无限彰特色，刊道全媒宏愿酬。”会后，尹传红邀请我在《科普时报》开设专栏，希望专栏作者写的文章自成一体、各具特色。我欣然应允，并将专栏定名为“青诗白话”，特色是在每篇叙事性文章中都蕴含一两首清新的诗或词，写的都是力求若干年后自己最好不会感到脸红、害臊的大白话、大实话内容。《科普时报》为周报，我每周写一篇，自2017年9月22日写第一篇始，截至2020年11月底，3年多的时间里已经写了134篇文章。这本书就是从“青诗白话”专栏写到100篇时从中选出87篇文章的汇编。

在以特色专栏为亮点的《科普时报》众多的社外专栏作者中，我应该算得上是最勤奋的一个了，但是，如果没有传红好友的邀请、信任、鼓励、鞭策乃至“压榨”，我不可能取得这么丰硕的写作成果。传红在任时，我写的每一篇文章他都会过目并精心编排，尽管我们也会在一些问题的认识和看法上有分歧，但他从不把自己的意见强加给我，是那种有事好商量的人，也是我见过的最敬业、最认真、最吃苦、最负责、最包容的报人，没有之一。2020年5月，身为著名科普作家的尹传红被中组部选派到重庆市垫江县挂职县委常委、副县长，免去总编辑职务后，有好长一段时期还割舍不了对《科普时报》和专栏作者的牵挂。老友转换了人生轨道，我虽然心有遗憾，甚为不舍，但仍然为他开辟了新的事业领域感到高兴和欣慰。

将“青诗白话”栏目文章汇编成书出版，是科普出版专家杨虚杰编审提议的。我和虚杰有着20多年的友谊，还有过近5年的共事经历，2010年我刚到已“沦落”为三级出版社的科学普及出版社暨中国科学技术出版社担任社长、党委书记，引进的第一个业务人才就是杨虚杰。其实，与其说是“引进”，不如说是“哄骗”，我把杨虚杰“哄骗”到社里，头一年她每个月的工资只有三四千元，我唯一能给她的就是一个副总编辑的头衔，再加上对她的绝对信任和鼎力支持。虚杰没让我失望，她在新岗位上如鱼得水，把分管的那摊事干得风生水起，很快就打开了图书销售渠道，重塑了出版社形象，同时策划出版了一批好书，并屡屡获奖。

虚杰是个重情重义的人，还在“青诗白话”栏目文章写到50篇时，她就开始为我找出版社联系结集出版。我曾在两家出版社担任过社长，圆过许多人的出版梦，但轮到自己出书，却不好意思厚着脸皮求人。虚杰是了解我的，没有让我在这件事情上尴尬，对此，我充满了感激。虚杰还是这本图书的特约编辑，在全书的布局、风格、设计、取名上下了很大的功夫，让我倍感温暖、亲切。

我由衷地感谢上海科技教育出版社总编辑王世平女士和本书责任编辑王洋女士。2019年8月23日，经杨虚杰介绍，我和王世平总编辑见了面。这是一个非常能干、爽快的出版家，当场就拍板出版我的“青诗白话”专栏文章，并约定快到100篇文章时再详谈签约、出版事宜。2020年1月10日，王总编委派该社优秀青年编辑王洋来京和我商谈出版细节——又是杨虚杰引见、陪同，并当场签订了出版合同，双方约定这一年的仲夏新书面世。王洋很快读完了全部书稿，从100篇文章中选出87篇，并将文章分成4大类，做了认真的编排，给我发来了详细的审稿意见和编辑设想。这本书之所以延迟出版，完全是因为我拖拉，迟迟没找人写序、自己也没按时完成这篇后记的缘故。王洋小朋友比我自己还上心、着急，是她一直推着我往前赶进度，她尽心、尽情、尽力对工作敬业、对作者负责、对朋友守信的职业风范，令我感动，让我汗颜。

出版社是企业单位，要靠策划、出版图书挣钱来养活职工、发展事业。我当过社长，深感经营压力，知道编辑的收入要和图书的效益直接挂钩，理解出版社都愿意出版有明显市场前景或是有资金补贴的选题。王世平总编辑和王洋编辑赏识我的作品，热心支持不太可能挣钱还很有可能赔钱的拙著出版，是要牺牲个人经济利益的。对此，我深为感动、敬佩。

我还要感谢李新彦老师为拙著写序。李老师是新闻界的楷模前辈，他的很多新闻作品成为业界的教材范例，他35年前写的那篇抗洪通讯名篇《冲不垮的精神大坝》，至今仍被人们津津乐道。我和李老师是忘年之交，长相识，长相知；他序中的溢美之词，我视为对自己的鼓励和鞭策，当更加发奋努力，以不负他的厚望；他含蓄指出我文章中存在的不足，尤其是写律诗填词曲不合辙押韵等毛病，乃朋友诤言、金玉良言，成为我今后学习、改进的方向。

我写作的题材十分广泛，与日常工作、生活紧密关联，感谢同事、亲朋激发我灵感、感动我创作、提供我素材、鼓励我笔耕。当然，我还得感谢上海科技教育出版社的美术编辑李梦雪女士，她大方、雅致、精美的装帧设计，让这本图书陡增姿色，令我十分喜爱。陈启霞、于翔两位优雅的女士先后担任《科普时报》“青诗白话”栏目责任编辑，为成书也做出了间接贡献，我们之间3年多的合作非常愉快，理当致谢、致敬。

最后要感谢我的妻子和女儿。妻子是我所有文章的第一读者，对每篇文章常常不分青红皂白地予以点赞，让我备受鼓舞、自信大增。女儿为“青诗白话”栏目设计了Logo，为本书专门创作了插画，用特有的方式表达了她对父亲的爱，这让我非常受用。

最后说说书名。取书名是一件颇费脑筋的事情，既要与书中内容相贴，又希望引人瞩目、利于叫卖，现在的书名《岁月如歌话人生——诗词相伴　从青从争》或许未能达到这个目的。但是，还是想解释一下副题，其中“诗词相伴”容易理解，也是本书文章的一大特色，“从青从争”就有个人的考虑了，需要多说几句。

“青”字最早见于西周金文，其本义是蓝色、蓝色矿石或草木的颜色，后延伸至绿色、黑色，用以形容草木茂盛或青春年少，代表年轻、活力和生机。“青”既是我的名，又是我喜欢的颜色。“争”是会意字，金文从爪（从手）从又，似上下两手双向持引，寓意坚持、竞争、运动、变化，引申有世事多变、只争朝夕之意。“从青从争”乃“静”字，“静”是我妻子的名，没有她的赏识和鼓励，我的创作难以持之以恒。“静”与“动”相对，本义为彩色分布均匀，引申为不受外在滋扰而坚守本色、秉持初心。这也符合我和妻子的共同性格及人生追求。

就此打住。是为后记。

——苏青　2020年11月30日于北京印象

图书在版编目(CIP)数据

岁月如歌话人生 / 苏青著. —上海:上海科技教育出版社,2021.1

ISBN 978-7-5428-7399-6

Ⅰ. ①岁… Ⅱ. ①苏… Ⅲ. ①随笔—作品集—中国—当代 Ⅳ. ①I267.1

中国版本图书馆CIP数据核字(2020)第217978号

责任编辑 王 洋
特约编辑 杨虚杰
装帧设计 李梦雪
插　　图 苏 靓

岁月如歌话人生
苏 青 著

出版发行 上海科技教育出版社有限公司
(上海市柳州路218号 邮政编码200235)
网　　址 www.sste.com www.ewen.co
经　　销 各地新华书店
印　　刷 常熟市文化印刷有限公司
开　　本 720×1000 1/16
印　　张 20
版　　次 2021年1月第1版
印　　次 2021年1月第1次印刷
书　　号 ISBN 978-7-5428-7399-6/G·4338
定　　价 58.00元